Ägypten
Die klassische Nilreise

Isa Ducke · Natascha Thoma
mit Texten von Hans-Günter Semsek

Gratis Download: Updates & aktuelle Extratipps

Unsere Autoren recherchieren auch nach Redaktionsschluss für Sie weiter. Auf unserer Homepage finden Sie Updates und persönliche Zusatztipps zu diesem Reiseführer.

Zum Ausdrucken und Mitnehmen oder als kostenloser Download für Smartphone, Tablet und E-Reader.
Besuchen Sie uns jetzt!
www.dumontreise.de/aegypten-nil

Reise-Taschenbuch

Inhalt

Ägypten persönlich	6
Lieblingsorte	12
Schnellüberblick	14

Reiseinfos, Adressen, Websites

Informationsquellen	18
Wetter und Reisezeit	20
Anreise und Verkehrsmittel	21
Übernachten	23
Essen und Trinken	24
Aktivurlaub, Sport und Wellness	26
Feste und Veranstaltungen	28
Reiseinfos von A bis Z	30

Panorama – Daten, Essays, Hintergründe

Steckbrief Ägypten	42
Geschichte im Überblick	44
Die islamische Stadt	51
Die Religion des Islam	54
Pharaonischer Arbeitsalltag in Deir el Medina	58
Der Totenglauben der alten Ägypter	61
Kleopatra – letzte ›pharaonische‹ Herrscherin Ägyptens	64
Lebensader Nil	67
Demokratie ist die Lösung? – Die Revolution von 2011	69
El Zabalin – die Müllmänner von Kairo	73
Leben auf dem Friedhof	75
Sekem – eine ökologische Oase in Ägypten	77
Ägyptische Monumentalarchitektur	81

Inhalt

Die Götter der Pharaonen	84
Die Entzifferung der Hieroglyphen	88
Ägypten von innen – der Jakubijân-Bau	90
Umm Kalthum – die Stimme Ägyptens	92
Abtauchen – ins kristallklare Wasser des Roten Meeres	94

Unterwegs in Ägypten

Alexandria und Umgebung	98
Perle am Mittelmeer – Alexandria	100
Im Westen	119
Al Alamein	119
Kairo und Umgebung	124
Mutter der Welt – Kairo	126
Das moderne Kairo	128
Das koptische Kairo	138
Das islamische Kairo	145
Kairos Umgebung	163
Die Pyramiden von Giza	163
Memphis	166
Saqqara (Nord)	167
Dahshur	173
Von Kairo über Minya nach Luxor	180
Durch Mittelägypten	182
Minya	182
Felsengräber von Beni Hassan	183
Tell el Amarna	185
Echnaton und der erste Monotheismus	186
Al Ashmunein und Tuna el Gebel	186
Von Luxor nach Assuan	192
Hauptstadt Altägyptens – Luxor	194
Luxor-Tempel	195
Tempelanlage von Karnak	198
Theben-West	208
Memnon-Kolosse	209
Medinat Habu	210
Tal der Königinnen	211

Inhalt

Deir el Medina	212
Ramesseum	212
Terrassentempel der Hatschepsut	216
Tal der Könige	218
Südlich von Luxor	229
Esna	229
Edfu	230
Kôm Ombo	231
Assuan und Umgebung	234
Im Land der Nubier	236
Assuan	236
Elephantine	236
Assuans Umgebung	247
Assuan-Damm Sadd al Ali	249
New Kalabsha	250
Philae	251
Abu Simbel	258
Hurghada und die Küste am Roten Meer	264
Tauchparadies Rotes Meer	266
Hurghada	266
El Gouna	273
Safaga und Soma Bay	279
Zwischen El Quseir und Marsa Alam	281
El Quseir	281
Marsa Alam	283
Sprachführer	284
Kulinarisches Lexikon	286
Register	288
Abbildungsnachweis/Impressum	292

Auf Entdeckungstour

Römische Spuren in Alexandria	110
Suche nach der verlorenen Zeit – nostalgischer Rundgang	120
Die Grabschätze des Tutanchamun und ihre Entdeckung	130
Mit der Feluke zur Goldinsel (Gezirat al Dahab)	142
In die Oase Fayum	176
Die Tempel von Abydos und Dendera	188
Zu Fuß zum Grab des Ay (Eje)	220
Lehmbauarchitektur von Hassan Fathy – Neu-Gurna	226
Auf dem Nil von Assuan nach Esna	252
Archäologie in der Wüste – Mons Claudianus	274

Karten und Pläne

s. hintere Umschlagklappe, Innenseite

▶ Dieses Symbol im Buch verweist auf die Extra-Reisekarte Äygpten

Das Klima im Blick

atmosfair

Reisen bereichert und verbindet Menschen und Kulturen. Wer reist, erzeugt auch CO_2. Der Flugverkehr trägt mit einem Anteil von bis zu 10 % zur globalen Erwärmung bei. Wer das Klima schützen will, sollte sich für eine schonendere Reiseform (z. B. die Bahn) entscheiden – oder die Projekte von *atmosfair* unterstützen. *Atmosfair* ist eine gemeinnützige Klimaschutzorganisation. Die Idee: Flugpassagiere spenden einen kilometerabhängigen Beitrag für die von ihnen verursachten Emissionen und finanzieren damit Projekte in Entwicklungsländern, die dort den Ausstoß von Klimagasen verringern helfen. Dazu berechnet man mit dem Emissionsrechner auf *www.atmosfair.de,* wie viel CO_2 der Flug produziert und was es kostet, eine vergleichbare Menge Klimagase einzusparen (z. B. Berlin – London – Berlin 13 €). *Atmosfair* garantiert die sorgfältige Verwendung Ihres Beitrags. Klar – auch der DuMont Reiseverlag fliegt mit *atmosfair!*

Liebe Leserin, lieber Leser,

Ägypten erstaunt. Nicht nur uns immer wieder, sondern auch unsere Freunde: »Da fahrt ihr hin?«, fragen die, wenn mal wieder Unruhen in Port Said in den Nachrichten gezeigt wurden, oder »Ihr mögt Ägypten? Da wird man als Frau doch sicher belästigt!«.

Als wir in den 1990er-Jahren das erste Mal nach Ägypten fuhren, unser erstes islamisches Land überhaupt, hatte man uns geraten, falsche Eheringe und Sonnenbrillen zu tragen, um den direkten Blickkontakt mit ägyptischen Männern zu vermeiden, und immer nur Frauen nach dem Weg zu fragen. Doch die Frauen waren ob der sonnenbrillentragenden Ausländerin so verschreckt, dass sie in der Regel das Weite suchten, und überhaupt war alles halb so wild. Was uns wirklich überrascht hat, war der großartige Sinn der Ägypter für Humor. Fast jede Situation lässt sich durch einen Scherz auflockern, und die vielen Händler, Taxi- und Felukenfahrer sind gar keine schlechten Verlierer, wenn man dann doch nicht zur Kundin wird: »Vielleicht morgen, vielleicht im nächsten Leben!«

Unsere Hauptmotivation, immer wieder nach Ägypten zu reisen, ist aber doch die 5000 Jahre alte Geschichte. Wenn Sie einmal in die Vergangenheit reisen könnten, wohin würden Sie fahren? Wir würden uns eine Barkenprozession von Ramses II. ansehen … Von den Pyramiden zum Tal der Könige und nach Abu Simbel – eine Schifffahrt auf dem Nil verführt Touristen seit Jahrhunderten zum Träumen. Aber auch Kairo lassen wir nie aus. Die größte Stadt Afrikas ist modern und chaotisch, laut und lebensfroh. Ein Bummel durch den Basar Khan el Khalili wird nie langweilig, und im Reichenviertel Zamalek findet sich jedes Mal ein neues hippes Restaurant oder ein kleiner Laden mit hübschen Sächelchen. Obendrein ist Ägypten immer warm und das Rote Meer wie eine Badewanne.

Mit diesem Buch möchten wir Sie auf Ihrer Entdeckungsreise durch Ägypten begleiten. Wir wünschen Ihnen einen erlebnisreichen Ägypten-Urlaub, egal ob es Ihr erster ist oder ein Folgebesuch – jedenfalls nicht der letzte, hoffen wir!

Ihre

Natascha Thoma und Isa Ducke

Mit dem Dromedar auf Wüstensafari

Leser fragen, Autoren antworten
Ägypten persönlich – unsere Tipps

Nur wenig Zeit? Der Nil zum ersten Kennenlernen
Für diejenigen, die das pharaonische Ägypten kennenlernen wollen und nur wenig Zeit haben, ist tatsächlich die gebuchte einwöchige klassische Nilkreuzfahrt eine gute Lösung. Dabei sieht man die wichtigsten Sehenswürdigkeiten in Luxor und Assuan, selbst für den Felsentempel von Abu Simbel ist Zeit, und die Entspannung kommt beim Sonnenbaden an Deck auch nicht zu kurz. Die einheimischen Reiseleiter sind alle Ägyptologen, und die meisten können die fremde Geschichte auch recht kurzweilig vermitteln. Die Besichtigungen finden in der Regel morgens und spätnachmittags oder abends statt. Und wenn das alles sehr knapp ist, trösten Sie sich, es ist ja nur ein erstes Schnuppern – nicht schlimm, wenn es den Wunsch nach mehr weckt …

Für Badeurlauber, die vom Roten Meer wirklich nur einen kurzen Abstecher zum Nil machen wollen, gilt: Nicht nur einen Tag nach Luxor fahren! Gönnen Sie sich auf jeden Fall den 2-Tage-Ausflug, oder organisieren Sie die Fahrt an den Nil einfach selbst, das ist weder besonders teuer noch besonders schwierig.

Welche Sehenswürdigkeiten sollte man nicht verpassen?
In **Luxor** gehören die riesige Tempelanlage von Karnak sowie das Tal der Könige und der Terrassentempel der Hatschepsut auf dem Westufer zum Pflichtprogramm. Bleibt noch Zeit, dann ist der relativ neue (im 12. Jh. v. Chr. erbaute), aber sehr gut erhaltene Totentempel Ramses III., Medinat Habu, eine schöne Ergänzung. Stimmungsvoll beleuchtet ist am Abend der Luxortempel, und da er bis 21 Uhr geöffnet ist, kann man ihn auch noch nach dem Abendessen ansehen.

In **Assuan** sind die Tempelinsel Philae sowie das Nubische Museum die Top-Sehenswürdigkeiten. Für mehr

Ägypten persönlich – unsere Tipps

Die Hauptsehenswürdigkeiten

Für Einsteiger: Wie viele Tage für welchen Ort?

Zunächst sollten Sie Prioritäten setzen: Das volle Sightseeing-Programm oder auch richtige Ruhepausen? Entspannung am Meer, oder tut es auch der Hotelpool? Für Luxor braucht man am meisten Zeit, mindestens zwei, besser drei volle Tage, während Sie mit etwas Ausdauer Assuans wichtigste Sehenswürdigkeiten an einem Tag schaffen. Mindestens einen weiteren Tag nimmt Abu Simbel in Anspruch. Und auch in Kairo sollten Sie unter zwei Tagen nicht einsteigen. Mit den Fahrttagen kommen damit bei einer selbstorganisierten Reise schon mindestens acht Tage Reisezeit zusammen. Wollen Sie noch eine Badeverlängerung am Roten Meer dranhängen, planen Sie mindestens fünf Tage, sonst kommt die Erholung zu kurz.

Auf den Nil – Nilkreuzfahrt oder Feluke?

Wer die Stätten entlang des Nils aufsucht, möchte sicher auch einmal etwas mehr Zeit auf dem längsten Fluss der Welt verbringen. Nilkreuzfahrten haben für viele den Beigeschmack von billiger Massenabfertigung, was sicher nicht ganz unberechtigt ist, doch dass man an Weltklasse-Sehenswürdigkeiten auch Touristenmassen trifft, das sollte jedem klar sein. Und ›billig‹ wird die Fahrt zunächst einmal durch das allgemein niedrige Preisniveau in Ägypten.

Auch auf den preiswerteren Schiffen sind Service, Unterbringung und Verpflegung immer mindestens solide, wenn man von Europa aus bucht, und mit etwas Übung in der selektiven Wahrnehmung lässt sich auch der beliebte Kunstrasen auf dem Sonnendeck ganz gut ausblenden.

Wer es exklusiver (und auch entsprechend teurer) möchte, kann eine Daha-

alte Geschichte und mehr nubisches Leben empfiehlt sich außerdem ein Ausflug auf die Insel Elephantine mit dem Freilichtmuseum und einem Spaziergang durch die Dörfer. Ein Highlight ist sicher auch der Tagesausflug nach **Abu Simbel** – wenn Sie individuell unterwegs sind, lohnt es sich aber, eine Nacht in Abu Simbel zu bleiben.

Wer nach **Kairo** kommt, wird sich auf jeden Fall die Pyramiden und das Ägyptische Museum ansehen. Einen Besuch im islamischen Kairo kann man gut mit einem Abstecher auf den Riesenbasar Khan el Khalili verbinden. Und für Pyramidenfans lohnt auf jeden Fall auch die **Stufenpyramide von Saqqara** den Weg.

Ägypten persönlich – unsere Tipps

beya-Segeltour (s. S. 230) oder eine Luxusnilreise auf einem etwas kleineren Schiff (z. B. bei Abercrombie und Kent, www.abercrombiekent.com) buchen oder mit den größeren Kreuzfahrtschiffen über den Nasser-See fahren.

Und wer nur mal ein bisschen auf dem Nil schippern möchte, für den empfiehlt sich doch die Felukenfahrt. Am schönsten ist das in Assuan, und wenn es Ihnen gefällt, können Sie von dort auch in drei Tagen bis Edfu segeln.

Sightseeing abseits der ausgetretenen Pfade?

Ihnen sind die Touristenmassen doch zu viel, und Sie suchen etwas beschaulichere Sehenswürdigkeiten oder einfach das ursprünglichere Ägypten? Dann machen Sie einen Abstecher nach **Minya**. In den Felsengräbern von Beni Hassan, in El-Ashmunein und Tell El-Amarna kann es gut sein, dass Sie die einzigen Touristen sind. Minya selbst ist eine studentische Kleinstadt, die lange Zeit für Touristen als problematisch zu bereisen galt. Umso offener und neugieriger begegnen die Einwohner heute den Touristen – und von den sonst oft nervigen Andenkenhändlern keine Spur. Ähnlich wenig besucht (außer an den Wochenenden) ist die **Oase Fayum**, allerdings auch ohne Top-Sehenswürdigkeiten. Das Richtige für Spaziergänge, Erholung und Dorfleben pur.

Abseits der ausgetretenen Pfade

So ist Ägypten am angenehmsten: an Bord eines Nilkreuzfahrtschiffes

Ägypten persönlich – unsere Tipps

Ist Ägypten nicht sehr anstrengend?

Zugegeben: Ägyptische Städte sind laut, dreckig, chaotisch und voller Menschen. Als Tourist fallen Sie auf, und bei aller Toleranz und gutem Willen sind die aufdringlichen Händler und Kalesh-Fahrer doch manchmal einfach zu viel.

Um diesem Stress ein bisschen zu entgehen, finden sich selbst in den Touristenorten und Städten immer wieder kleine Oasen der Ruhe, in denen Sie unbehelligt sind: der Innenhof einer Moschee z. B. oder ein ganz normales einheimisches Café, ein Ahwa.

Wollen Sie doch etwas kaufen oder eine Tour buchen, denken Sie daran, dass Sie der Kunde, also der König sind. Lassen Sie sich nicht unter Druck setzen. Das Ritual des Handelns in Ägypten ist eine Art Pokerspiel um den Preis – man wird mit der Übung besser! Und im Urlaub mal ein Spiel zu verlieren, ist ja auch kein Beinbruch.

Richtig handeln!

Machen Sie nie das erste Gebot, auch dann nicht, wenn der Händler Sie dazu auffordert. Sein erstes Angebot wird deutlich übertreuert sein, die Frage ist nur, um wie viel … Überlegen Sie, wie viel Ihnen das Stück wert wäre, wie teuer wäre es z. B. zu Hause? Nennen Sie dann lachend einen deutlich niedrigeren Preis – man trifft sich irgendwo dazwischen. Können Sie sich nicht einigen, gehen Sie einfach. Das letzte Gebot, das Ihnen der Händler nachruft, ist meist nah am ›Normalpreis‹, so wissen Sie für den nächsten Laden Bescheid. Die meisten Souvenirs finden Sie immer wieder. Wenn Sie wirklich nichts kaufen wollen, dann machen Sie das auch deutlich und täuschen Sie nicht Interesse an den Produkten vor.

Ägyptenreise individuell

Über Buchungsportale oder auch über die Hotel-Homepage lassen sich heute viele Unterkünfte bereits von zu Hause aus buchen. Foren und Portale geben auch einen Überblick über den aktuellen Zustand und Service des Hotels. Vor allem bei einer relativ knapp geplanten Rundreise ist es sicher entspannter, mit vorgebuchten Zimmern zu reisen. In der Regel finden Sie aber auch vor Ort spontan ein Zimmer, und das oft sogar zu einem besseren Preis. Bezahlen Sie dann vorsichtshalber erst mal nur für eine Nacht – wenn etwas nicht stimmt, haben Sie eine bessere Verhandlungsbasis oder können problemlos wechseln.

Für Touristen, die sich die pharaonischen Tempel und Gräber entlang des Nils ansehen wollen, ist der Zug das geeignete Verkehrsmittel. Abfahrtszeiten und Preise lassen sich online oder am Bahnhof erfragen, und besonders der Schlafwagen zwischen Kairo und Assuan spart Zeit. Aber auch die Busse, vor allem die der privaten Busgesellschaften, sind zu empfehlen. In Bussen und Zügen gelten

Im Basar wird man oft angesprochen

In der quirligen Großstadt Alexandria kann man viele Entdeckungen machen

feste Preise. In den Minibussen, die für kürzere Strecken manchmal schneller sind und häufiger fahren, müssen Sie oft um den Preis verhandeln. Auch ohne Arabischkenntnisse geht das mit Stift und Papier.

Für die klassische Niltour steigt man am besten in Kairo ein: Kairo – Abstecher nach Alexandria, Minya – Luxor – Assuan – Abu Simbel – Nachtzug zurück nach Kairo (alternativ per Bus über das Rote Meer zurück).

Wenn man auch ans Rote Meer fährt und dafür Kairo und Mittelägypten auslässt, bietet sich eine Runde Rotes Meer – über Safaga nach Luxor – Assuan – Abu Simbel – über Edfu/Marsa Alam zurück ans Rote Meer an.

Und noch ein ganz persönlicher Tipp zum Schluss!

Alexandria – die Perle am Mittelmeer – wird von den meisten Veranstaltern links liegen gelassen. Die Stadtgründung Alexanders des Großen ist nicht unbedingt auf Anhieb gefällig, sondern sie will erobert werden. Um in Alexandria Antike und Nostalgie, Meer und Moderne, Essen und Leute zu entdecken, brauchen Sie ein bisschen Muße und Neugier, denn hier konzentriert sich nicht alles in einem »Zack – dagewesen« auf einen berühmten Tempel. Aber die Mühe lohnt sich auf jeden Fall (s. S. 110).

Faszinierend und von der Tourismusindustrie noch vollkommen unentdeckt sind die Wüstenpfade am Rande des Niltals, etwa die jahrtausendealten, teilweise sogar vorpharaonischen Wege westlich von Luxor. Die gängige Vorstellung von Frühgeschichte beschränkt sich ja oft auf einen Faustkeil in einer Museumsvitrine, ganz anders stellt es sich dagegen dar, wenn man auf die Faustkeilwerkstätten auf dem Wüstenplateau stößt (s. S. 212).

NOCH FRAGEN?

Die können Sie gern per E-Mail stellen, wenn Sie die von Ihnen gesuchten Infos im Buch nicht finden:
info@dumontreise.de
Auch über eine Lesermail von Ihnen nach der Reise mit Hinweisen, was Ihnen gefallen hat oder welche Korrekturen Sie anbringen möchten, würden wir uns freuen.

11

Grandioser Ausblick von der Terrasse des Hotels Old Cataract, S. 243

Prächtiger Orient: Auf dem Basar Khan el Khalili in Kairo, S. 155

Lieblingsorte!

Entspannung pur: Der Infinity Pool des Hilton Spa in Luxor, S. 205

Zeitreise: Mit der Bahn entlang des Nils Richtung Süden, S. 174

Ein Ort der Ruhe im Gassengewirr: Die Ibn Tulun-Moschee, S. 148

Ramesseum in Theben West – Entdeckerfeeling garantiert, S. 215

Die Reiseführer von DuMont werden von Autoren geschrieben, die ihr Buch ständig aktualisieren und daher immer wieder dieselben Orte besuchen. Irgendwann entdeckt dabei jede Autorin und jeder Autor ihre/seine ganz persönlichen Lieblingsorte. Dörfer, die abseits des touristischen Mainstreams liegen, eine ganz besondere Strandbucht, Plätze, die zum Entspannen einladen, ein Stückchen ursprünglicher Natur – eben Wohlfühlorte, an die man immer wieder zurückkehren möchte.

Nubischer Kaffee am Nil: Bei Safwat und seiner Familie, S. 239

Mittelmeerflair an der Corniche von Alexandria, S. 109

Schnellüberblick

Alexandria und Umgebung
Alexandria war in seiner Blütezeit noch vor Rom die beherrschende Stadt des Mittelmeers, eine kosmopolitische Metropole und ein immens wichtiger Handelsknotenpunkt. Die attraktive Lage am Mittelmeer verschafft der einstigen Hauptstadt eine typisch mediterrane Atmosphäre. S. 98

Kairo und Umgebung
Die größte Stadt des afrikanischen Kontinents und eine der größten Metropolen dieser Welt allein schon reicht aus, um die Phantasie der Besucher anzuregen. Dazu gesellen sich die Denkmäler aus vier verschiedenen Kulturen, die alle überdeutlich ihre Spuren in der Hauptstadt Ägyptens hinterlassen haben. S. 124

Von Kairo über Minya nach Luxor
Die kleine Provinzhauptstadt Minya ist Ausgangspunkt für den Besuch einer ganzen Reihe von Ruinen- und Gräberstätten, so zu den Resten der Stadt Achet-Aton, die Echnaton errichten ließ und die heute nach einem hier siedelnden Beduinenstamm Tell el Amarna genannt wird. S. 180

14

Hurghada und die Küste am Roten Meer
Ganzjährig warmes Wetter lässt jede Form von Wassersport an den Ufern des Roten Meeres zu und bietet vor allem Tauchern und Schnorchlern eine Unterwasserartenvielfalt wie nur wenige andere tropische Gewässer. S. 264

Von Luxor nach Assuan
Luxor ist eines der größten Freilichtmuseen der Welt. Hier befinden sich die monumentalen Heiligtümer, die verschwenderisch ausgestatteten Gräber der Pharaonen, die in den Himmel schneidenden Obelisken – kurz, all das, was die ungeheure Faszination dieser 3000 Jahre währenden Hochkultur dem Besucher zu bieten hat. S. 192

Assuan und Umgebung
Assuan ist eine der sympathischsten Städte des Nillandes am ersten Stromkatarakt. Und das Highlight einer jeden Ägyptenreise ist der Besuch in Abu Simbel, wo Ramses II. ein kolossales Bauwerk in den Wüstensand setzen ließ. Ein technisches Wunderwerk ist der Hochdamm Sadd al Ali, der den Nil zum 500 km langen Nasser-See staut. S. 234

Reiseinfos, Adressen, Websites

Marhaba! – Willkommen an der Stufenpyramide von Saqqara

Informationsquellen

Infos im Internet

www.egypt.travel
Die offizielle Seite des Ägyptischen Fremdenverkehrsamts mit Informationen zu ganz Ägypten, mit Reisehinweisen für die Anreise und Reisen im Land, zu Sehenswürdigkeiten, Regionen, Nilkreuzfahrten, Wissen über das alte Ägypten und vieles mehr.

www.yallabina.com
Allgemeine Auskünfte zu Kairo (yalla bina – los, lass uns gehen), Kultur- und Veranstaltungshinweise.

www.aegypten-online.de
Deutsche Internetseite für Auskünfte aller Art, Informationen zu Land und Leuten, zu Reisen nach Ägypten und Reisen im Land, Last-Minute-Angebote, Tipps zu Nilkreuzfahrten etc.

www.aegyptologie.com
Umfangreiches deutschsprachiges Forum zu ägyptologischen Themen aus der pharaonischen Antike (aber auch mit Neuigkeiten aus der Wissenschaft).

www.aegyptenreiseforum.de
Forum von und für Reisende, mit praktischen Informationen zu Hotels, Veranstaltern, Tauchplätzen etc. Hier kann man auch spezielle und aktuelle Fragen stellen.

Fremdenverkehrsämter

... in Deutschland
Ägyptisches Fremdenverkehrsamt
Kaiserstr. 64
60329 Frankfurt/Main
Tel. 069 25 21 53
Fax 069 23 98 76

... in Österreich
Ägyptisches Fremdenverkehrsamt
Opernring 3–5
1010 Wien
Tel. 01 587 66 33
Fax 01 587 66 34

... in der Schweiz
Ägyptisches Fremdenverkehrsamt
Stampfenbachstr. 42
8006 Zürich
Tel. 044 350 20 40
Fax 044 350 20 43

Fremdenverkehrsbüros in Ägypten
Alle touristisch interessanten Städte Ägyptens verfügen über eine Touristeninformation. Das dort zuweilen ausliegende Prospektmaterial gibt jedoch nur wenige praktische Hinweise. Die Angestellten der Informationsbüros sprechen zwar Englisch und sind hilfsbereit, aber nicht immer kompetent. Mitarbeiter der Hotels geben wesentlich verlässlichere Auskünfte, versuchen dabei aber natürlich auch, ihre eigenen Touren anzupreisen.

Lesetipps

Sachbücher
Alaa Al-Aswani: Im Land Ägypten: Am Vorabend der Revolution, Fischer 2012. Sammlung von politischen Essays des progressiven Autors, die in den Jahren vor der Revolution von 2011 erschienen und darauf hinführten (die meisten enden mit dem Satz »Demokratie ist möglich«).
Dieter Arnold: Die Tempel Ägyptens, Zürich 1992. Architektonische und kunsthistorische Beschreibung der wichtigsten ägyptischen Tempel.

Informationsquellen

Jan Assmann: Ägypten. Eine Sinngeschichte, Darmstadt 1996.
Amitav Gosh: In einem alten Land, Hamburg 1996. Der indische Autor schreibt über seine Feldforschung in Ägypten.
Gerhard Haase-Hindenberg: Die Menschen von Kairo, München 2011. Essays vor und nach der Revolution.
Erik Hornung: Echnaton, München 1996. Das Leben des ›Ketzerpharaos‹.
Erik Hornung: Der Eine und die Vielen, Darmstadt 1993. Die ägyptische Götterwelt.
Christian Jacq: Das Tal der Könige, Berlin 1998. Gut verständlicher Überblick des Ägyptologen und Romanautors.

Belletristik

Alaa Al-Aswani: Der Jakubijan-Bau, Basel 2007. Ein sensationeller Roman über das Alltagsleben in Ägypten. Eines der meistverkauften Bücher im arabischen Raum.
Agatha Christie: Tod auf dem Nil, München 2001. Weite Teile dieses Krimi-Klassikers entstanden auf der Terrasse des Old Cataract Hotels in Assuan.
Lawrence Durrell: Justine, Balthasar, Montolive, Clea (Alexandria-Quartett, 4 Bde.), Hamburg 1997. Vier Personen erzählen die gleiche Liebes- und Kriminalgeschichte in Alexandria jeweils aus ihrem persönlichen Blickwinkel.
Gustave Flaubert: Reisetagebuch aus Ägypten, Frankfurt 1981. 1849 bricht der noch weitgehend unbekannte Autor nach Ägypten auf und schildert uns das Land in einem sehr persönlich gefärbten Reisebericht.
Nagib Machfus: Die Midaq-Gasse, Zürich 1991. Der Nobelpreisträger macht uns mit dem Alltagsleben, den Wünschen und Hoffnungen der Bewohner in einer Kairoer Altstadtgasse des Viertels Gamaliya bekannt.
Nagib Machfus: Miramar, Zürich 1994. Vier junge Männer lieben das Stubenmädchen im Hotel Miramar, dann wird einer umgebracht. Jeder der Akteure erzählt die Geschichte aus seiner Perspektive.
Nagib Machfus: Kairo-Trilogie, Zürich 2004. Die Geschichte einer Kairoer Kaufmannsfamilie über drei Generationen. Rezensenten verglichen sie mit den Buddenbrooks, einer nannte sie einen »Baedecker zu Ägyptens Seele«.
Thomas Mann: Joseph in Ägypten, Frankfurt 2008. Im dritten Teil der Tetralogie begegnet der biblische Joseph dem Pharao.
Pierre Montlaur: Imhotep. Arzt der Pharaonen, Hamburg 1999. Historischer Roman über den genialen Imhotep, Wesir, Arzt und Baumeister der Stufenpyramide, dem ersten monumentalen Steinbau der Menschheit.
Cay Rademacher: Mord im Tal der Könige, München 2001. Rechmire, Schreiber des Wesirs von Luxor, soll einen Mord im Tal der Könige aufklären.
Wolfgang Schuller: Kleopatra. Königin in drei Kulturen, Reinbek 2006. Eine Biographie der letzten pharaonischen Herrscherin.

Kinder- und Jugendbücher

Christian Jacq: Die Pharaonen, München 2000. Sachbuch für Jugendliche zum Einstieg in die Pharaonenzeit.
Christian Jacq: Sag's mit Hieroglyphen: Lesen und Schreiben wie die alten Ägypter, Reinbek 2003. Vergnüglicher ›Sprachkurs‹ nicht nur für Kinder.
Maria Regina Kaiser: Ramses II. und die Tauben des Friedens, Würzburg 2010.
Maria Regina Kaiser: Kleopatra und der Mantel der Macht, Würzburg 2011. Schöne Serie mit witzigen Illustrationen und kindgerechten Sachtexten, die in die Story eingestreut sind.
Fiona Macdonald: Ägypter: Das Mitmach-Buch: Essen, spielen, schreiben und sich kleiden wie die alten Ägypter, Tosa 2009. Ein Bastelbuch.

Wetter und Reisezeit

Klima

In Ägypten herrscht ein Wüstenklima, das Wetter zeichnet sich durch extrem heiße und trockene Sommer sowie warme und trockene Winter aus.

Der kälteste Monat ist der Januar, die Temperaturen liegen dann an einem schönen Tag in Kairo nachmittags bei 20 °C. Im Januar und Februar regnet es an der Mittelmeerküste und im Delta, in Kairo aber ist ein Schauer schon wesentlich seltener. Kaum einmal passiert es, dass in diesen beiden Monaten in der Metropole ein Hagelschauer niedergeht.

In Oberägypten und an der Küste des Roten Meeres regnet es oft jahrelang überhaupt nicht, wenn aber, dann kommen gewaltige Wassermassen herunter und sorgen nicht selten für kleine Katastrophen. Auch in den Wintermonaten kann man im Roten Meer baden. In Oberägypten und am Roten Meer steigen dann die Temperaturen am frühen Nachmittag auf teilweise knapp 30 °C. Der Sommer ist oft mit weit über 40 °C sehr heiß, doch aufgrund der geringen Luftfeuchtigkeit ist die trockene Hitze erträglich.

Am Roten Meer dagegen weht stets ein kühlender Wind, der jedoch die Aufmerksamkeit der Besucher von der brennenden Sonne ablenkt. Grundsätzlich sollte man daher stets für ausreichenden Sonnenschutz sorgen, auch im Winter.

Beste Reisezeit

Die beste Reisezeit liegt zwischen September und April, ideal ist ein Besuch über Weihnachten und Neujahr. Allerdings kommen in diesem Zeitraum die weitaus meisten Besucher ins Nilland. Die öffentlichen Verkehrsmittel befördern in dieser Zeit viele Besucher und die pharaonischen Sehenswürdigkeiten sind manchmal sehr überlaufen.

Im Frühjahr kann der Khamsin wehen, ein heißer Wüstenwind, der, wenn er richtig kräftig bläst, den Sand der Sahara in die Städte treibt und die Sonne verdunkelt. Im Sommer, von Mai bis August, sind nur wenige Touristen in Ägypten unterwegs, was bei Temperaturen von bis zu 50 °C auch nicht weiter verwunderlich ist. Allerdings sind dann die Hotels weitgehend leer, die Übernachtungspreise sind günstiger und an die touristisch interessanten Örtlichkeiten verirren sich nur wenige Besucher.

Die Hotels an der Küste des Roten Meeres sind jedoch ganzjährig von Bade-, Schnorchel- und Tauchfreunden sowie Surfern belegt, die Hauptsaison variiert dort nach Ort und vorherrschender Sportart.

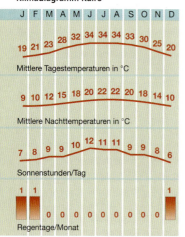

Klimadiagramm Kairo

J	F	M	A	M	J	J	A	S	O	N	D
19	21	23	28	32	34	34	34	33	30	25	20

Mittlere Tagestemperaturen in °C

| 9 | 10 | 12 | 15 | 18 | 20 | 22 | 22 | 20 | 18 | 14 | 10 |

Mittlere Nachttemperaturen in °C

| 7 | 8 | 9 | 9 | 10 | 12 | 11 | 11 | 9 | 9 | 8 | 6 |

Sonnenstunden/Tag

| 1 | 1 | 0 | 0 | 0 | 0 | 0 | 0 | 0 | 0 | 0 | 1 |

Regentage/Monat

Anreise und Verkehrsmittel

Einreise und Ausreise

Deutsche, Österreicher und Schweizer (auch Kinder) benötigen für die Einreise ein Visum sowie ein Passdokument mit Lichtbild. Das Visum kann im Voraus bei einer ägyptischen Botschaft oder einem Konsulat beantragt oder – einfacher – bei der Einreise noch vor der Passkontrolle gekauft werden (15 US-$ am Bankschalter). Erforderlich dafür ist ein mindestens sechs Monate über die Reise hinaus gültiger Reisepass oder ein Personalausweis mit zusätzlichem Lichtbild. Das Touristenvisum ist einen Monat gültig und darf um 14 Tage überzogen werden. Mehrmalige Verlängerungen sind möglich und werden in den Passämtern der Städte ausgestellt. Mitzubringen sind der Pass, ein Passbild und Umtauschquittungen der Banken.

Zollbestimmungen

Devisen dürfen in unbegrenzter Höhe ein- und ausgeführt werden, ägyptische Pfund aber nur in begrenztem Umfang; über aktuelle Grenzen informiert die Botschaft in Berlin. Gegenstände für den persönlichen Gebrauch wie Fotoapparate usw. dürfen unbegrenzt eingeführt werden, bei besonders wertvollen Waren ist u. U. eine Zollerklärung notwendig. Zoll- und steuerfrei sind 1 Liter Spirituosen, 1 Stange Zigaretten und Medikamente für den eigenen Gebrauch.

Die Ausfuhr von Antiquitäten sowie von geschützten Tier- und Pflanzenarten (auch Korallen) ist streng verboten und wird bestraft. Für Teppiche, Gold- und Silberwaren benötigt man u. U. eine Ausfuhrgenehmigung des Handelsministeriums, die der Händler besorgen kann.

Anreise und Ankunft

… mit dem Flugzeug

Die meisten Touristen reisen mit dem Flugzeug an. Linien- und Chartergesellschaften fliegen aus dem deutschsprachigen Raum die Flughäfen Kairo, Alexandria, Luxor, Sharm El-Sheikh, Hurghada und Marsa Alam an. Günstige Angebote, oft ab ca. 250 € für Hin- und Rückflug, sind über die einschlägigen Webportale oder im Reisebüro zu finden.

… über Land

Eine Anreise mit dem eigenen Auto ist zwar möglich, für einen reinen Ägyptenurlaub aber wegen des Zeit- und Geldaufwands allein für die nötigen Papiere nicht zu empfehlen. Auf jeden Fall benötigt man einen gültigen internationalen Führerschein und ein gültiges »Carnet de Passage«. Wer kein Carnet besitzt, muss bei der Einreise die Zollgebühren in Höhe des Wagenwerts als Kaution in einer ›stabilen‹ Währung (€ oder US-$) hinterlegen, bei der Ausreise erhält man das Geld wieder zurück. Der Abschluss einer ägyptischen Haftpflichtversicherung ist obligatorisch.

Für die Einfuhr von Motorrädern gelten die gleichen Vorschriften. Es ist sinnvoll, sich vor der Abreise bei einem Automobilklub nach den aktuellen Bestimmungen zu erkundigen; Informationen in Kairo auch bei: The Egyptian Automobile Club, 10 Sharia Qasr al Nil, Kairo.

Verkehrsmittel in Ägypten

Flugzeug

Dass das innerägyptische Flugnetz gut ausgebaut ist, kommt den vielen

Reiseinfos

Touristen zugute. Zwischen Kairo, Alexandria, Luxor, Assuan und Abu Simbel verkehren die Maschinen mehrmals täglich. Die reine Flugzeit von Kairo nach Assuan mit einer Zwischenlandung in Luxor beträgt etwa 75 Min. Aus Umweltgründen sollte man stets auch Zug- und Busfahrten in Betracht ziehen.

Bahn

Ägypten besitzt ein gut organisiertes Eisenbahnnetz. Für den Besucher interessant ist die Strecke von Alexandria über Kairo, Minya und Luxor bis Assuan. Die Preise sind sehr niedrig. Studenten erhalten gegen Vorlage des Internationalen Studentenausweises 50 % Ermäßigung.

Es gibt eine erste und zweite Klasse mit Klimaanlage, eine zweite Klasse ohne Klimaanlage sowie eine dritte Klasse. Auf einigen Strecken sind Ausländern nur Fahrten in den Zügen der ersten und zweiten Klasse gestattet. Die Bahnfahrt von Kairo nach Luxor dauert 10 Std., von Luxor nach Assuan 3 Std. Nachts fährt der Watania Schlafwagen von Kairo nach Assuan und umgekehrt. Da die Klimaanlage häufig sehr kalt eingestellt ist, sollte man einen warmen Pullover und eine Kappe oder Mütze dabeihaben.

Schlafwagentickets, und während der Ferienzeiten in Ägypten auch alle anderen Zugtickets, sollte man einige Tage im Voraus buchen!

Bus

Zwischen Kairo, Alexandria, Luxor, Assuan und Hurghada verkehren komfortable private Reisebusse. Als Faustregel gilt: Je teurer der Bus, desto besser die Ausstattung. Insgesamt sind die Fahrpreise sehr niedrig, für Nachtfahrten wird ab 17 Uhr, manchmal auch erst ab 19 Uhr, ein Zuschlag erhoben. Neben den Schnellbussen

verkehren auf den gleichen Routen Autobusse und Minibusse, die anhalten, sobald jemand aus- bzw. einsteigen möchte, und daher sehr viel länger unterwegs sind. Vor allem für kürzere Strecken sind die häufiger fahrenden Minibusse aber durchaus eine Alternative zum Zug.

Sammeltaxi

Noch die kleinste Fellachen-Siedlung Ägyptens ist mit einem Sammeltaxi (zumeist siebensitzige Peugeot-Kombis) erreichbar. Das Sammeltaxi fährt erst ab, wenn alle oder fast alle Plätze besetzt sind.

Während ägyptische Busfahrer meist recht moderat fahren, preschen die ›Piloten‹ der Sammeltaxis vor, als gälte es, ein Rennen zu gewinnen. Unfälle aufgrund von überhöhter Geschwindigkeit, riskanten Überholmanövern oder Überladung des Fahrzeugs sind häufig. Wer dieser Gefährdung entgehen möchte, sollte sich mit anderen Reisenden ein Taxi mieten (s. u.) und auch für die eventuell frei bleibenden Plätze zahlen. Sagen Sie dem Fahrer sehr bestimmt, wenn Ihnen sein Fahrstil nicht zusagen sollte.

Taxis

Alle touristisch relevanten Orte haben eine dichte Flotille an Taxis, mit denen man Stadtbesichtigungen unternehmen kann und deren Preise nur einen Bruchteil von den hier gewohnten betragen.

In Städten wie Kairo und Alexandria findet man auch Taxis mit Taxameter. Ansonsten erkundigen Sie sich im Hotel oder bei unbeteiligten Dritten nach dem ungefähren Preis und handeln diesen vor dem Einsteigen aus. Ist Ihr Angebot wirklich zu niedrig, wird der Taxifahrer wegfahren, und Sie können es beim nächsten mit einem höheren Angebot versuchen.

Übernachten

Kairo, Alexandria, Luxor, Assuan und Hurghada bieten Hotels aller Preisklassen. Während der Hauptreisezeiten, vor allem über Weihnachten und Ostern, kann es zu Engpässen kommen. Daher rechtzeitig buchen!

Von Mai bis September gewähren Mittelklasse- und Luxushotels Preisnachlässe. Wer länger als eine Woche in einem Hotel wohnt, kann ebenfalls eine Ermäßigung verlangen.

Die offizielle ägyptische Klassifizierung der Hotels reicht von 5 Sternen (Luxus) über 3 Sterne (Mittelklasse) bis zu sehr einfachen, nicht kategorisierten Unterkünften; das Sterne-System entspricht nicht immer europäischem Standard. Zudem beruht die Sternvergabe zum Teil auf jahrealten Beurteilungen. In den nächsten Jahren ist geplant, alle Hotels einheitlich neu zu bewerten. Gemessen an mitteleuropäischen Preisen der jeweiligen Kategorie sind ägyptische Unterkünfte meist günstiger.

In den Touristenzentren gibt es immer mehr gute und saubere Backpackerunterkünfte, die neben Betten im Schlafsaal auch Doppel- und Einzelzimmer mit und ohne Bad anbieten. Aktuelle Empfehlungen gibt es in den einschlägigen Foren (z. B. www.aegyptenreiseforum.de, www.holidaycheck.de, www.lonelyplanet.com/thorntree). Warmes Wasser ist mittlerweile selbst in heruntergekommenen Hotels selbstverständlich, und nur in den billigsten Unterkünften müssen Gäste für Handtuch und Seife selbst sorgen. Falls mal etwas fehlt, einfach an der Rezeption fragen.

Immer mehr Mittelklassehotels und auch die Häuser der gehobenen Kategorie geben aufgrund der hohen Inflation des ägyptischen Pfundes ihre Preise in Dollar oder Euro an; diese werden dann täglich auf das Ägyptische Pfund umgerechnet, sodass man den fälligen Betrag auch in der Landeswährung bezahlen kann.

Stilvoll wohnen im Hotel Old Cataract in Assuan

Essen und Trinken

Traditionelle Speisen

Ägyptens landwirtschaftliche Nutzfläche ist klein; entsprechend werden in erster Linie Grundnahrungsmittel angebaut. Für die landesüblichen Gerichte werden Hammelfleisch, Geflügel und Gemüse, Reis und Kartoffeln verarbeitet, dazu Olivenöl und frische Kräuter. Fladenbrot *(aish)* und *tahina* werden als Beilage gereicht. *Tahina* ist eine sämige, mit Kräutern, Öl und Knoblauch gewürzte und mit Zitrone abgeschmeckte Soße aus Sesampaste, in die man das Brot tunkt. Die Verfeinerung der *tahina*, die mit einem Auberginenbrei vermengt wird, heißt *baba ghanug*. Vor allem an der Mittelmeer- und der Rotmeerküste kommen frische Fische und Meeresfrüchte auf die Teller.

Das traditionelle ägyptische Gericht ist *ful*, ›das Fleisch des kleinen Mannes‹, auch heute noch Hauptnahrungsmittel der Bevölkerung. Braune Ackerbohnen werden in birnenförmigen Kupfer- oder Aluminiumkesseln stundenlang auf kleiner Flamme gekocht, kurz vor der Mahlzeit dann mit Öl und Zitronensaft verfeinert. *Ful* wird auch mit Salat und *tahina* in Fladenbrote gefüllt.

Bei einer anderen Variante dreht man die Bohnen durch den Fleischwolf, aus dem Brei formt man dann kleine Frikadellen, die in heißem Öl gebraten werden. Diese *ta'amiya* – an der Mittelmeerküste *felafel* – genannten vegetarischen Frikadellen schmecken besonders dann ausgezeichnet, wenn sie heiß aus der Fritteuse kommen.

Ful und *ta'amiya* gibt es inzwischen auch auf manchen Frühstücksbuffets. Sie sollten aber auch mal einen *ta'amiya*-Stand aufsuchen (im Umkreis

Frische, noch heiße ta'amiya sind ein Leckerbissen

Essen und Trinken

von 100 m findet man immer einen) und sich die vegetarischen Frikadellen mit Salat in einem Fladenbrot servieren lassen. Gegen einen geringen Aufpreis kommt noch ein gekochtes Ei mit hinein. Eine solche morgendliche Mahlzeit, die bis nach Mittag satt hält, kostet umgerechnet etwa 0,50 €.

Bil furn bezeichnet Aufläufe aller Art, etwa mit *batatis* (Kartoffeln) oder *makaruna* (Nudeln). *Haman mahshi* ist eine mit Reis und Hackfleisch gestopfte Taube. *Shish kebab* nennt man am Spieß gegrillte Hammel-, Rindfleisch- und Leberstücke, die auf Reis serviert werden. *Kufta* sind ebenfalls am Spieß gegrillte, länglich geformte Hackfleischbällchen, auch sie werden auf Reis angeboten. *Kushari* besteht aus Nudeln, Reis, Kichererbsen und gerösteten Zwiebeln in Tomatensauce. Kushari schmeckt am besten in speziellen Kushari-Restaurants, wo man meist nur zwischen kleinen, mittleren und großen Portionen sowie »Kushari überbacken« wählen kann.

Mulukhiya ist klein gehacktes, spinatähnliches Gemüse, das in einer Fleischbrühe gekocht und mit viel Knoblauch gewürzt wird. Wegen ihrer schleimigen Konsistenz schmeckt die Suppe Besuchern meist befremdlich.

Kibda nennt man gut gewürzte gebratene Leberstücke, zu denen Brot und *tahina* oder *baba ghanug* gereicht werden. *Samak* ist jede Art von Fisch, der in aller Regel gegrillt auf den Tisch kommt. *Mahshi kosa* ist eine mit Reis und Fleisch gefüllte Zucchini. *Warra ainab* heißen mit Reis gefüllte Weinblätter, die gern als Vorspeise oder als kleine Zwischenmahlzeit gegessen werden und besonders gut schmecken, wenn man Limonensaft darüber träufelt. Zum Nachtisch schlemmen die Ägypter *mahallabiya*, einen süßen Milchreis mit Rosinen, Nüssen, Rahm und Kokosflocken.

Getränke

In allen Lebenslagen trinken die Bewohner des Nillandes *shai*, schwarzen Tee, oft mit viel Zucker gesüßt; wer es nicht so süß mag, verlange *shai masbut*, wer Minztee möchte, *shai bi nana*.

Ahwa heißt der türkische Mokka, der vor den Augen der Cafébesucher aus einer winzigen kupfernen Kanne in die kleine Tasse geschüttet wird *(ahwa siyada:* extrem gesüßt; *ahwa masbut:* normal gesüßt; *ahwa saada:* schwarz).

Karkade ist ein Hibiskusblütentee, der je nach Wunsch kalt oder heiß serviert wird. Mit Vitamin C versorgt *asir lemun*, der frisch gepresste Limonensaft. *Muz* ist eine erfrischende Bananenmilch, *burtu'an* frischer Orangensaft und *gawafa* heißt der vitamin- und nährstoffreiche Guavensaft. In den Städten findet man überall kleine Stände, die frisch gepresste Säfte verkaufen. Fayruz ist eine einheimische kohlensäurehaltige Ananas-Malz-Limonade, die nicht sehr süß und recht erfrischend schmeckt.

Seit 1896 wird *bira*, Bier, in Ägypten gebraut und seit dieser Zeit ist die Marke Stella äußerst beliebt. Unterschieden wird zwischen Local Stella (preiswert) und Export (teuer). Mittlerweile gibt es auch eine Premium-Marke von Stella, die ebenso wie das seit einigen Jahren auf dem Markt erhältliche Sakkara etwas teurer ist. Auch alkoholfreies Bier bekommt man. Überall angeboten und günstig ist das stille Mineralwasser von Baraka, das es in 1,5-l-Plastikflaschen gibt; unangemessen teuer dagegen die Variante mit Kohlensäure.

Wein heißt *nabid*, weit verbreitet sind die Marken Cru de Ptolemée und Obélisque (Weißwein) sowie Omar Khayam (Rotwein, benannt nach dem berühmten persischen Dichter).

25

Aktivurlaub, Sport und Wellness

Strandleben und Wassersport

Hurghada, Ägyptens bekanntester Badeort, liegt am Roten Meer gegenüber der Südspitze des Sinai. Mit wenig Brandung sind viele Strände zum Schwimmen gut geeignet. Wer nicht nur am Strand liegend die Sonne genießen möchte, kann u. a. **Jet-Ski** fahren oder sich mit dem Fallschirm von einem Boot ziehen lassen (**Parasailing**).

Glasbodenboote gleiten langsam über Korallenriffe hinweg und wer trocken in die blauen Tiefen abtauchen möchte, kann ein **U-Boot** besteigen und die Unterwasserwelt des Roten Meeres von dort aus betrachten.

Dank des stetigen, vom Meer her wehenden Windes sind die **Surf- und Kitesurf**-Bedingungen über das ganze Jahr ausgezeichnet. Surfbretter und Neoprenanzüge werden von den Hotels und Feriendörfern verliehen. Viele Hotels bieten zudem **Tauchlehrgänge** mit zertifiziertem Abschluss an; freie Tauchschulen sind ebenfalls genügend vorhanden. Die Tauchgebiete um Hurghada sind relativ überlaufen, weiter südlich sind die Riffe unberührter. Für geübte Taucher bieten sich Wrack-Tauchgänge oder auch mehrtägige Tauchsafaris in die weiter entfernten Nationalparks an, hierfür ist allerdings ein Nachweis von 50 Tauchgängen notwendig.

Wer nicht gleich richtig einsteigen will, sollte aber auf jeden Fall einmal die Unterwasserwelt mit dem Schnorchel erkunden. **Schnorcheltouren** werden von fast allen Hotels und zahlreichen Agenturen angeboten, auf den Tauchbooten sind Schnorchler in der Regel auch willkommen. Von Juli bis September reicht zum Schnorcheln einfache Badebekleidung, in den übrigen Monaten ist ein dünner Neoprenanzug angenehm.

Alle **Strände** von Hurghada sind auch für **Kleinkinder** geeignet, die Wellen plätschern nur sehr seicht daher und man muss schon weit hinausgehen, bis der Boden unter den Füßen verschwindet.

Landsport und Höhenflüge

Außer den vielfältigen Wassersportangeboten an der Küste des Roten Meeres hat Ägypten an anderen Sportarten nicht sehr viel zu bieten. Nur in Luxor lohnt es sich, ein Fahrrad zu mieten (s. S. 228). Unvergesslich wird sicherlich eine Fahrt mit dem **Heißluftballon** über Theben-West sein (S. 218).

Die Mehrzahl der Sterne- und Resorthotels verfügt über ein Fitnessstudio, in dem sich die Gäste verausgaben können und das auch Nicht-Gäste oft gegen Entgelt nutzen können. Wer sein **Jogging**-Programm auch im Urlaub nicht aussetzen möchte, wird auch in den Orten am Roten Meer, in Kairo, Alexandria und Luxor Laufstrecken finden. Die Ägypter selbst, vor allem im Süden, joggen nicht, und vor allem Frauen sollten sich der konservativen Normen des Landes bewusst sein.

Natur und Erholung

Ägypten besteht zum allergrößten Teil aus Wüste. **Wüstensafaris** mit geländegängigen Jeeps und Quads

Aktivurlaub, Sport und Wellness

werden in den Reisebüros von Kairo, Luxor, Assuan und Hurghada angeboten sowie auch in vielen Hotels.

Deutsche Reiseveranstalter haben für Pauschalurlauber der Hotels und Feriendörfer gegen Aufpreis eine **Tagestour nach Luxor** zu den bedeutendsten Sehenswürdigkeiten im Programm sowie eine zweitägige **Stippvisite nach Kairo und zu den Pyramiden von Giza**. An den Pyramiden von Giza kann man Kamele samt Führer mieten und von dort eine **Ganztagestour** auf dem Wüstenschiff durch die sandige Einöde nach Saqqara unternehmen. Der Preis ist wie meist Verhandlungssache und wird umso günstiger, je länger man handelt.

Ägypten ist aufgrund seiner vielen herausragenden Kulturdenkmäler aus pharaonischer Zeit eher ein Land, in dem die Besichtigung von Tempeln, Gräbern und anderen Zeugnissen der einstigen Hochkultur auf dem Programm steht. Sehr empfehlenswert und geruhsam nach ausgedehnten Besichtigungstouren sind **Nilfahrten mit einer Feluke;** in Kairo beispielsweise zur Gezirat al Dahab, der Goldinsel, in Luxor zu den »Banana Islands« und in Assuan rund um Elephantine.

Ein Tauchgang im Roten Meer macht mit der vielfältigen Flora und Fauna dieses faszinierenden tropischen Gewässers bekannt

27

Feste und Veranstaltungen

Gesetzliche feste Feiertage sind der 7. Januar (Koptisches Weihnachten), der 25. Januar (Tag der Revolution von 2011), der 25. April (Sinai Befreiungstag), der 1. Mai (Tag der Arbeit), der 18. Juni (Abzug der britischen Truppen 1953), der 23. Juli (Tag der Revolution von 1952) und der 6. Oktober (Tag der Armee).

Ägypten verwendet wie auch wir den gregorianischen Kalender, schließlich wurde dessen Vorgänger von den Astronomen der Pharaonen entwickelt, von Cäsar in Rom eingeführt und von Papst Gregor XIII. im späten Mittelalter leicht modifiziert. Zur Bestimmung der muslimischen Feiertage ziehen die religiösen Autoritäten den Mondkalender zurate, und so verschieben sich diese von Jahr zu Jahr.

Der wichtigste Monat im Leben eines gläubigen Muslim ist der Fastenmonat **Ramadan.** Von Sonnenauf- bis Sonnenuntergang wird nicht gegessen, getrunken oder geraucht. Ausländische Besucher zeigen Einfühlungsvermögen und Respekt vor den Gläubigen, wenn sie im Ramadan nicht öffentlich essen und Ägyptern nichts anbieten.

Kaum aber ist die Sonne hinter dem Horizont verschwunden, trifft sich die Familie mit Verwandten und Freunden zum üppigen Festschmaus, in den großen Städten sind die sonst so überfüllten Straßen gespenstisch leer – kein Mensch ist zu dieser Stunde in den öffentlichen Bereichen auf den Beinen. Aber schon nach kurzer Zeit tobt wieder das Leben auf den Bürgersteigen. Die Geschäfte haben bis tief in die Nacht geöffnet, Familien flanieren auch mit den Kleinsten durch Straßen und Gassen. Überlandbusse unterbrechen unmittelbar nach Sonnenuntergang ihre Fahrt, die Passagiere strömen ins Freie und picknicken am Straßenrand. Wenn die entbehrungsreiche Zeit dann vorbei ist, begehen die Muslime zum Abschluss des Ramadan ein dreitägiges Freudenfest, das *eid el fitr.*

Beim Opferfest Eid el Adha sollen die Muslime ein Tier schlachten

Feste und Veranstaltungen

Wichtigster islamischer Feiertag ist das *eid el adha*, oder *eid el kebir*, das große Fest, genannt. Es wird vor allem von jenen begangen, die sich keine Pilgerreise nach Mekka leisten können. Auch Christen kennen die Bedeutung dieses Tages, denn er erinnert daran, dass Gott Abraham (arab. Ibrahim) auf die Probe stellen wollte und ihm befahl, seinen Sohn Isaak zu opfern. Im Gedenken daran, dass Gott anstelle von Isaak einen Widder auf den Schlachtaltar platzierte, bringen viele Familien ein Schaf als Opfer dar.

Ein hoher Feiertag ist *mulid el nabi*, der Geburtstag des Propheten Muhammad. Sehr populär bei der Bevölkerung ist *sham el nessim*, das Frühlingsfest, das am Montag nach dem koptischen Ostern begangen wird. *Sham el nessim* bedeutet so viel wie ›das Riechen des Frühlingshauches‹ und den erschnuppern Ägypter traditionell bei einem Picknick am Ufer des Nil. Nach altem Brauch wird dabei gesalzener Fisch, *fissih*, gegessen.

Dieses älteste ägyptische Fest geht auf die Pharaonenzeit zurück, seit jenen Tagen markiert es das Ende des Winters. Dabei versinnbildlicht ›das Riechen des Frühlingshauches‹ die altägyptischen Vorstellungen von Tod und Wiedergeburt, die sich im erneuten Erblühen der Natur nach der kalten Jahreszeit zeigt.

Mit der Christianisierung des Landes wurde das Fest übernommen und der Patriarch Athanasios von Alexandria legte in der Mitte des 4. Jh. den Termin auf den ersten Montag nach Ostern. Damit sollte eine Verbindung zwischen dem alten Totenglauben der Pharaonenkinder und der Auferstehung Jesu hergestellt werden. Mit dem *sham el nessim* allerdings beginnt auch die Zeit des *chamsin*, der 50 Tage dauernden Sandstürme, die zwischen Ostern und Pfingsten oft die Sonne verfinstern.

Festkalender

Der islamische Kalender beruht auf der exakten Mondbeobachtung, daher können die Daten um ein bis zwei Tage variieren, da es sich lediglich um rechnerische Werte handelt. Festbeginn ist jeweils am Vorabend der genannten Daten. Das koptische Weihnachten wird am 7. Januar gefeiert, das koptische Ostern wie das westliche Osterfest.

Dezember / Januar
Mulid el Nabi (Geburtstag des Propheten Muhammad)
2014: 13. Januar
2015: 3. Januar
2016: 12. Dezember

Juni / Juli / August
Fastenmonat Ramadan
2014: 28. Juni – 27. Juli
2015: 18. Juni – 17. Juli
2016: 6. Juni – 5. Juli

Juli / August
Eid al Fitr
2014: 28. Juli
2015: 17. Juli
2016: 5. Juli

September / Oktober
Eid el Adha (Opferfest)
2013: 15. Oktober
2014: 4. Oktober
2015: 23. September
2016: 11. September

Oktober / November
Muharram (Islamisches Neujahrsfest)
2013: 4. November
2014: 25. Oktober
2015: 14. Oktober
2016: 2. Oktober

Reiseinfos von A bis Z

Alkohol

In Ägypten als einem islamischen Land ist gläubigen Muslimen der Alkoholgenuss verboten. Ausländischen Besuchern werden ein gutes Bier aus einheimischen Brauereien sowie Rot-, Rosé- und Weißwein aus eigener Produktion angeboten. Während in Kairo, Alexandria und am Roten Meer der Kauf von Alkohol unproblematisch ist, muss man in Oberägypten (Luxor und Assuan) spezielle Freeshops aufsuchen, um Alkohol zu kaufen (Adressen siehe Ortskapitel).

Während des Ramadan, des islamischen Fastenmonats, ist der Alkoholausschank auf die Bars der internationalen Hotels beschränkt. Selbst in 3-Sterne-Hotels werden die ausländischen Gäste dann gebeten, ihr Bier auf dem Zimmer zu trinken, um die religiösen Gefühle der fastenden Gläubigen nicht zu verletzen. Keinesfalls sollte man während des Ramadan Bier oder Wein in der Öffentlichkeit trinken.

Apotheken

Ägyptische Apotheken *(saideliya)* führen zu vergleichsweise geringen Preisen alle gängigen Medikamente, allerdings häufig unter abweichenden Bezeichnungen. Die meisten Präparate erhält man ohne Rezept. Arzneien, die wegen ihrer Nebenwirkungen hierzulande verpönt sind, werden in Ägypten noch immer verkauft. Vor allem bei Magen-Darm-Problemen helfen die einheimischen Medikamente aber oft besser als die aus Deutschland mitgebrachten. Apotheken führen auch Toilettenpapier, Zahnbürsten, Seife, Shampoo etc.; selten Tampons.

Ärztliche Versorgung

Die ärztliche Versorgung ist für ein Schwellenland ausgezeichnet. Jeder Ort verfügt über ein Krankenhaus und niedergelassene Ärzte aller Fachrichtungen. Allerdings besteht ein starkes Stadt-Land-Gefälle. Alle Ärzte sprechen Englisch und/oder Französisch. Bei Beschwerden sollte man sich an das Hotelpersonal wenden, das Name und Adresse eines Arztes oder des Krankenhauses nennen kann. Der Arzt kommt auf Wunsch auch ins Hotel. Eine andere Möglichkeit ist ein Anruf bei der Botschaft des Heimatlandes, die einen Deutsch sprechenden Arzt nennt.

Autofahren

Nur wer ausreichend Fahrpraxis hat, sollte in Ägypten mit einem Leihwagen fahren. Da der ägyptische Straßenverkehr chaotisch ist, sollte man konzentriert und vor allem defensiv fahren. Die Höchstgeschwindigkeit, die durch Schilder angezeigt wird, beträgt auf einigen Straßen 90 km/h, bei anderen 100 km/h. Die Polizei macht – vor allem auf Ein- und Ausfallstraßen in einem Radius von etwa 70 km rund um Kairo – Radarkontrollen. Ausländische Besucher, die mit überhöhter Geschwindigkeit angehalten werden, zahlen ein Bußgeld. Der Führerschein und die Fahrzeugpapiere werden konfisziert und man erhält diese eine Woche später in Kairo, und nur dort, zurück.

Die Straßen sind in der Regel gut, jedoch sollte man auf Schlaglöcher vorbereitet sein. Fahrten nach Einbruch der Dunkelheit sollten vermieden werden, unbeleuchtete Esel- und

Reiseinfos von A bis Z

Pferdefuhrwerke sowie liegen gebliebene Fahrzeuge auf der Fahrbahn sind keine Seltenheit. Wer doch im Dunkeln unterwegs sein muss, sollte hinter einem Lastwagen oder einem Bus fahren, der über funktionierende Rück- und Bremslichter verfügt.

Die Ortsausschilderung wurde in den letzten Jahren wesentlich verbessert, nicht aber im Nildelta, einem der dichtbesiedeltsten Gebiete der Welt. Bei Nachfragen an die einheimische Bevölkerung bekommt man nur Hinweise auf das nächstgelegene Dorf.

Die Ein- und Ausfahrten der Städte sind mit Kontrollposten gesichert. Man sollte langsam an diese Haltepunkte fahren, unter Umständen müssen der Pass und die Wagenpapiere vorgezeigt werden, meistens aber wird man einfach durchgewunken. Bodenwellen vor und nach den Straßensperren sollen für eine Verminderung der Geschwindigkeit sorgen, Gleiches gilt für Ausfahrten aus den Städten. Diese *speedbreakers* sind häufig nicht farblich gekennzeichnet. Ausländern, die einen Unfall verursacht haben, raten einige Verkehrsexperten dazu, weiterzufahren und sich so schnell wie möglich unter den Schutz der nächstgelegenen Polizeistation zu stellen.

Bakschisch

Für viele Dienstleistungen ist in Ägypten ein **Trinkgeld** fällig, und Besucher sollten sich darauf einstellen. An den Hauptsehenswürdigkeiten wird heute oft mit Schildern darauf hingewiesen, Wächtern kein Trinkgeld zu geben. Trotzdem, der Mann am Schuhregal in der Moschee, ein Wächter, der Sie im Tempel fotografiert oder auf das Minarett steigen lässt, oder die Toilettenfrau wird ein kleines Trinkgeld erwarten. Angemessen sind etwa 1 LE (Toilette) bis zu 10 LE (Minarett). Auch wenn Sie für die Kutschfahrt, den Feluken-Segeltörn oder die Taxitagestour einen festen Preis ausgehandelt haben, ein großzügiges Trinkgeld wird meist trotzdem erwartet. In besseren Restaurants sind 10 % üblich, wenn nicht schon eine Servicegebühr aufgeschlagen wurde.

Bettler

Vor allem in den großen Städten wird man häufig Bettler sehen, meist behinderte Menschen. Aufgrund der mangelhaften Sozialfürsorge bleibt ihnen nur, Passanten um eine Gabe zu bitten. Ägypter verschließen sich nicht dem Leid ihrer Mitmenschen. Bettler haben keine andere Möglichkeit, ihren Unterhalt zu verdienen. Ägypter sind stolz und Betteln ist der letzte Ausweg.

Kinder versuchen häufig mit angedeuteten Essbewegungen auf vermeintlichen Hunger hinzuweisen, um von Besuchern eine Spende zu bekommen. Dies kann man bedenkenlos ignorieren, in Ägypten hungert keiner.

Diplomatische Vertretungen Ägyptens

… in Deutschland
Ägyptische Botschaft
Stauffenbergstr. 6–7
10785 Berlin
Tel. 030 477 54 70
www.egyptian-embassy.de

Ägyptische Konsulate
Eysseneckstr. 34
60322 Frankfurt am Main
Tel. 069 955 13 40

Reiseinfos

Mittelweg 183
20148 Hamburg
Tel. 040 413 32 60

... in Österreich
Ägyptische Botschaft
Hohe Warte 52
1190 Wien
Tel. 01 370 81 04
www.egyptembassyvienna.at

... in der Schweiz
Ägyptische Botschaft
Elfenauweg 61
3006 Bern
Tel. 031 352 80 12

Diplomatische Vertretungen in Ägypten

... Botschaft der Bundesrepublik Deutschland
2 Sharia Berlin/Ecke Sharia Hassan
Sabri, Kairo-Zamalek
Tel. 02 27 28 20 00, Fax 02 27 28 21 59
www.kairo.diplo.de

Deutsches Honorarkonsulat
9 El Fawatem St.
Mazarita, Alexandria
Tel. 03 486 75 03
465 Al Gabal Al Shamali
Hurghada
Tel. 065 344 57 34, Fax 065 344 36 05

... Botschaft der Republik Österreich
Sharia Wissa Wassef
Al Riyad Tower, 5. Stock
Kairo-Giza
Tel. 02 35 70 29 75
www.aussenministerium.at/kairo

... Schweizer Botschaft
10 Sharia Abdel Khaliq Sarwat, Kairo
Tel. 02 257 82 84
www.eda.admin.ch/cairo

Drogen

Drogen sind in Ägypten ausnahmslos verboten. Dies gilt auch für das weit verbreitete Haschisch. Im Interesse der eigenen Sicherheit sollten man Kaufangebote strikt ablehnen. Wer gegen das Betäubungsmittelgesetz verstößt, muss mit einer langen Gefängnisstrafe rechnen. Der Besitz selbst kleiner Mengen an Drogen wird hart bestraft. Die ägyptische Drogenbehörde hat mehrfach erklärt, dass auch für Ausländer diese Strafen gelten.

Elektrizität

Voltzahl und Stromstärke entsprechen mitteleuropäischen Standards. Nicht immer passen deutsche Schuko-Stecker in ägyptische Steckdosen, da die Stifte minimal dicker sind; Handyladegeräte sind aber meist unproblematisch. Wer sichergehen will, kauft einen Adapter für alle Länder dieser Erde.

Fotografieren

Ägypter lassen sich in der Regel gerne fotografieren, posieren sogar oft und lachen in die Kamera. Ein Nein sollte man aber akzeptieren. Zeigen Sie den Fotografierten auf dem Display, wie toll das Bild geworden ist; wenn Sie versprochen haben, einen Abzug zu schicken, tun Sie das auch. Brücken, Militärfahrzeuge, Camps und Armeeangehörige dürfen nicht fotografiert werden.

Frauen

Als westliche Frau (vor allem ohne Mann) Ägypten zu bereisen, kann, muss aber nicht, anstrengend sein. Ein Klischee über westliche Urlauberinnen besagt – berechtigt oder auch nicht –, dass sie Avancen gegenüber

Reiseinfos von A bis Z

Bei Festen sitzen ägyptische Frauen meist unter sich, abseits der Männer

aufgeschlossener seien als einheimische Frauen. Sicher tragen auch manche Touristinnen durch ihr Verhalten und ihre Kleidung dazu bei, dass sich das Stereotyp hält.

Grundsätzlich geben arabische Sitten aber ein sehr höfliches und zurückhaltendes Verhalten Frauen gegenüber vor. Entsprechend behandelt zu werden, kann man auch als Ausländerin verlangen – konservative Kleidung erleichtert das. Für Moscheebesuche brauchen Sie ein Kopftuch. Ansonsten empfehlen sich Hose oder Rock übers Knie, mindestens halblange Ärmel und locker über die Hüfte hängendes Oberteil.

Sollten Sie dennoch einmal belästigt werden, hilft ein entschiedenes und auch lautes »Nein«. Werden Sie (ruhig auch auf Deutsch) laut, der Betroffene und zufällige BeobachterInnen werden sicherlich verstehen, worum es geht.

Fremdenführer

Staatlich anerkannte Fremdenführer mit einem Ausweis werden über Informationsbüros vermittelt. An allen touristischen Stätten drängen sich zahlreiche Guides. Wer die Dienste eines dieser ›freien‹ Führer annimmt, sollte vorher den Preis festlegen und erst am Ende der Tour zahlen – wobei ein zusätzliches Trinkgeld obligatorisch ist.

Gastfreundschaft

Es kann vorkommen, dass Ägypter Reisende zu sich nach Hause einladen. Unabhängig von dem Vertrauen, das man dem Gastgeber entgegenbringt, sollte man zunächst höflich ablehnen und vage auf spätere Gelegenheiten verweisen. Hinter einer nachdrücklich vorgebrachten Einladung steht dann allerdings der Wunsch, fremden

Reiseinfos

Besuchern Wohnung und Familie zu zeigen.

Männer dürfen auf keinen Fall allein mit einer Frau in der Wohnung sein. Die Reputation der Gastgeberin würde dadurch Schaden nehmen. Wer unangemeldet einen ägyptischen Freund besucht und die Ehefrau allein antrifft, sollte sich sofort zurückziehen.

Geld und Geldwechsel

Ein Ägyptisches Pfund (LE, für Livre Egyptienne, in Ägypten *gineh*) hat 100 Piaster. Es gibt Scheine zu LE 200, 100, 50, 20, 10, 5 und 1. Piaster-Münzen oder -Scheine hat man als Tourist selten in der Hand, meist wird auf- oder abgerundet. Die einzige Münze, die in größeren Mengen im Umlauf ist, ist die 1-LE-Münze, die der 1-Euro-Münze ähnelt. Vorsicht also, wenn Sie solche Münzen zurückbekommen.

Am einfachsten ist es, mit Kredit- oder Maestro-Karte am Geldautomaten abzuheben. Geldautomaten gibt es reichlich in allen Touristenzentren und mittlerweile sogar in den kleineren Städten. Das V-Pay-System funktioniert in Ägypten nicht. Im Voraus bezahlte und gegen Diebstahl versicherte Reiseschecks sind zwar in manchen Banken umzutauschen, wobei aber beim Eintausch oft erneut Gebühren anfallen. Größere Hotels, teure Restaurants und Souvenirläden akzeptieren auch Kreditkarten.

Taxifahrer, Händler und Busschaffner haben häufig zu wenig Kleingeld, um Ihnen korrekt herauszugeben. Horten Sie Kleingeld und fordern Sie im Zweifelsfall den Betreffenden auf, irgendwo zu wechseln.

An den Sehenswürdigkeiten werden Sie vielleicht von Einheimischen angesprochen, die Euromünzen in ägyptische Pfund tauschen wollen. Es handelt sich dabei nicht um Falsch-

geld, sondern die Wächter usw. können die als Trinkgeld erhaltenen Münzen nicht in der Bank umtauschen. Wenn Sie also den Kurs kennen und z. B. sowieso bald wieder zurückfahren, spricht nichts gegen einen Tausch.

Gesundheitsvorsorge

Eine Reisekrankenversicherung mit Rückholschutz abzuschließen, ist in jedem Fall ratsam, da die deutschen Krankenversicherungen Ägypten nicht abdecken. Am besten lassen Sie sich bei ihrer Versicherung im Heimatland beraten.

Für Mitteleuropäer sind keine Impfungen vorgeschrieben. Prophylaktische Maßnahmen gegen Typhus/Paratyphus, Polio, Cholera sowie vor allem gegen Tetanus und Hepatitis A und B sind jedoch empfehlenswert.

Die Reiseapotheke sollte Mittel gegen Magen-Darm-Infektionen enthalten; weiterhin eine antibiotische Wundsalbe, Schmerztabletten, Desinfektionsmittel sowie Medikamente gegen Erkältungskrankheiten oder Grippe. Wichtig sind eine Sonnencreme mit hohem Lichtschutzfaktor und ein Mittel gegen Mücken.

Von Magen- und Darmproblemen bleibt kaum ein Besucher verschont. Dabei sind es nicht immer die sogenannten ›unhygienischen Bedingungen‹, die den häufig von Krämpfen begleiteten Durchfall hervorrufen, sondern das heiße Klima, fetthaltige Speisen oder eisgekühlte Getränke.

Zumindest am Anfang der Reise sollte man mit ungeschältem Obst, rohem Gemüse, Salat und Speiseeis ein wenig vorsichtig sein. Hotels und Nilschiffe waschen Obst und Gemüse in der Regel mit Trinkwasser. In den Resorts und Luxushotels gibt es am Restauranteingang häufig ein Desinfektionsmittel für die Hände, was

Reiseinfos von A bis Z

die Gefahr von Magen-Darm-Verstimmungen erheblich reduziert. Das stark gechlorte Leitungswasser kann man zwar trinken, es schmeckt aber scheußlich. Vorsicht bei Brunnenwasser oder Wasser, das aus Tanks kommt.

Besonders an der Küste des Roten Meers, wo ständig eine kühle Brise weht, unterschätzt man leicht die intensive Sonneneinstrahlung. Sonnenbrand, aber auch Hitzschlag oder ein Kreislaufkollaps können die Folge sein.

Die Bilharziose gibt es in Ägypten schon seit der Zeit der Pharaonen. Die Bilharziose-Erreger sind kleine, in Süßwasser lebende Hakenwürmer, die sich durch die Haut bohren und in den Innenorganen leben. Man glaubte lange, dass die Schneckenart, die als Zwischenwirt fungiert, nur in stehenden Gewässern lebt. Warnungen bezogen sich daher nur auf Tümpel und Teiche, Bewässerungskanäle, überflutete Felder sowie die Uferstreifen der Flüsse. Mittlerweile hat man festgestellt, dass noch bei einer langsamen Fließgeschwindigkeit Bilharziose-Gefahr besteht. Nach Schätzungen leiden gegenwärtig etwa 12 % der Landbevölkerung an Bilharziose. Zwar gibt es Medikamente gegen die Erreger, nicht zu behandeln aber sind die Schäden, welche die Parasiten in Darm, Blase, Leber, Milz und Nieren anrichten. Baden Sie also lieber im Hotelpool anstatt im Nil. In Assuan in der Nähe des Katarakts gibt es auch geeignete Badestellen im Nil, die Einheimischen wissen Bescheid.

Handeln

Bei Taxifahrern, Fremdenführern, auf Märkten und in den Touristenbasaren gehört Feilschen dazu. Ausgenommen sind Hotels, Restaurants und Geschäfte mit Festpreisen. Tipps zum Handeln s. S. 10.

Internet

Fast alle Touristenhotels verfügen über zumindest einen, in der Regal aber über mehrere Computer mit Internetzugang, oft sogar kostenlos. Ebenfalls preisgünstig sind die Internetcafés, von denen man genügend in den Hauptstraßen der Innenstädte findet.

Wer mit Smartphone oder dem eigenen Laptop unterwegs ist, hat mittlerweile in vielen Cafés und Restaurants der Touristenorte Internetzugang über WLAN. Die meisten Hostels und Mittelklassehotels bieten ebenfalls WLAN kostenfrei an. Nur die Luxushotels verlangen zum Teil saftige Preise für den Zugang ins World Wide Web, doch auch dann gibt es zumindest in der Lobby oft Gratis-WLAN. Ein ägyptischer Internet-Stick z. B. von Vodafone ist ab ca. 150 LE inkl. Guthaben zu haben, einfach zu installieren und zuverlässig.

Karten und Pläne

Von verschiedenen deutschen kartografischen Verlagen gibt es Karten zu Ägypten, etwa die Marco Polo Länderkarte Ägypten (1 : 1 Mio.). Bei der deutschen Buchhandlung Lehnert & Landrock sowie im Bookshop der American University in Kairo bekommt man ebenfalls Kartenmaterial, unter anderem auch einen Stadtplan von Kairo.

Kinder

Ägypter sind ausgesprochen kinderfreundlich. Eine kindgerechte Ausstattung – etwa Kinderstühle in Restaurants und Kindersitze in Bussen – fehlt allerdings meist. Die großen Resorts am Roten Meer verfügen in der Regel über Kinderpools und spezielle Kinderanimation.

35

Reiseinfos

Die Alabaster-Moschee ist für viele Kairoer die schönste aller Moscheen

Nilkreuzfahrten sind, schon aus Sicherheitsgründen, erst für Kinder ab etwa acht Jahren geeignet, und dann auch eher, wenn der Sprössling sich für Mumien, Hieroglyphen und Pyramiden interessiert. Eine Felukenfahrt auf dem Nil hingegen macht allen Kindern Spaß.

Medien

Für Touristen ist neben dem Internet v. a. die Auswahl an Fernsehprogrammen interessant. Die meisten Hotels haben **Satellitenfernsehen** und bieten über Nilesat Sender wie Deutsche Welle und BBC, oft auch ARD und ZDF an. Für regionale Nachrichten (auf Englisch) ist auch Al Jazeera eine gute Quelle. Im ägyptischen Fernsehen (und auf Bus-Videos) werden erstaunlich oft Wiederholungen alter ägyptischer Filme aus den viel freizügigeren 1960er-Jahren gezeigt.

Die wichtigsten englischen **Zeitungen** sind »Al Ahram Weekly« (http://

Reiseinfos von A bis Z

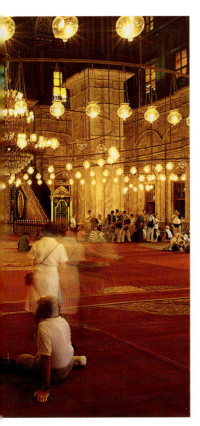

zentren am Roten Meer, sonst am ehesten in teuren Hotels.

Moscheebesuche

Christen und Touristen sind in Kairo in allen Moscheen (außer in der Hussein-Moschee) außerhalb der Gebetszeiten willkommen. Vor dem Eintritt muss man die Schuhe ausziehen, in manchen Moscheen, wie der Ibn Tulun-Moschee, gibt es auch Überzieher für die Schuhe. Die Schuhe trägt man entweder mit sich herum oder gibt sie gegen ein Bakschisch am Eingang ab. Bei kleineren Moscheen kann man sie auch einfach vor dem Eingang stehen lassen. Der Besuch einer Moschee wird nur in angemessener Bekleidung gestattet (keine Shorts oder kurzärmeligen Blusen). Auch wenn es nicht in allen Moscheen verlangt wird, sollten Frauen sich vor dem Betreten mit einem Tuch die Haare bedecken.

Notrufnummern

Polizei	122
Touristenpolizei	126
Krankenwagen	123
Feuerwehr	125
Sperrung EC-, Kredit- und Sim-Karten	+49 116 116

weekly.ahram.org.eg), ein etwas unabhängigerer Ableger von Ägyptens ältester Zeitung Al Ahram (Pyramide), die staatlich kontrolliert wird, und »Egypt Independent« (www.egypt independent.com), die englische Version der unabhängigen und progressiven Zeitung »Al Masri Al Youm« (Ägypten Heute). Außerdem gibt es die englische Tageszeitung »Egyptian Gazette«.

Deutsche und europäische Zeitungen bekommt man in den Touristen-

Unser Tipp

Vorher ins Museum
Gerade mit Kindern sollte man vor der Reise zur Einstimmung mal einen Ausflug ins Ägyptische Museum (in Berlin oder anderswo) machen und ausgiebig im Museumsshop stöbern: Da gibt es coole Kinderbücher, Spiele und alles über Hieroglyphen.

Reiseinfos

Öffnungszeiten

Das muslimische Wochenende liegt offiziell auf dem Freitag und Samstag. Praktisch ist jedoch von Donnerstagnachmittag bis einschließlich Sonntag und an muslimischen Feiertagen mit unregelmäßigen Ladenöffnungszeiten zu rechnen.

Geschäfte sind meist von 9 bis 18 Uhr geöffnet, häufig auch länger. Vor allem in Oberägypten werden während der Sommerhitze längere Mittagspausen gemacht. Cafés und einfache Imbisse sind oft schon zum Frühstück und bis spät in die Nacht geöffnet. Abends kann man bis etwa 22 Uhr problemlos bestellen.

Ämter, Banken und Postämter haben meist nur vormittags geöffnet (So–Do oder auch Mo–Do), meist etwa von 8.30 bis 13.30 Uhr, höchstens bis 15 Uhr. Private Wechselstuben in Touristenorten haben längere Öffnungszeiten.

Reisende mit Handicap

Ägypten ist mit Ausnahme neu gebauter 4- oder 5-Sterne-Hotels nicht auf behinderte Besucher eingestellt. Problematisch können Besichtigungstouren an den Pyramiden von Giza, in Saqqara und in Theben-West sein, da der Wüstensand Gehbehinderte zu gewaltigen Kraftakten nötigt. Zudem geht es in die Königsgräber oft über steile Treppen hinab. Straßen, Züge und Bahnhöfe sind ebenfalls nicht behindertenfreundlich ausgelegt.

Sicherheit

Für Touristen war die Sicherheitslage selbst während politischer Unruhen bisher gut (Stand Juli 2013). Etwaige gewaltsame politische Demonstrationen finden in den großen Städten im Norden statt, nicht am Roten Meer und in Oberägypten. Selbst in Kairo sind Unruhen in der Regel auf wenige Orte wie den Tahrir-Platz und den Präsidentenpalast und auf bestimmte Zeiten, etwa nach dem Freitagsgebet, beschränkt. Ägypter wissen, wie wichtig der Tourismus für die Wirtschaft des Landes ist, und sind bemüht, Touristen aus den innenpolitischen Schwierigkeiten herauszuhalten.

In Mittelägypten, wo islamistische Fundamentalisten lange Zeit aktiv waren, wird man Ihnen auf manchen Ausflügen vielleicht noch eine Polizeibegleitung anbieten. Gruppen bekommen dort, ebenso wie bei den Kreuzfahrten auf dem Nasser-See, obligatorischen Polizeischutz. Die Konvoipflicht ist für fast alle Strecken aufgehoben, manchmal benötigen Taxis für Individualtouristen eine spezielle Genehmigung, wie z. B. für den Ausflug nach Dendera. Erkundigen Sie sich wegen der genauen Details am besten in Ihrem Hotel.

Grundsätzlich ist Ägypten ein sehr sicheres Land, Raubüberfälle sind sehr selten. Trotzdem gelten die üblichen Sicherheitsmaßnahmen bezüglich Geld und Wertgegenständen. In Touristenzentren wie Luxor kann es mitunter auch zu Trickdiebstählen kommen: Dann läuft z. B. ein aufdringlich redender ›Händler‹ mit einem einzelnen Schal neben Ihnen her, während er mit der Hand unter dem Schal versucht, in Ihre Tasche zu greifen.

Souvenirs

Wer die Pyramiden von Saqqara besucht, wird oft bei einer Teppichfabrik und einer Papyrusschule anhalten. In der Teppichfabrik knüpfen Kinder nach dem Schulbesuch für eine behördlich genehmigte Zeitspanne Teppiche, die auch nach Deutschland zu-

Reiseinfos von A bis Z

verlässig nachgesandt werden. In der Papyrusschule wird man mit der pharaonischen Papyrusherstellung vertraut gemacht und kann auf Papyrus gemalte pharaonische Szenen kaufen. Diese sind handgemalt und nicht, wie oft in Kairoer Touristenbasaren, per Stempel gedruckt.

An allen touristischen Orten gibt es kleine Pharaonen-Figuren; weitgehend authentisch, allerdings auch teurer, sind diese Skulpturen im Geschäft des Ägyptischen Museums in Kairo.

In allen Touristenzentren kann man seinen Namen in Hieroglyphen in eine Gold- oder Silberkartusche gießen lassen, die dann am Kettchen um den Hals getragen wird. Parfümischer können Ihre Lieblingsmarke zuverlässig zu einem wesentlich günstigeren Preis, als das Original kosten würde, ›nachmischen‹. Folkloristische Kleidung kann auf dem Basar sehr günstig sein, ist aber vielleicht nicht farbecht und nicht sehr gut verarbeitet. Richtig praktische Souvenirs, die sich auch aufbrauchen, sind der Hibiskustee Karkadei, Gewürzkaffee und überhaupt Gewürze.

Telefonieren

Auch in Ägypten werden öffentliche Fernsprecher, für die man eine Telefonkarte benötigt, immer seltener. Ortsgespräche kann man in Kiosken und kleinen Läden führen, Ferngespräche auch in Internetcafés. Das Mobilfunknetz deckt das gesamte Niltal bis Assuan ab. Deutsche Mobiltelefone funktionieren in Ägypten über Roamingverträge. Schon für wenige Telefonate lohnt es sich jedoch, eine ägyptische SIM-Karte mit einem Prepaid-Guthaben anzuschaffen. Anbieter sind Vodafone, Mobinil und Etisalat (ab ca. 40 LE). Ferngespräche über Hoteltelefone können teuer werden.

Landesvorwahl nach Deutschland Tel. 0049, nach Österreich Tel. 0043, in die Schweiz Tel. 0041.

Toiletten

Die öffentlichen Toiletten an Busstationen, Bahnhöfen, in Cafés, in Zügen oder Überlandbussen sind in einem schlechten hygienischen Zustand. Im Tagesrucksack sollte man stets eine Rolle Toilettenpapier oder auch feuchte Tücher mitnehmen. Wegen der muslimischen Reinigungsvorschriften gibt es immerhin auch auf der schlimmsten Toilette in der Regel fließendes Wasser, um sich die Hände (und mehr) zu waschen. In Alexandria, Kairo, Luxor, Assuan und Hurghada verfügen 4- und 5-Sterne-Hotels oder die Filialen von McDonald's und Kentucky Fried Chicken über ordentliche Toiletten.

Umwelt

Der Massentourismus hat zu Umweltschäden, aber inzwischen auch zum Umdenken geführt: Auf Umweltfreundlichkeit, Recycling etc. wird viel mehr geachtet. Neuere Touristeneinrichtungen am Roten Meer benutzen immer bessere Meerwasserentsalzungsanlagen, denn Ägypten bezieht ansonsten all sein Frischwasser aus dem Nil. Zur Energiegewinnung werden zunehmend alternative Quellen genutzt (auch der Nasser-Staudamm gehört dazu). Touristen können dazu beitragen, indem sie Umweltangebote (z. B. das Handtuch mehrfach zu benutzen) wahrnehmen und loben.

Zeit

Ägypten folgt der Osteuropäischen Zeit, die der Mitteleuropäischen Zeit um eine Stunde voraus ist.

Panorama – Daten, Essays, Hintergründe

Weltwunder in der Wüste: die Pyramiden von Giza

Steckbrief Ägypten

Daten und Fakten
Lage und Größe: Ägypten, 1 Mio. km² groß, davon 94,5 % Wüste, liegt im Nordosten von Afrika und grenzt im Norden an das Mittelmeer, im Osten an die Sinai-Halbinsel und das Rote Meer, im Süden an den Sudan, im Westen an Libyen.
Hauptstadt: Kairo, mit etwa 20 Mio. Einwohnern.
Amtssprache: Arabisch. Handelssprachen: Englisch und Französisch.
Einwohner: 83 Mio.
Landesflagge: Drei horizontale Streifen in Rot, Weiß und Schwarz, zentriert im weißen Balken das ägyptische Nationalsymbol, Saladins Adler auf dem Schild des Sultans, unten der Name des Landes in arabischer Sprache.

Geografie und Natur
Ägypten besteht fast zur Gänze aus lebensfeindlicher Wüste, durch die von Süd nach Nord als die einzige Wasser spendende Quelle der Nil strömt, der sich nördlich von Kairo zu einem großen Delta auffächert. Hier sowie auf einem Streifen von 10 bis 15 km rechts und links des Stromes können landwirtschaftliche Produkte angebaut werden. Lediglich westlich vom Nil, in der Westlichen Wüste, befinden sich fünf Oasen, Siwa, Kharga, Farafra, Bahariya und Dakhla, in denen ebenfalls landwirtschaftliche Flächen zur Verfügung stehen. Östlich von Ägypten, durch den Suezkanal und den Golf von Suez getrennt, erstreckt sich die ebenfalls vollständig mit Wüste bedeckte Sinai-Halbinsel.

Flusspferde gibt es in Ägypten heutzutage nicht mehr und auch das gefürchtete Nilkrokodil ist in den dicht besiedelten Gebieten an den Ufern des Flusses weitgehend ausgerottet, lediglich am Nasser-Stausee finden sich noch diese mächtigen Jäger. Vereinzelt sollen Luchse in der Östlichen Wüste Domizil gefunden haben. Durch die Wüstenrandgebiete streifen der Wüstenfuchs, die Kleinfeld-Ginsterkatze, die Dornschwanz-Agame, Dorcas-Gazellen und Hyänen. Sehr häufig wird man bei einer Fahrt durch die Wüste halbwilde Kamele und Dromedare sehen. Mehrere Eidechsenarten, Wüstenwarane und zahlreiche, oft giftige Schlangen wie die Hornviper, Speikobra und die von den Pharaonen hoch verehrte Uräusschlange gehören zu den in Ägypten vertretenen Reptilien.

Geschichte
Der Ursprung der ägyptischen Hochkultur lag im 3. Jt. v. Chr. und innerhalb von nur wenigen Generationen entstanden die bis heute alles beherrschenden Pyramiden. Ägyptens pharaonische Geschichte teilt sich in das Alte Reich (2640–2160 v. Chr.), in dem die Grundlagen für die 3000-jährige Epoche gelegt wurden, in das Mittlere Reich (2040–1650 v. Chr.), in dem die herrschenden Pharaonen ihre Kultur konsolidieren und die Grenzen die Landes nach Norden und Süden verschoben, sowie in das Neue Reich (1551–1070 v. Chr.), in dem das Territorium seine größte Aus-

dehnung hatte und die künstlerische und kulturelle Entwicklung in höchste Sphären stieg. In der Spätzeit (1070 bis 332 v. Chr.) ging es mit dem einst blühenden Land langsam abwärts, bis 332 Alexander der Große es eroberte. Mit dessen Tod übernahm sein Heerführer Ptolemaios die Herrschaft und etablierte für 300 Jahre die nach ihm benannte Dynastie. 30 v. Chr. wurde Ägypten römische Provinz und als Kornkammer ausgebeutet. Mit der Teilung des römischen Reiches 395 kam das Land unter byzantinische Kontrolle und wurde weiter ausgeplündert, sodass 640 der islamische Eroberer Amr Ibn el As als Befreier begrüßt wurde. 1517 geriet Ägypten unter osmanischen Einfluss, 1806 machte sich der Pascha Muhammad Ali weitgehend frei von den Osmanen. Ende des 19. Jh. gelangte Ägypten unter britischen Einfluss, 1952 wurde Ägypten durch den Staatsstreich der freien Offiziere zur Republik.

Staat und Verwaltung

Ägypten ist eine Präsidialdemokratie; nach Absetzung des 2012 gewählten Präsidenten Mohammed Mursi durch das Militär im Juli 2013 sollen die Verfassung überarbeitet und Präsident und Parlament neu gewählt werden. Mursi, der der islamistischen Muslimbruderschaft nahesteht, hatte die Verfassung Ende 2012 gegen große Widerstände durchgesetzt und seine Machtbefugnisse erweitert. Es besteht Wahlpflicht ab 18 Jahren. Die 350 Mitglieder des Unterhauses werden alle fünf Jahre gewählt. Weitere 150 Mitglieder des Shura-Rates (Oberhaus) werden alle drei Jahre und für jeweils sechs Jahre gewählt. Der Präsident kann nur zwei Amtszeiten zu je vier Jahren amtieren.

Wirtschaft

Die Landwirtschaft trägt zu 15 %, die Industrie zu 37 %, der Dienstleistungsbereich zu 48 % zum Bruttoinlandsprodukt bei. Exporterlöse: 28,4 Mrd. US-$, Importe: 58,8 Mrd. US-$. Ausgeführt werden Rohöl, Erdölprodukte, Textilien, Rohphosphat und Manganerz. Arbeitslosenquote: ca. 12,5 %, Inflation 8,5 %. Größte Devisenbringer: Tourismus, Erlöse aus den Passagen des Suezkanals, Erdölexport und Überweisungen der im Ausland tätigen ägyptischen Gastarbeiter.

Zur Sozialversicherung tragen Arbeitnehmer und Arbeitgeber je 5 % des Lohnes bei. Die Mindestlöhne und die 42 Wochenstunden betragende Arbeitszeit sind staatlich festgelegt. Seit 1997 ist die Beschneidung von Mädchen verboten. Auf 1000 Einwohner kommen 2,8 Ärzte und zwei Krankenhausbetten. Zugang zu sauberem Wasser haben in den Städten 97 %, auf dem Land 92 % der Bevölkerung.

Der Schulbesuch und das Universitätsstudium sind kostenlos. Schulpflicht besteht vom sechsten bis zum 14. Lebensjahr, die Einschulungsquote liegt bei 95 %.

Bevölkerung

Ägypten hat etwa 83 Mio. Einwohner, 99 % leben entlang des Nils und im Nildelta. 44 % der Bevölkerung wohnen in Städten, 33 % aller Ägypter sind unter 15 Jahre alt. Das Bevölkerungswachstum beträgt 1,9 %; die Lebenserwartung bei Männern 70,3 Jahre, bei Frauen 75,7 Jahre; 20 % der Männer und 37 % der Frauen sind Analphabeten. 90 % der Bewohner sind sunnitische Muslime, 9 % bekennen sich zu den christlichen Kopten.

Geschichte im Überblick

Das Alte Reich (2640–2160 v. Chr.)

2640–2575 3. Dynastie. Unter Pharao Djoser errichtet der Baumeister Imhotep die Stufenpyramide von Saqqara. Expeditionen ziehen auf die Sinai-Halbinsel und nach Unter-Nubien, um Gold, Kupfer und Türkis ins Reich zu holen.

2575–2465 4. Dynastie. Die Stufenpyramide wird zur ›echten‹ Pyramide weiterentwickelt. Pyramiden des Cheops, Chephren und Mykerinos.

2465–2325 5. Dynastie. Erste Fahrten über das Rote Meer nach Punt, Beziehungen nach Kleinasien und in den ägäischen Raum.

2325–2160 6. Dynastie. Politische und soziale Unruhen führen zum Erstarken lokaler Machthaber (Gaufürsten).

2134–2040 Die 10. Dynastie herrscht in Herakleiopolis im Norden, die 11. Dynastie im südägyptischen Theben; hinzu kommen zahlreiche selbstständig regierende Gaufürsten. Aufschwung der altägyptischen Literatur (»Klagen eines beredten Bauern«, »Mahnworte des Ipuwer« und »Lehre für Marikare«).

Das Mittlere Reich (2040–1650 v. Chr.)

2040 Mentuhotep (2061–2010) eint von Theben aus das Reich erneut. Der Gott Amun und der ihm zu Ehren errichtete Tempel in Karnak (Theben-Ost, Luxor) erlangen zentrale Bedeutung für die Religion.

1991–1785 Amenemhet I. (1991–1962) gründet die 12. Dynastie. In der Oase Fayum wird neues Kulturland gewonnen.

1897–1878 Sesostris II. Die Kultstätte des Osiris in Abydos avanciert zum religiösen Mittelpunkt des Reiches.

1878–1797 Unter Sesostris III. (1878–1841) und Amenemhet III. (1844–1797) werden in Nubien zwischen dem ersten und zweiten Nilkatarakt Festungsbauten errichtet.

1785–1650 13. und 14. Dynastie. Rasch wechselnde Herrscher; Reichsverfall.

1650 Die Hyksos (Beherrscher der Fremdländer) erobern Ägypten vermittels ihrer überlegenen Waffentechnik (Streitwagen).

1650–1551 Sogenannte Zweite Zwischenzeit, Herrschaft der Hyksos.

1560 Rebellion gegen den Hyksos-Herrscher Apophis I.

Das Neue Reich (1551–1070 v. Chr.)

1551
Ahmose (1551–1526) gründet das Neue Reich.

1595–1493
Thutmosis I. führt Eroberungszüge bis an den Euphrat im Norden und bis nach Nubien im Süden. Felsengräber im Tal der Könige.

1490–1468
Herrschaft von Thutmosis' Tochter Hatschepsut. Ihr Mitregent Thutmosis III. führt zahlreiche Feldzüge nach Syrien und Palästina.

1364–1347
Amenophis IV. nennt sich ab 1359 v. Chr. Echnaton und führt mit Aton ersten gesicherten Monotheismus ein. Neue Residenz in Achet-Aton. Verfolgung der Amun-Anhänger und Bildzerstörungen.

1347–1306
Unter dem unmündigen Tutanchamun (1347–1338) wird Achet-Aton aufgegeben. Mit Haremhab endet die 18. Dynastie.

1306–1286
Ramses I. (1306–1304) und sein Sohn Sethos I. (1304–1290) gründen die 19. Dynastie. Die Erinnerung an den Aton-Kult wird ausgelöscht.

1285
Kämpfe gegen die Hethiter unter Ramses II. (1290–1224).

1224–1214
Merenptah siegt über die Libyer und die ›Seevölker‹ (u. a. Philister).

1186–1070
20. Dynastie.

1184–1153
Ramses III. bezwingt die Libyer und die ›Seevölker‹. Totentempel in Medinat Habu. Akten der Arbeitersiedlungen Deir el Medina berichten von wirtschaftlichem Niedergang, Rechtsunsicherheit und Streiks.

ab 1153
Niedergang des ägyptischen Reiches.

1070–945
21. Dynastie, Residenz in Tanis (Ostdelta).

945–722
Scheschonk I. (945–924) gründet die 22. Dynastie.

712–664
Die Könige der 25. Dynastie einen Ägypten erneut.

711–343
Sogenannte Spätzeit, letzte Blütezeit, Beginn der Fremdherrschaften.

671–666
Die Assyrer unter Assarhaddon und Assurbanipal erobern Ägypten.

525–404
Ägypten wird persische Provinz (Satrapie).

404–343
28. bis 30. Dynastie, danach wieder persisch.

Griechisch-Römische Zeit (332 v. Chr.–395 n. Chr.)

332 Alexander der Große erobert Ägypten und hellenisiert das Land. Der Feldherr lässt sich vor dem Gott Zeus-Ammon als Herrscher Ägyptens bestätigen. Nach seinem Tod 323 übernimmt Ptolemaios als Statthalter Ägypten, lässt sich 305 als Ptolemaios I. Soter zum König krönen.

51–30 Kleopatra VII. regiert mit ihrem Bruder Ptolemaios XIII.

48–47 Cäsar marschiert in Ägypten ein, um den römischen Einfluss zu sichern. Kleopatra verbündet sich mit Cäsar.

41 Kleopatra versucht in einem Bündnis mit Marc Anton die Ptolemäer-Herrschaft auszuweiten.

32 Kriegserklärung von Octavian, dem späteren Augustus, an Kleopatra.

30 v. Chr. Eroberung von Alexandria durch die Römer. Selbstmord Kleopatras. Ägypten wird in das römische Weltreich bis 395 n. Chr. eingegliedert.

Byzantinische/Christliche Zeit (395–451 n. Chr.)

395–640 Mit der Teilung des römischen Imperiums in eine westliche und eine östliche Reichshälfte fällt Ägypten an Ostrom (Byzanz), das das Land als ›Kornkammer‹ nutzt oder vielmehr ausplündert.

Islamische Zeit (640–1798)

640 Der islamische Heerführer Amr Ibn el As erobert Ägypten, gründet die Stadt Fustat, Vorläuferin Kairos, und lässt die Amr-Moschee erbauen.

868–905 Der Statthalter Ahmed Ibn Tulun ruft die Dynastie der Tuluniden ins Leben. Bau der Ibn Tulun-Moschee in Kairo.

969–1171 Fatimiden, schiitische Muslime aus Nordafrika, erobern Ägypten und gründen El Qahira (Kairo); Bau der Al Azhar-Moschee und -Universität.

1171–1250 Salah el Din (Saladin) gründet die Dynastie der Ayyubiden. Bau der Zitadelle in Kairo, Kämpfe gegen die Kreuzritter.

1250–1517 Die Mamelucken übernehmen die Macht.

1517–1798 Die Osmanen regieren in Ägypten und bedienen sich weiterhin der Mamelucken zur Sicherung ihrer Oberhoheit.

1798–1801 Französische Herrschaft. Napoleon erobert Ägypten. Sichtung und Dokumentation der pharaonischen Bauten durch Expeditionskorps.

Neuzeit (1806–1953)

1806–1848 Der albanische Offizier Muhammad Ali wird Pascha von Ägypten. Es erfolgt eine Modernisierung des Landes durch den Aufbau einer geordneten Verwaltung, Schaffung eines Gesundheitswesens und Öffnung zum Westen.

1811 Muhammad Ali lässt auf der Zitadelle in Kairo 400 Mamelucken-Führer ermorden und festigt dadurch seine Macht.

1854–1879 Bau des Suezkanals unter der Leitung von Ferdinand de Lesseps.

1876 Ägypten erklärt den Staatsbankrott.

1881–1888 In Alexandria bricht eine Militärrevolte aus, die den europäischen Einfluss auf Ägypten ausschalten will. Bei den Auseinandersetzungen lassen viele Engländer ihr Leben, britische Kriegsschiffe beschießen Alexandria. Die Engländer besetzen Ägypten und sichern sich über den Suezkanal den Seeweg nach Indien.

1892–1914 Abbas II. kann sich nicht gegen den britischen Generalkonsul Lord Cromer durchsetzen. Die antibritische Stimmung im Lande wächst.

1914 Nachdem die Türkei zusammen mit Deutschland in den Ersten Weltkrieg eingetreten ist, wird Ägypten britisches Protektorat.

1919 Die nationale Revolution unter Führung von Saad Zaghloul wird von der britischen Kolonialmacht gewaltsam niedergeschlagen.

1922 Großbritannien erklärt Ägypten für unabhängig. Der Suezkanal, die Landesverteidigung und der Schutz der ausländischen Interessen bleiben weiter in britischer Hand.

1923 Mit neuer Verfassung wird Ägypten konstitutionelle Monarchie.

1939 Durch Ausbruch des Zweiten Weltkriegs wird das Land de facto wieder britisches Protektorat.

1942 Der britische Botschafter zwingt König Faruk mit Waffengewalt, eine probritische Regierung einzusetzen. Ägypten wird zum Kriegsschauplatz. Der deutsche General Rommel marschiert bis Al Alamein.

1952 Staatsstreich der ›Freien Offiziere‹ unter General Nagib und Gamal Abd el Nasser. König Faruk geht ins Exil. Eine Landreform beschränkt den Grundbesitz auf maximal 84 ha.

Arabische Republik Ägypten ab 1953

1953   Ägypten wird Republik.

1954/55   Abzug der britischen Truppen.

1956   Gamal Abd el Nasser wird Präsident der Republik. Die Vereinigten Staaten, Großbritannien und die Weltbank ziehen ihre Finanzierungszusage für den Bau des Assuan-Staudamms zurück. Nasser reagiert mit der Verstaatlichung des Suezkanals. England, Frankreich und Israel provozieren den Suezkrieg.

1958   Syrien und Ägypten schließen sich zur Vereinigten Arabischen Republik zusammen (aufgelöst 1961).

1967   Niederlage im Sechstagekrieg gegen Israel.

1970   Tod Nassers; Anwar el Sadat wird neuer Präsident.

1973   Erfolgreicher Angriff Ägyptens gegen Israel: Yom Kippur-Krieg. Aufnahme diplomatischer Beziehungen zu den Vereinigten Staaten.

1977   Schwere Unruhen aufgrund von Preiserhöhungen für subventionierte Lebensmittel, Verteuerung muss revidiert werden.

1979   Friedensvertrag mit Israel.

1981   Sadat wird während einer Parade von muslimischen Fundamentalisten ermordet. Sein Nachfolger ist Hosni Mubarak, der mithilfe von Verfassungsänderungen bis 2011 regiert.

1984   Wiederaufnahme Ägyptens in die Konferenz der islamischen Organisation, aus der das Land aufgrund seiner Israelpolitik 1979 ausgeschlossen worden war.

1990   Nachdem der irakische Diktator Saddam Hussein Kuwait annektiert hat, fliehen Hunderttausende ägyptische Gastarbeiter aus dem Irak und Kuwait in ihr Heimatland.

1991   Während des Golfkriegs kämpft Ägypten auf Seiten der Alliierten.

1992   Am 12. Oktober erschüttert ein schweres Erdbeben Kairo.

1993–95   Militante islamische Fundamentalisten verüben Anschläge auf touristische Einrichtungen, die Besucherzahlen gehen rapide zurück.

Aufstand der Jugend im Arabischen Frühling

1998	Die Fundamentalisten erklären, dass sie fortan auf Gewalttaten verzichten werden.
2001	Mubarak versucht, zwischen den Palästinensern und den Israelis zu vermitteln.
25.01.2011	Beginn landesweiter Demonstrationen gegen das Mubarak-Regime, nachdem sich Frust über Ungleichheit, Korruption, steigende Preise und Arbeitslosigkeit aufgestaut hatte.
11.02.2011	Präsident Mubarak tritt zurück und wird später vor Gericht gestellt.
Nov. 2011 – Jan. 2012	Parlamentswahlen; das Unterhaus wird im Juni 2012 wegen formaler Fehler aufgelöst.
Mai / Juni 2012	Mohammad Mursi, ehemaliges Mitglied der Muslim-Brüder, wird zum Präsidenten gewählt
Dezember 2012	In einem umstrittenen Referendum wird die neue Verfassung bestätigt.
Juli 2013	Ein Jahr nach seinem Amtsantritt wird Präsident Mursi vom Militär abgesetzt. Es kommt zu gewalttätigen Zusammenstößen mit Todesfällen.

Die Geschichten aus Tausendundeine Nacht prägen bis heute die Vorstellung der Europäer von der ›orientalischen Stadt‹, und Kairo, ›die Mutter der Welt‹, regte die Phantasie der Reisenden schon zu allen Zeiten ganz besonders an. Der Forschungsreisende Ibn Battuta beschrieb sie im 14. Jh. als »jede Vorstellung und Einbildungskraft sprengend«. Und ebenfalls im 14. Jh. verband der Staatsrechtler Ibn Khaldun die Größe des Islam mit dem Schicksal dieser Stadt. Regelrecht verzückt schrieb er nieder: »Ich betrat die Metropole der Welt im Garten Allahs.«

Städte, die aus beduinischen Heersiedlungen oder Niederlassungen hervorgegangen waren, entwickelten ihre Viertel nach der unterschiedlichen Abstammung ihrer Bewohner. Viele Quartiere Kairos trugen noch sechs Jahrhunderte nach der Gründung die Namen der Stämme und Gruppen, auf die ihre Gründung einst zurückging. Daneben bildeten religiöse und ethnische Minderheiten wiederum eigene Viertel.

In jüngerer Zeit war vor allem die Landflucht für die Entstehung neuer Stadtteile mit vorwiegend dörflichem Gepräge verantwortlich.

Die islamische Stadt

Islamische Städte waren zu keiner Zeit eine homogene Einheit, sondern aus vielen ganz unterschiedlichen Vierteln zusammengesetzt. Auch Kairo bildete hier keine Ausnahme. 969, im Jahre der Gründung durch die fatimidischen Eroberer, wurden Griechen, Berber, Türken, Araber und Kurden in gesonderten Stadtteilen angesiedelt.

Das zentrale Element einer jeden orientalischen Stadt ist das Quartier. Im Gegensatz zur Metropole als Ganze bildeten die einzelnen Viertel in sich relativ homogene, geschlossene Einheiten, waren voneinander jedoch sozial wie auch geografisch deutlich abgegrenzt.

Im Kairoer Stadtviertel El Gamaliya

Die Ordnung der Viertel

Die geografische Struktur eines alten islamischen Stadtviertels ist gekennzeichnet von der (Haupt-)Straße *(sharia)*, die von mehreren Sackgassen *(hara)* umgeben ist. Früher oblag die Aufsicht in den einzelnen Quartieren dem *muhtasib,* der das islamische Recht durchzusetzen hatte. In den Städten wurde das Bauwesen ebenso wie die öffentliche Moral durch die *hisba* geregelt, die religiösen Grundsätze eines gottgefälligen Lebens und öffentlichen Wohlverhaltens. Es war die Aufgabe des *muhtasib,* die Einhaltung dieser Normen zu kontrollieren und für einen ungehinderten Durchgangsverkehr zu sorgen. In Zeiten einer schwachen Zentralgewalt aber war die

Machtbefugnis des *muhtasib* begrenzt, es fehlte ihm dann die Rückendeckung der staatlichen Autorität. Unter solchen Verhältnissen reduzierte sich seine Funktion auf die Kontrolle über den Markt *(suq)*, die Badehäuser *(hamam)* und die Prostituierten *(mumis)*.

Fast alle islamischen Rechtsschulen sehen seit Jahrhunderten die Durchgangsstraße als gemeinschaftlichen, öffentlichen Bereich an, die Sackgassen dagegen gelten als privat. In der Straße ergriff der *muhtasib* von sich aus die ordnende Initiative; in den Gassen hingegen endete seine Befugnis. Hier durfte er nur aktiv werden, wenn er von den Bewohnern um eine Schlichtung gebeten wurde. Die Gasse hat bis heute ihre Funktion als Schutz für die Privatsphäre der Wohnung behalten.

Einst hatten die Sackgassen auch Schutzfunktionen. Die Unsicherheit städtischen Lebens, das weniger an in der abendländischen Stadt von außen, vielmehr von innen bedroht war, führte zu solchen architektonischen Schutzmaßnahmen. Kriegerische Auseinandersetzungen zwischen einzelnen Stadtvierteln ebenso wie Meuterei oder Plünderung der Söldnergarnison, Kämpfe und Brandschatzung rivalisierender Stadtherren oder Beduinenüberfälle waren keine Seltenheit.

Jedes Stadtviertel besaß seine eigene soziale Infrastruktur. Dazu gehörten Moscheen und heilige Brunnen *(sabil)*, die auch als Ruheorte genutzt wurden, Koranschulen *(kuttab)*, Karawansereien *(khan/wakala)*, Krankenhäuser *(bimaristan)* und öffentliche Bäder *(hamam)*.

Im orientalischen Basar *(suq)* entfalteten sich wesentlich ausgeprägtere und dichtere wirtschaftliche Aktivitäten als etwa in den Gewerbevierteln der mittelalterlichen Städte Europas. Räumlich konzentriert und organisatorisch miteinander verbunden, drängten sich hier Einzel- und Großhandel, Fern- und Außenhandel, Dienstgewerbe, Finanzwesen und Handwerk.

Ein islamisches Viertel heute

Seit Jahrzehnten werden im Kairoer Stadtviertel El Gamaliya Haushaltsgegenstände aus Aluminium hergestellt. Kleine, manchmal nur 6 m^2 große Werkstätten *(warsha)* versorgen in arbeitsteiliger Produktion und durch ein ›Fließbandsystem‹ von Esels- und Pferdekarren (inzwischen aber zunehmend auch durch Kleintransporter) Ägypten mit billigen Töpfen, Tellern und Pfannen. Die kleinen Handwerksbetriebe liegen rechts und links der Hauptstraße des Viertels, der Sharia el Gamaliya, dahinter erstrecken sich die Wohnviertel mit ihrem Gassenlabyrinth, die bis heute streng privaten Charakter haben; insbesondere fremde Männer sollten sich entsprechend zurückhaltend benehmen.

Soweit die Kleinbetriebe über eine Lizenz verfügen, haben sie ein Anrecht auf eine bestimmte Menge an hochwertigem Aluminium, das bei einer staatlichen Verteilungsagentur erstanden werden kann. Eine solche Lizenz zu erlangen ist allerdings so einfach nicht. Der Bewerber muss den ›langen Marsch‹ durch eine korrupte Bürokratie antreten: Anträge sind an das Industrieministerium zu richten, das pro Jahr nur eine beschränkte Anzahl an Lizenzen ausstellt. Hat ein Kleinbetrieb sich an die Spitze einer Liste ›hochgewartet‹, so überprüft eine Kommission, ob überhaupt die Voraussetzungen für eine Lizenz gegeben sind. Anhand der Anzahl der Maschinen und der eingestellten Arbeiter, für die eine Sozialversicherung

Arbeiterin in einem Kleinbetrieb im islamischen Kairo

(diman igtima'i) vom Besitzer zu entrichten ist, werden die monatlichen Aluminiumkontingente von der Kommission geschätzt; gleichzeitig wird die jährliche Steuer festgelegt.

Ein *warsha* ist jedoch nicht nur eine Produktionsstätte, sondern auch ein sozialer Treffpunkt. Eine solche Werkstatt dient als öffentliche Wasserstelle, ist ein Rastplatz für erschöpfte Passanten oder müde Kinder, fungiert als Werkzeugverleih und Reparaturunternehmen bei kleinen Schäden. Ein *warsha* ist immer offen zur Straße und für jedermann frei zugänglich. Zwischen *warsha* und Straße gibt es einen Austausch von gegenseitiger Hilfeleistung: Kinder werden um Botengänge gebeten, Passanten von der Straße gerufen, um schwere Gegenstände zu bewegen; ebenso wie umgekehrt jedermann die technischen Möglichkeiten einer solchen Werkstatt nutzt. Jeder *warsha*-Besitzer ist moralisch berechtigt, das Straßengeschehen vor seiner Werkstatt bei Konflikten zu regeln. Sei es ein Verkehrsstau oder der Streit zwischen zwei Passanten, der *warsha*-Besitzer gilt als erster ordnender und schlichtender Ansprechpartner.

Die nebeneinanderliegenden Werkstätten unterhalten enge Beziehungen. Beim Ausfall oder der Reparatur einer Maschine produziert man nach Feierabend einfach an der Maschine des Nachbarn weiter. Die Arbeiter leihen sich untereinander Hämmer, Schraubenzieher und Zangen aus, sodass niemand einen kompletten Werkzeugsatz besitzen muss. Auch Verkaufsverhandlungen werden für abwesende Nachbarn übernommen; keiner versucht, persönliche Vorteile aus solchen Situationen zu ziehen; es gilt als *aib* (Schande), derartige Gelegenheiten auszunutzen. Werkstattbesitzer trinken ihren Tee zusammen, hören gemeinsam Radio oder sehen fern und leihen sich ihre Motorroller aus. Gemeinsame Aktivitäten gehen bis in die Freizeit hinein, führen etwa zu einem Kinobesuch oder zu einer Haschisch-Sitzung *(a'ada)* in einer Wohnung. Vor allem die jüngeren Werkstattbesitzer bilden Freundschaftsgruppen *(shila, rifa'a, dufa)* und halten tägliche Treffen ab – sei es an einer Straßenecke, in einem Café oder in einem *warsha*.

Die Religion des Islam

Der Islam ist eine der größten Religionsgemeinschaften weltweit und so sollte man nicht nur bei Reisen in muslimische Länder die Grundlagen dieser Religion kennen.

Im Jahr 570 wurde Muhammad in Mekka geboren, das schon zu jener Zeit ein religiöses Zentrum der arabischen Halbinsel war. Seine Familie war arm, bereits in jungen Jahren musste Muhammad sich als Kameltreiber seinen Lebensunterhalt verdienen. Später trat er in die Dienste der Händlerin Chadidcha, für die er Karawanenreisen leitete. Auf diesen Reisen wurde er mit der jüdischen und der christlichen Religion vertraut. Im Jahre 595 heiratete er die fast 20 Jahre ältere Chadidcha.

Um die Jahrhundertwende befielen Muhammad erste Trance-Zustände; er fühlte sich von Dämonen bedroht und suchte Zuflucht in der Einsamkeit der Wüste. Dort wurde ihm die erste Offenbarung zuteil, über die er nur im engsten Familienkreis berichtete. 610 erreichte ihn durch den Engel Gabriel die zweite göttliche Sendung, sie bestärkte ihn in der Überzeugung, für einen Ein-Gott-Glauben einzutreten.

Muhammad hielt erste öffentliche Predigten, fand aber nur bei armen Leuten Gehör. Die geschäftstüchtigen Bewohner Mekkas lehnten die neue Lehre jedoch ab, da sie am zentralen Heiligtum des beduinischen Arabiens, der Ka'aba, einen Götzendienst etabliert hatten, der ihnen durch das Wallfahrts-, Handels- und Messegeschäft gute Einnahmen brachte. Und Muhammads Predigten zur Wiederherstellung eines Ein-Gott-Glaubens beeinträchtigten dieses Geschäft erheblich.

So hatten die wenigen Anhänger Muhammads mit Verfolgungen und Schikanen zu rechnen. Eine Lösung für die Gläubigen brachte schließlich die wirtschaftliche Konkurrenz zwischen Mekka und der Nachbarstadt Yathrib. Die Bewohner von Yathrib waren bereit, die Anhänger des neuen Glaubens aufzunehmen und für deren Schutz einzutreten. Im Jahre 622 zogen die Gläubigen aus Mekka aus; das Datum dieser *hejra* markiert den Beginn der islamischen Zeitrechnung. Yathrib erhielt beim Einzug des Propheten einen neuen Namen: Medinet el Nabi, die Stadt des Propheten.

In Medina fielen die Predigten Muhammads auf fruchtbaren Boden. Bestärkt von Zuwachs und Einheit, führten die ersten Muslime Raubzüge gegen die Karawanen aus Mekka durch und machten reiche Beute. Immer mehr Menschen traten in den folgenden acht Jahren in die Gemeinschaft der Gläubigen *(umma)* ein. 630 konnte Muhammad als militärischer und religiöser Führer in Mekka einziehen. Wenig später erkrankte er und starb im Jahre 632.

Islam – Religion – Glaube

›Sich Gott hingeben‹, in diesem Sinne etwa könnte das Wort Islam übersetzt werden; zugleich bedeutet der Begriff Islam aber auch ›gestiftete Religion‹. Dies impliziert, dass die Regeln und Gebote, wie sie im Koran festgehalten sind, praktiziert und befolgt werden und dass Gläubige ihr Bekenntnis zur großen Gemeinschaft aller Muslime *(umma)* ablegen. Die islamischen Gesetze betreffen nicht nur den religiösen und juristischen Bereich, sondern ordnen auch das mitmenschliche Zusammenleben.

Ein Muslim, der nicht mehr an Gott glaubt, bleibt trotz allem in der Gemeinschaft der Gläubigen und genießt weiterhin die Solidarität *(asabiya)* aller Mitglieder. Erst Gott bleibt es überlassen, am Tag des Jüngsten Gerichts *(yom ad din)* ein Urteil über ihn zu fällen. Solange ein ›Zweifler‹ nicht öffentlich seinen Austritt aus dieser Gemeinschaft kundtut, wird er toleriert. Erst derjenige, der konvertiert und damit zu den *munafiqun*, den Ungläubigen, gehört, hatte nach den alten religiösen Gesetzen sein Leben verwirkt.

Din (Religion) ist die zwingende Vorschrift, die Gebote zu achten. Für alle Gläubigen besteht die Verpflichtung, die Gesetze zu befolgen und im Sinne der Gemeinschaft zu erfüllen. *Din* ist auch die Treue zum Koran und zur Tradition der *sunna* (s. S. 57). Und letztlich bestimmt *din*, dass es keine Trennung zwischen religiösem und weltlichem Handeln gibt. Es gilt das Motto: *din we dunya*, Religion und Welt; wobei sich *dunya* auf unseren Alltag bezieht, *din* den Bereich des Transzendenten, des Jenseits *(akhira)* bezeichnet.

Glaube *(imam)* bedeutet ›sich anvertrauen‹, Zeugnis ablegen für den Islam. Dies ist in der *shahada*, dem Glaubensbekenntnis, verankert, das jeder, der zum Islam übertritt, rezitieren muss. Dadurch wird er in die Gemeinschaft der Gläubigen aufgenommen.

Die fünf Grundpfeiler des Islam

Das Glaubensbekenntnis *(shahada)*

»Es gibt keinen Gott außer Allah, und Muhammad ist sein Prophet«, *la ilaha illa Allah we Muhammad rasul Allah* – so lautet das Zeugnis, das jeder Muslim für seinen Glauben ablegt.

Das rituelle Gebet *(salah)*
Jeder Gläubige ist aufgefordert, sich fünfmal am Tag durch sein Gebet an Gott zu wenden. Durch vorhergehende Waschungen versetzt er sich in den Zustand ritueller Reinheit und mit dem Ausbreiten einer Matte oder eines Teppichs schafft er einen sakralen Ort. Gebetet wird in Richtung der Qibla, das heißt nach Mekka hin. Innerhalb einer Moschee ist diese Richtung durch eine kleine Nische *(mihrab)* in der Wand angegeben.

Wann immer möglich soll jeder Gläubige das Gebet nicht allein, sondern mit anderen in der Moschee *(masjid)* verrichten und damit der sozialen Bedeutung der *ummat an nabi*, der Gemeinschaft des Propheten, Ausdruck verleihen. Das *salah* ist vertrautes Gespräch mit Gott wie auch kultische Übung; es reinigt von Sünden und gewährleistet, ein Leben lang regelmäßig durchgeführt, nach dem Tode den Einzug ins Paradies.

Die Almosengabe *(zakat)*
Almosen an Arme und Bedürftige reinigen den Gläubigen von Sünden und bringen reichen Segen im Jenseits. Es gehört zur Gewissenspflicht eines jeden Muslim, Almosen zu verteilen.

Fasten im Ramadan *(saum)*
Von Sonnenaufgang bis Sonnenuntergang sollen Gläubige im islamischen Fastenmonat, der 29 Tage dauert, jegliche Nahrungsaufnahme vermeiden. In der Nacht darf gegessen werden. Ausnahmen vom Fasten sind möglich, doch regeln zahlreiche Vorschriften solche Sonderfälle.

Wallfahrt nach Mekka *(hadsch)*
Jeder Muslim, dem es finanziell möglich ist, hat die Verpflichtung, einmal in seinem Leben die Pilgerfahrt nach Mekka anzutreten. Die Wallfahrt hat Läuterungscharakter, darüber hinaus soll sie die Solidarität innerhalb der Gemeinschaft der Gläubigen bezeugen.

Die Quellen des Islam

Koran *(quran)*
Das Wort Koran ist abgeleitet von *qara* (lesen) oder *iqra* (Lies! Rezitiere!). Im Koran steht, so glauben Muslime, das Wort Gottes, das Muhammad Satz für Satz eingegeben

Gen Mekka: fünfmal am Tag betet jeder gläubige Moslem

wurde. Hier sind die religiösen und weltlichen Gesetze niedergelegt. Der Koran, auch el *kitab* (das Buch) genannt, gliedert sich in 113 Suren, die aus einzelnen Versen bestehen. Jede Sure ist überschrieben mit »Im Namen Gottes des Barmherzigen und Allmächtigen« *(bismillah ar rahman ar rahim)*.

Sunna und Hadith

Sunna, oder *sunnat el nabi,* bezeichnet die Tradition, Lebensführung und Handlungsweise des Propheten. Sie ist in einzelne *hadith* eingeteilt, Aussprüche und Sentenzen des Propheten zu bestimmten religiösen Fragen oder Problemen.

Jedes *hadith* besteht aus zwei Teilen: Zunächst wird der Name desjenigen genannt, der einen spezifischen Vorfall berichtet, sowie die Kette *(isnad; silsilla)* derjenigen, die den Bericht weitergegeben haben, dann folgt der Bericht *(matn)* zur eigentlichen Begebenheit. Die Gemeinschaft der Gläubigen verehrt die *sunna* und versteht sich selbst als *ahl el sunna el jama'a,* als die Leute der *sunna* und der Gemeinschaft.

Pharaonischer Arbeitsalltag in Deir el Medina

Über 200 Jahre, von 1290 bis 1070 v. Chr., bewohnten etwa 70 Arbeiterfamilien das kleine, von einer hohen Mauer umschlossene Dorf Deir el Medina in Theben-West. Zwar blieben von den Häusern nur die Fundamente erhalten, doch konnten Archäologen die Anlage rekonstruieren.

Von der kleinen Siedlung gelangten die Arbeiter der Nekropole, die Maler und Bildhauer, über den Hügelkamm in das Tal der Könige. Während der Woche lebten die Handwerker in einfachen Hütten auf der Baustelle, abends gingen sie nicht ins Dorf zurück – zu groß erschienen die Gefahren eines nächtlichen Marsches durch die Wüste.

Zwei Vorarbeiter leiteten die Grabungen vor Ort, das gesamte Projekt aber stand unter der Kontrolle des Wesirs, der manchmal selbst zur Baustelle kam oder einen Beauftragten schickte. Schreiber registrierten die Arbeitsleistung eines jeden Beteiligten ebenso wie dessen Versäumnisse, listeten die ausgeliehenen Werkzeuge auf und legten ihre Berichte dem Wesir vor.

30 Tage dauerte der Arbeitsmonat, der sich in drei Wochen zu je zehn Tagen gliederte. Der zehnte, 20. und 30. Tag waren als ›Sonntag‹ arbeitsfrei. Zumindest unter Pharao Ramses II. wurde auch am neunten, 19. und 29. Tag nicht gearbeitet. Am Ende eines jeden Monats wurde den Handwerkern von einer Versorgungstruppe ihr Lohn in Form von Naturalien ausbezahlt. Neben Getreide, Gemüse, Fisch und Bier gehörten dazu Holz als Brennmaterial sowie in unregelmäßigen Abständen Fett, Öl und Kleidung. War der Pharao mit dem Fortgang der Arbeiten zufrie-

den, gab es als ›Sondergratifikation‹ Wein, Fleisch und Salz.

Regelmäßig wurde das Wasser in Schläuchen vom Nil herangeschafft und in die Zisterne entleert; der dörfliche Wasserverwalter teilte dann den einzelnen Familien das kostbare Nass zu. Da das Dorf in der Wüste lag, ging man sehr sparsam mit dem Wasser um. Die Versorgungstruppe aus der Hauptstadt nahm auch die Kleidung der Bewohner mit und ließ sie in ›Wäschereien‹ reinigen. Die Einwohner von Deir el Medina waren ja Geheimnisträger und wohlhabend genug, um sich einen oder mehrere Sklaven halten zu können. Wer nicht über die nötigen Mittel verfügte, konnte einen Sklaven mieten – zu einem Satz von 16 Deben Kupfer pro Tag (knapp 1,5 kg, 1 Deben = 91 g).

Pro Familie standen durchschnittlich zwar 90 m^2 zur Verfügung, doch waren die Zimmer eines jeden Hauses dicht an dicht gestaffelt. Das Zusammenleben der einzelnen Familien auf engstem Raum führte zu Konflikten, wie die Akten der Arbeitersiedlung übermitteln. Das Dorf besaß eine eigene Gerichtsbarkeit; schwere Strafen, aber auch Begnadigungen, konnte aber nur der Wesir anordnen.

In ihrer arbeitsfreien Zeit trieben die Arbeiter von Deir el Medina ihre eigenen Gräber in das Gebirgsmassiv gegenüber dem Dorf. Die Grabgewölbe gestalteten sie mit großer Sorgfalt und bemalten die Wände mit farbigen Darstellungen und Alltagsszenen. Im Laufe der Zeit wurde der gesamte Bergzug mit Stollen durchzogen und es kam vor, dass ein Arbeiter einen Schacht für seine letzte Ruhestätte in den Berg trieb und in ein bereits fertiges Grab einbrach.

Erster Streik in der Menschheitsgeschichte

Die Arbeitersiedlung war von den Lieferungen der Versorgungstruppe abhängig. Kamen die Lebensmittel nicht pünktlich, gerieten die Familien in eine schwierige Situation. Da ihr Dorf nicht im Fruchtland lag, konnten sie sich nicht mit eigenen Anbauprodukten versorgen und für eine umfangreiche Lagerhaltung fehlten in der kleinen Ansiedlung die Voraussetzungen. Die Existenz der Siedlung war abhängig von einer gut funktionierenden Verwaltung mit effektiver Organisation – und die hatte es jahrhundertelang auch gegeben.

Unter Ramses III. nahm der Niedergang des jahrtausendealten ägyptischen Reiches seinen Anfang. Höchst erfolgreich hatte der Pharao die äußeren Feinde bekämpft – allerdings zu Lasten der Wirtschaft im eigenen Land. Nicht nur die Staatskasse, auch die Kornspeicher waren leer, in der Verwaltung häuften sich die Nachlässigkeiten, so dass die Bewohner der Arbeitersiedlung nicht mehr kontinuierlich versorgt wurden.

Aus einem Dokument geht hervor, dass im Jahre 29 der Regierungszeit Ramses' III. die Lebensmittellieferung mit 23 Tagen Verspätung eintraf. Noch im selben Jahr streikten die Arbeiter und ihre Familien. Alle Bewohner des Dorfes marschierten nach Theben, durchstöberten dort die Kornspeicher nach Vorräten und forderten vom Wesir nun endlich eine regelmäßige Belieferung, denn »man jubelt bei der Arbeit nur, wenn der Leib voll ist«, wie es in einer altägyptischen Inschrift heißt.

Auch an Warnungen und Bittgesuchen an die Administration hat es nicht gefehlt. Dafür das Zeugnis eines Arbeiters: »Ich arbeite an den Gräbern der Kinder des Königs, die zu machen mein Herr mir in Auftrag gegeben hat. Ich arbeite sehr, sehr sorgfältig, sehr trefflich ... Aber wir leiden Mangel. Alle Vorräte für uns aus dem Schatzhaus, aus der Scheune und aus dem Magazin sind erschöpft. Eine Last von Steinschutt zu schleppen ist aber nicht leicht. Statt sechs Maß der monatlichen Kornration erhielten wir die gleiche Menge an Dreck. Mein Herr möge Mittel finden, uns am Leben zu erhalten. Wir sterben ja Hungers.«

Die überlieferten ›Akten‹ dokumentieren über den Zeitraum eines Jahres die Notsituation in der Siedlung und die immer wieder aufflammenden Streiks und Bittgesuche um eine geregelte Versorgung. Der letzte Bericht stammt aus dem Jahre 30 der Regierungszeit von Pharao Ramses III., demnach hatte sich die Lage nicht verbessert. Auch in den folgenden Jahrzehnten unterstrichen die Handwerker ihre Forderungen immer wieder mit Arbeitsniederlegungen. Um 1070 v. Chr. waren sie es leid, und die Arbeitersiedlung wurde verlassen.

Zeitreise
Einen Besuch von Deir el Medina in Theben-West sollte man nicht versäumen (s. S. 212). Die erhaltenen Fundamente der Siedlung dokumentieren gut den Grundriss des Dorfes. Die Gräber der Arbeiter, von denen man mehrere besichtigen kann, zeigen eher Alltagsthemen.

Der Totenglauben der alten Ägypter

Nach ägyptischer Vorstellung führten Verstorbene im Jenseits ihre irdische Existenz fort – allerdings unter erleichterten und verbesserten Bedingungen. Für das Leben nach dem Tod waren all jene Gegenstände vonnöten, die ihnen bereits im Diesseits gedient hatten. So entstand das Steingrab als Haus der Verstorbenen.

Durch die magische Kraft des Wortes, durch das Opfergebet der Angehörigen, versorgte man die Verstorbenen im Jenseits mit den für sie notwendigen Dingen. Der Totendienst oblag in der Regel dem ältesten Sohn, ein Testament regelte die Nutznießung der Hinterlassenschaft im Austausch gegen die regelmäßige Fürbitte. Auch Dienerfiguren *(ushebtis)* waren beliebte Grabbeigaben. In vielen Gräbern fand man gar 365 dieser kleinen Statuen, für jeden Tag eine.

Das Totengericht

Um jedoch zu den Wiederauferstandenen, zu den ›Seligen‹, zu gehören, mussten Verstorbene eine kritische Instanz passieren. Ein Totengericht fällte die Entscheidung über das jenseitige Leben, indem es die diesseitige Lebensführung auf Verfehlungen untersuchte. Das ethisch richtige Verhalten war in den sogenannten Totenbüchern niedergelegt. Zu den alltäglichen Aufgaben gehörte es, »seine Pflicht treu zu erfüllen, das Rechte zu reden und zu üben, bescheiden zu sein, Gier und Habsucht zu meiden, Vater und Mutter zu lieben und zu ehren, gegen die Geschwister und

Archäologie in Saqqara: Grabungshelfer beim Bergen eines Sarkophags

Nächsten liebenswert zu sein, sich in seinem Amte der Schwächeren anzunehmen, sein Amt nicht zu mißbrauchen, die Hungrigen zu speisen und die Nackten zu kleiden, sich der Witwen und Waisen anzunehmen, Untergebene vornehm zu behandeln, gegen niemanden bei dessen Vorgesetzten etwas Nachteiliges zu sagen, keinem Menschen etwas zu leide zu tun« (Helmut Brunner, »Grundzüge der altägyptischen Religion«, Darmstadt 1988).

Sprach das Gericht einen Toten frei, so wurde er neu erschaffen, gab es einen Schuldspruch, so fiel er der Verdammnis anheim und empfing seinen ›zweiten Tod‹, indem er der Schöpfungsmasse zurückgegeben wurde.

Osiris, der Vorsitzende des Jenseitsgerichts, fällte das Urteil nach der Herzwägung. Das Herz als Speicher des Gewissens konnte Auskunft über diesseitiges Verhalten geben, legte man es auf eine Waagschale; das Gegengewicht bildete eine Feder als Symbol der Wahrheit.

Dem Totengericht wurde eine große Bedeutung beigemessen und es sind die warnenden Worte eines Vaters an seinen Sohn überliefert: »Der Gerichtshof, der die Elenden richtet, du weißt, daß sie nicht milde sind an jenem Tage, da die Unglücklichen verurteilt werden. (...) Schlimm ist es, wenn der Ankläger allwissend ist. Nach dem Sterben bleibt der Mensch allein, und seine Taten werden auf einen Haufen neben ihn gelegt.«

Vor dem Richter sprach der Verstorbene das sogenannte negative Bekenntnis: »Ich habe nicht getötet, ich habe nicht gestohlen, ich habe nicht verleumdet.« Trafen die Angaben des Verstorbenen zu, so blieb die Waage im Gleichgewicht, hatte er jedoch gesündigt, so senkte sich die Schale mit dem Herzen. Problematisch war es also, wenn man gewogen und als zu schwer befunden wurde. Der schakalköpfige Gott Anubis prüfte den Ausschlag des Züngleins und der ibisköpfige Thoth protokollierte den Vorgang.

Wurden Verstorbene verurteilt, so fielen sie in den Rachen eines Monsters, das aus Krokodilskopf, Löwenleib und Nilpferdhinterteil bestand. Die Freigesprochenen aber wurden neu erschaffen, indem der Sonnengott den Körper, die Lebenskraft und die Seele wieder vereinte.

Die Mumifizierung

Freilich setzte dies voraus, dass die drei lebenswichtigen Elemente von den Angehörigen ›am Leben‹ gehalten wurden. So bewahrte man den Körper durch die Mumifizierung und spendete Lebenskraft mit notwendigen Speisen und Getränken. Da die Seele nur Wasser für ihr Fortbestehen benötigte, legten die Hinterbliebenen einen kleinen Teich an oder stellten eine wassergefüllte Schale ins Grab. Der Sonnengott setzte diese drei Teile wieder zusammen und der Tote erstand neu als ein *ach*, als ein Verklärter.

Herodot hinterließ folgende Beschreibung der Balsamierungstechnik: »Als erstes entfernen die Ägypter mit einem Metallhaken das Gehirn durch die Nase, aber nur zu einem Teil; den Rest lösen sie mit Drogen auf. Danach machen sie mit einem Stein aus Äthiopien einen langen Schnitt an der Seite des Bauches und nehmen alle Weichteile aus dem Körper. Die so entstandene Höhle reinigen sie mit Palmwein und aromatischen Essenzen. Dann füllen sie den Leib mit reinem Myrrhepulver, mit Kassia und anderen bekannten Duftstoffen, schließlich nähen sie den Schnitt wieder zu.«

Die Eingeweide wurden in Krügen, den sogenannten Kanopen, aufbewahrt. Schließlich benötigte der Verstorbene seine Organe für die Auferstehung. Auch das Herz entfernte man, ersetzte es aber durch einen steinernen Skarabäus. Nun galt es, dem Körper jegliche Flüssigkeit zu entziehen, wofür die Balsamierer Natronsalz aus den ägyptischen Wüsten benutzten. Herodot berichtet detailliert: »Sie konservieren die Leiche nun mit dem trockenen Salz des Natron 70 Tage lang. Nach diesen 70 Tagen waschen sie die Mumie und umwickeln sie mit sehr feinen Leinenbinden. Diese werden mit einer Art Gummimasse überzogen, die die Ägypter an Stelle von Kleister verwenden.«

Finger, Hände und Füße wurden besonders bandagiert, hohen Persönlichkeiten steckte man goldene Kappen über Zehen und Finger. Die Leinentücher tränkte man mit parfümierten Ölen oder einer asphaltischen Masse und erhöhte so ihre Haltbarkeit. Schließlich wurden kleine Schutzamulette eingebunden. Auf der Suche nach diesen Schmuckstücken zerschnitten Grabräuber die Bandagen und zerstörten viele Mumien.

Laut Herodot gab es unterschiedliche Qualitätsstandards im Balsamierungsprozess: »Wenn man den Balsamierern einen Toten bringt«, schreibt Herodot, »zeigen sie den Angehörigen Mumienmodelle aus bemaltem Holz. Die teuerste Klasse, so erklären sie ihnen, entspricht der Balsamierung des Osiris. Das zweite Muster, das sie ihnen anbieten, ist weniger sorgfältig und daher billiger balsamiert, und das dritte kostet am wenigsten. Sie fragen dann, zu welcher Ausführung sich die Verwandten des Toten entschließen möchten, und vereinbaren mit ihnen den Preis.«

63

Kleopatra – letzte ›pharaonische‹ Herrscherin Ägyptens

Kleopatra – dieser Name steht selbst 2000 Jahre nach dem Tod der Königin noch immer für weibliche Schönheit, Leidenschaft und Sinnlichkeit, aber auch für Intrige und Machtgier. Bereits antike Geschichtsschreiber haben sich dieser Frau literarisch angenommen und die verschwenderisch-orientalische Pracht ihres Hofes detailreich ausgemalt.

1373 greift Boccaccio den Stoff erneut auf und als 1592 Plutarch ins Englische übersetzt wird, schöpft Shakespeare aus dieser Quelle: »Antony and Cleopatra« kommt 1607 auf die Bühne. 1898 regt die schöne Ägypterin George Bernard Shaw zu seinem Drama »Caesar and Cleopatra« an und im 20. Jh. hat u. a. Bertolt Brecht sie in seiner »Dreigroschenoper« erwähnt.

Mehr noch als Literatur oder Kunst hat der Film diese Frau zu einer modernen Legende gemacht. 1899 dreht Georges Méliès den ersten Kleopatra-Film, 1934 umjubeln die Zuschauer Claudette Colbert als ägyptische Königin und 1946 brilliert Vivien Leigh in dieser Rolle. 1963 spielt Elizabeth Taylor den Part der Kleopatra – in einem Monumentalfilm der 20th Century Fox, dessen Massenszenen und pseudohistorische Pappkulissen eine ›Antike à la Hollywood‹ bieten.

Wer war nun die Frau, die solch anhaltenden kulturellen Nachhall fand? 69 v. Chr. wurde Kleopatra VII. als Tochter Ptolemaios' XII. in Alexandria geboren. Kleopatras Vater war nach Zahlung eines hohen Bestechungsgeldes an Cäsar auf den Thron gekommen und trug den offiziellen Titel Freund und Verbündeter Roms. Fremde Einflussnahme aus dem italienischen Norden sahen die Alexandriner allerdings mit gemischten Gefühlen, und als die Römer das zum ägyptisch-ptolemäischen Reich gehörende

64

Zypern okkupierten, trieb die Bevölkerung Ptolemaios aus dem Land. Durch ein weiteres Bestechungsgeld sicherte sich der Herrscher jedoch erneut den Thron, gestützt auf die Schlagkraft der römischen Legionen. Vor seinem Tod im Jahre 51 v. Chr. bestimmte er die damals 18-jährige Kleopatra und ihren zehnjährigen Bruder Ptolemaios XIII. – nach pharaonischer Sitte als ›Brudergemahl‹ – zu seinen Nachfolgern.

Die junge Königin beherrschte angeblich zwölf Sprachen: Sie hatte möglicherweise schon als Kind zwei Jahre in Rom verbracht und sprach als einzige Ptolemäerherrscherin auch Ägyptisch. Mit Selbstbewusstsein und Charakterstärke beherrschte sie ihre Umgebung.

Schön im eigentlichen Sinne war sie indes nicht, ihre überlange Nase wurde schon in der Antike verspottet, doch galt Kleopatra als Meisterin der Umgangsformen und als ›Königin der Kosmetik‹; berühmt war die zarte Modulation ihrer Stimme.

In den Armen Kleopatras

Als Cäsar 48 v. Chr. in Ägypten einmarschierte, um den römischen Einfluss zu sichern, sah Kleopatra, nun 21-jährig, die Möglichkeit, mit den römischen Waffen die gegen sie und ihre emanzipierte Politik gerichteten Bestrebungen der alexandrinischen Oberschicht zu ersticken. So ließ die Königin, was

Der Orientalismuseuphorie des 19. Jh. frönte auch Hans Makart mit seiner Kleopatra

ein unerhörter Vorgang war, Münzen mit ihrem Bild und Namen prägen.

Zwischen dem 53-jährigen römischen Potentaten und der jungen Ägypterin entspann sich eine heftige Liebesgeschichte: Eingerollt in einen Teppich, ließ Kleopatra sich in die Königsburg zu Cäsar bringen, vorbei an den Wächtern ihres romfeindlichen ›Brudergemahls‹. 47 v. Chr. gebar Kleopatra Caesarion (Ptolemaios XV.), den Cäsar als seinen Sohn anerkannte. Fast zwei Jahre residierte sie als selbstbewusste ägyptische Königin in Rom, wo sie Cäsar in ihrem erotischen Bann hielt und sich die Römer mehr und mehr zu Feinden machte. Cicero schrieb: »Die Königin hasse ich, von ihrem Übermut, als sie in den Gärten jenseits des Tiber wohnte, vermag ich nicht ohne schmerzliche Empfindung zu sprechen.«

Am 15. März 44 v. Chr. wurde Cäsar ermordet, sein Testament bevorzugte Octavian (Augustus) als Erben; kurz darauf ernannte Kleopatra den dreijährigen Caesarion zum Mitregenten, ließ Ptolemaios XIV. ermorden und kehrte nach Ägypten zurück.

41 v. Chr. begegnete sie, nun 28 Jahre alt, in Tarsus, an der Südküste Kleinasiens, Marc Anton, Repräsentant Roms in den Ostgebieten des riesigen Reiches. Der beleibte römische Reiteroffizier, sogleich fasziniert von dieser Frau, folgte ihr bald nach Alexandria. Neun Monate später kam Kleopatra mit den Zwillingen Alexander Helios und Kleopatra Selene nieder.

Obwohl seit 40 v. Chr. mit Octavia, der Schwester Octavians, verheiratet, ging Marc Anton 37 v. Chr. die Ehe mit Kleopatra ein; 36 v. Chr. wurde der Knabe Ptolemaios Philadelphos geboren. Die heimlich geschmiedeten Großmachtpläne des Paares blieben Rom nicht verborgen und Ende des Jahres 32 v. Chr. erklärte Octavian, der spätere Kaiser Augustus, Ägypten den Krieg. Kurze Zeit darauf trafen die Kriegsflotten der beiden Kontrahenten bei Actium vor Nordwestgriechenland aufeinander. Unter Agrippa wurden die Ägypter am 2. September 31 v. Chr. vernichtend geschlagen, doch konnten Antonius und Kleopatra entkommen. Wenig später marschierte Octavian in das Nilland ein, wo die römischen Legionen Marc Anton am 1. August 30 v. Chr. eine weitere schwere Niederlage bereiteten. Auf die Nachricht hin, Kleopatra habe sich getötet, stürzte Marc Anton sich in sein Schwert, erfuhr dann aber, dass seine Geliebte noch lebte und ließ sich, sterbend, zu ihr bringen. Bald danach tötete sich auch die 39-jährige Kleopatra, um nicht in Octavians Triumphzug als Gefangene durch Rom geführt zu werden. Dass sie sich dazu eine Giftschlange an die Brust legte, ist historisch nicht bezeugt. In Alexandria wurde die Königin mit allen Ehren neben ihrem Geliebten bestattet. Mit Kleopatra endete die 300-jährige Herrschaft der Ptolemäer über Ägypten.

Kleopatra für Groß und Klein
Eine ausgezeichnete und kompakte Biografie zur historischen Kleopatra bietet Wolfgang Schuller, »Kleopatra – Königin in drei Kulturen«, Reinbek 2006. Für Kinder aufbereitet und gleichzeitig informativ und akkurat ist das Buch »Kleopatra und der Mantel der Macht« von Maria Regina Kaiser aus der Arena Bibliothek des Wissens, 2011.

Lebensader Nil

»Ägypten – ein Geschenk des Nil«, so charakterisierte der griechische Geschichtsschreiber Herodot das Land. Einzig durch diesen Strom werden die landwirtschaftlichen Erträge möglich, konnte eine der ersten Hochkulturen der Menschheit entstehen.

Mit 6671 km ist der Nil der längste Fluss der Erde, sein Einzugsgebiet umfasst beinahe 3,5 Mio. km². Den Oberlauf, Kagera-Nil genannt, speisen die in Ruanda und Burundi entspringenden Quellflüsse Rukaraya, Mwogo sowie Nyawarongo, später durchfließt der Nil den Viktoria- und den Albert-See, bahnt sich unter dem Namen Bahr el Djebel (Bergfluss) seinen weiteren Weg, nimmt den Bahr el Ghasal (Gazellenfluss), den Bahr ash Sharafa (Giraffenfluss) sowie den Sobat auf und trifft bei Khartum im Sudan als Bahr el Abyad (Weißer Nil) auf den Bahr el Azraq (Blauer Nil – so benannt nach den trüben, sedimentreichen Fluten). Zwischen Khartum und dem Mündungsdelta am Mittelmeer fließt der Atbara hinzu.

Durchschnittlich führt der Nil pro Jahr zwischen 70 und 90 km³ Wasser ins Meer, in extrem regenreichen Jahren können es bis zu 120 km³ sein – und das, obwohl der Fluss auf seinem Weg mehr als die Hälfte seines Wassers durch Verdunstung verliert.

Fast regelmäßig schwillt der Nil durch sintflutartige Regenfälle im äthiopischen Hochland Jahr für Jahr an (sogenannte Nilschwelle). Die Niederschläge spülen fruchtbare, kalireiche Tonerde in den Blauen Nil und die gewaltigen Wassermassen lassen das Niveau des Flusses um bis zu 7 m steigen. Die Flutwelle erreicht Khartum Mitte Mai und ist Anfang Juni am Nasser-Stausee angelangt. Je nach Höhe der Flut überschwemmte der Fluss einst von Juni bis September die Uferstreifen und hinterließ den fruchtbaren Schlamm. 10 bis 12 m dick ist die Sedimentschicht, die der Strom in den vergangenen Jahrtausenden abgelagert hat.

Hochkulturen durch den Nil

Von Anbeginn der ägyptischen Geschichte markiert der Eintritt der Nilschwelle den wichtigsten Termin für das Land. Drei Jahreszeiten kannten die Alten Ägypter: Überschwemmung, Aussaat und Ernte sowie die Trockenperiode. Sobald die Wassermassen abzufließen begannen, säte man in der noch feuchten Erde und pflegte die Schösslinge durch regelmäßige Bewässerung. Nach vier Monaten wurde geerntet, danach lagen die Felder bis zum nächsten Hochwasser brach. Erst in der jüngeren Vergangenheit wurde dieser natürliche Kreislauf durch den Bau des Assuan-Staudamms grundlegend verändert.

Fruchtbares Nildelta: Ägypten ist der größte Reisproduzent im Nahen Osten

Und dann bedurfte es noch einiger Jahrzehnte, bis sich die Bewässerungstechniken der Bauern wandelten. Denn erst seit den 1990er-Jahren besitzen die Fellachen dieselgetriebene Pumpen zur Irrigation ihrer Felder und Parzellen. Kaum noch genutzt werden daher der *shaduf*, ein langer beweglicher, in einer Achse gelagerter Holzschwengel, der an dem einen Ende einen Eimer und am anderen Ende einen Lehmklotz als Gegengewicht hat, oder etwa der *tambur,* eine archimedische Schraube, sowie unterschlächtige Wasserräder. Die *sakiya* hingegen, ein von einem Büffel, Esel oder Kamel angetriebenes Göpelwerk, ist immer noch in Gebrauch. Und für die schnelle Bewässerung werfen die Bauern nach wie vor den Ledereimer aus.

Demokratie ist die Lösung? – Die Revolution von 2011

Am 25. Januar 2011 gingen Tausende von Ägyptern auf die Straße, um gegen die Herrschaft des Präsidenten Hosni Mubarak zu demonstrieren. Bis heute dauert das Ringen um die politische Zukunft Ägyptens an.

»Mubarak, tritt ab!«, »Hosni, es reicht, geh nach Saudiarabien!«, skandierten Scharen junger Menschen auf dem Tahrirplatz. Für viele war der 25. Januar die erste Demonstration, aber nicht die letzte.

Inspiriert von dem erfolgreichen politischen Umsturz in Tunesien, wagten sie es 2011, für ein besseres Leben auf die Straße zu gehen. Ein schlechtes Ausbildungs- und Gesundheitssystem, wuchernde Korruption und unzureichende hygienische Verhältnisse hatten zu hohen Arbeitslosenzahlen und allgemeiner Hoffnungslosigkeit geführt. Verantwortlich für die Misere sahen die Demonstranten die Politik des Präsidenten Hosni Mubarak, der seit über 30 Jahren das Land mit Hilfe von Notstandsgesetzen regierte. Erste Schritte, seinen Sohn Gamal als Nachfolger in den Sattel zu heben, mögen der letzte Funke gewesen sein, um die Massen zu mobilisieren.

Während der nächsten Wochen kam es immer wieder, vor allem am Freitag nach dem Gebet, zu manchmal auch gewaltsamen Demonstrationen. Bis Mubarak am 11. Februar zurücktrat, waren 846 Menschen bei den Auseinandersetzungen zwischen Demonstranten und Polizei gestorben. Dass Mubarak überhaupt zurücktrat und die Demonstrationen nicht vollends eskalierten, war letztendlich dem Militär zu verdanken, das sich mit den Demonstranten solidarisierte und zunächst auch die Regierungsgeschäfte übernahm, um das Land am Nil in eine demokratischere Zukunft zu führen.

Seitdem ist viel passiert

Sowohl diverse progressive Gruppen als auch die von Mubarak unterdrückten muslimischen Organisationen konnten endlich öffentlich agieren, es wurde gebloggt, getwittert, diskutiert, demonstriert und Graffiti gesprüht wie nie zuvor. Der Oberste Militärrat hatte anfangs noch die Zustimmung der Bevölkerung, geriet aber zunehmend in die Kritik sowohl von Konservativen als auch von Progressiven und Liberalen. Im Juli 2011 demonstrierten erstmals ultrakonservative Salafisten für einen Gottesstaat. Bald danach begann der Prozess gegen Hosni Mubarak, der sich bis Juni 2012 hinzog.

Im Winter 2011/2012 wurde in mehreren Stufen ein neues Parlament gewählt – Unter- und Oberhaus wurden getrennt, und aus logistischen Gründen wurde in unterschiedlichen Wahlkreisen zeitversetzt gewählt. Die wichtigste Aufgabe des Parlaments war es, eine Verfassunggebende Versammlung zu bestimmen, denn Ägyp-

Kundgebung auf dem Tahrir-Platz, die Jugend Kairos fordert Freiheit

ten sollte eine neue, demokratischere Verfassung bekommen.

Im Juni 2012 entschied jedoch das Verfassungsgericht, dass die Wahl der Volksversammlung aus formalen Gründen nicht rechtmäßig sei und sie deshalb aufgelöst werden müsse. Der gerade erst gewählte neue Präsident Mohammed Mursi von der muslimischen Freiheits- und Gerechtigkeitspartei setzte sich darüber hinweg und berief das Parlament wieder ein.

Im Herbst 2012 erließ Mursi ein umstrittenes Dekret, das ihm selbst größere Machtbefugnisse einräumte, insbesondere gegenüber dem Verfassungsgericht. Nach gewaltsamen Protesten nahm er das Dekret zurück. Gleichzeitig wurde ein islamisch geprägter Verfassungsentwurf durch die Verfassungsversammlung geboxt und in einem Referendum im Dezember 2012 angenommen. Der wachsende Widerstand gegen Mursi entlud sich ein Jahr nach seinem Amtsantritt in spektakulären Großdemonstrationen. Am 3. Juli 2013 setzte das Militär Mursi ab; gewalttätige Auseinandersetzungen zwischen Anhängern und Gegnern Mursis folgten. Die Übergangsregierung kündigte Neuwahlen und ein Verfassungsreferendum im Laufe von sechs Monaten an.

Warum siegten die muslimischen Parteien?

Bei den Parlamentswahlen errangen die muslimischen Parteien, nämlich der politische Arm der Muslimbruderschaft (die Freiheits- und Gerechtigkeitspartei) sowie die salafistische Nur-Partei (Partei des Lichts), mit zusammen 60 % einen deutlichen Wahlsieg, obwohl der Revolutionsschwung überwiegend von progressiven Gruppen ausgegangen war. Die waren aber viel weniger organisiert und untereinander oft uneinig, so dass sie der in Ägypten völlig neuen Herausforderung des Wahlkampfs nicht gewachsen waren. Dazu kommt, dass große Teile Ägyptens eben tatsächlich ländlich und konservativ sind, die Bevölkerung einen sehr geringen Bildungsstand hat und muslimische Gruppen dort viel bessere Ausgangspositionen haben als die urbanen Blogger und Internetaktivisten, die das progressive Lager bestimmen. So ist vielen Ägyptern das Konzept von demokratischen Wahlen und Wahlfreiheit (noch) gar nicht hinreichend vertraut.

Was merkt man als Tourist?

Zumindest bisher (Juli 2013) bekommen die meisten Touristen im Land selbst von der politischen Situation gar nicht viel mit, abgesehen von Hotelschnäppchen und manchmal menschenleeren Sehenswürdigkeiten. Selbst im Januar 2011 war Oberägypten geradezu unbeteiligt. Prägender ist natürlich die Wahrnehmung im Westen – Ägypten gilt als gefährliches Reiseland. Vor dem Urlaubsflug sieht man im Fernsehen Schlägereien im Zielland, auch wenn diese ›nur‹ im Zentrum Kairos stattfinden.

Was man übrigens schon seit Jahren und beileibe nicht erst seit der Revolution sieht, ist der Trend zu konservativer Kleidung und sehr stark öffentlich zur Schau gestellter Frömmigkeit. Wenn man heute nachfragt, ist es aber vor allem die ökonomische

Misere, die sich den Touristen zeigt. Seit der Revolution sind die Touristenzahlen dramatisch gesunken, um bis zu ein Drittel. Vorher lebte jeder sechste Ägypter vom Tourismus, pro Jahr kamen 15 Mio. Gäste. Ein junger Taxifahrer klagt, dass er sein neues Auto nicht abbezahlen kann und die Freundin ihn für jemanden mit mehr Geld verlassen hat, ein Schweizer Hotelmanager nimmt unbezahlten Urlaub, um wenigstens keine Mitarbeiter entlassen zu müssen.

Doch die Demokratie selbst und den Durst nach Demokratie findet man auch, so holprig sie auch anläuft. So wird z. B. heute in Restaurants, auf der Straße und in Minibussen über Politik diskutiert, auch mit Fremden. Das wäre vor 2011 undenkbar gewesen. Viele Ägypter interessiert auch die Meinung und Berichterstattung im Ausland, und sie sind nach wie vor enorm stolz auf ihre Revolution.

Was bringt die Zukunft?

Die Zukunft bringt hoffentlich mehr Zukunft, denn in einer Demokratie ist »nach der Wahl« auch immer »vor der Wahl«. Im Idealfall werden die versprochenen Neuwahlen zügig und diesmal ohne technische Fehler umgesetzt, wobei es sicher hilft, dass die Behörden, Wahlkämpfer und Wähler schon etwas mehr Übung haben. Voraussetzung ist allerdings, dass alle wichtigen politischen Gruppierungen sich daran beteiligen und dass die Gewalt nicht eskaliert.

Dann ist, unabhängig vom Wahlsieger, auch mittelfristig nicht unbedingt mit Alkoholverboten oder prüden Badevorschriften zu rechnen, denn die ägyptische Wirtschaft braucht den Tourismus.

Bis vor wenigen Jahren sah man, besonders im Morgengrauen sowie nach Einbruch der Dunkelheit, in Kairos Straßen mit Müll beladene, penetrant stinkende Eselskarren. Auf den gärenden Abfallbergen saßen zwei oder drei Kinder, die schon während der Fahrt die oberen Schichten der Müllhaufen nach Verwertbarem durchwühlten. Heute hat sich lediglich die Art des Transports verändert, denn inzwischen werden Autos an Stelle der Esel eingesetzt.

Bis 2003 wurde die private Müllentsorgung Kairos ausschließlich von sogenannten *zabalin* (von *zibala* – Müll) betrieben. Da dabei etwa 95 % des Mülls ›recycelt‹ werden, bildet der Abfall die Lebensgrundlage einer großen schlossene Kupfergefäße, die mit dem ägyptischen Grundnahrungsmittel *ful* (Bohnen) gefüllt waren; die Bohnen wurden während einer Heizperiode gar gekocht und dann von Straßenhändlern verkauft. Erst als um 1870 die Europäisierung der Stadt mit dem Zuzug von Engländern und Franzosen begann, die diese Art der Entsorgungspolitik nicht praktizierten, wurde es notwendig, sich der Beseitigung des Hausmülls anzunehmen.

Zu jener Zeit wanderten aus den Oasen Dakhla und Kharga arme Fellachen – sogenannte *wahis* – auf der Suche nach Arbeit in die Hauptstadt. Um 1890 begannen sie, die neuen europäischen Stadtviertel vom Müll zu entsorgen, indem sie die zumeist brennbaren Abfälle an Badehäuser und Bäckereien

El Zabalin – die Müllmänner von Kairo

Bevölkerungsgruppe. Bis zur Mitte des 19. Jh. war die Abfallbeseitigung in Kairo kein Problem. In den alten islamischen Stadtvierteln hielten die Haushalte fast ausnahmslos Ziegen, Schafe und Geflügel, an die die organischen Abfälle verfüttert wurden. Brennbaren Müll verfeuerte man in den eigenen Backöfen oder verkaufte ihn an Bäckereien. Auch die Badehäuser in den Vierteln nahmen die Abfälle an und heizten damit das Badewasser. In den Brennkammern standen ver-

Leben im Müll: Kopten aus Ard el Liwa kümmern sich um die Abfälle Kairos

verkauften. Schon in dieser Anfangsphase achteten die *wahis* auf eine straffe Organisation; jede Familie war für eine oder auch für mehrere Routen zuständig, die turnusmäßig abgefahren wurden. Diese Gebiete blieben im Familienbesitz und wurden an die Kinder weitergegeben. Um neue Häuser oder gar ganze Stadtviertel wurde erbittert gefeilscht, bis auch diese Siedlungen aufgeteilt waren.

Um 1900 stieg die Zahl der in die Hauptstadt abgewanderten Fellachen rapide an. Enteignungen durch Großgrundbesitzer, schlechte Ernteerträge und Verschuldung bei den mit Wucherzinsen arbeitenden Geldverleihern schufen ein Heer von landlosen Bauern, die sich und ihre Familien nur noch mit den kargen Verdiensten der Wanderarbeit am Leben halten konnten.

Kopten im Müllgeschäft

Für die vielen Kopten, Mitglieder einer christlichen Minderheit, die aus Oberägypten nach Kairo wanderten, ergaben sich zusätzliche Probleme. Eine Integration in die islamische Bevölkerung war aufgrund der unterschiedlichen Glaubensrichtungen nicht möglich, und da die Kopten auch in der neuen Umgebung Schweinezucht betrieben, isolierten sie sich noch mehr von der islamischen Bevölkerung. Das Futter für die Schweine bezogen die Kopten von den *wahis,* das Fleisch verkauften sie an die europäische Gemeinde. So entstanden an den Rändern der Metropole zahlreiche Zuchtbetriebe, die organische Abfälle benötigten. Die *wahis,* mittlerweile zu Wohlstand gekommen und im städtischen Milieu verankert, vermieteten ihre ertragreichen ›Müllrouten‹ an die Kopten; zwischen beiden Gruppen entwickelten sich geschäftliche Verbindungen, die bis heute bestehen.

Noch immer erwerben die *wahis* von den Hausbesitzern das Recht am anfallenden Müll. Die Höhe der Gebühren hängt von der Wohngegend, den Mieten und dem Status der Bewohner ab – je reicher die Mieter, um so qualitativ hochwertiger ist der Müll. Kontrolliert der *wahi* ein Viertel, so vermietet er das Recht der Müllentsorgung an einen koptischen *zabalin.* Auch hier richtet sich der Preis nach der Qualität der Wohngegend. Die Mieter der einzelnen Wohnungen werden wöchentlich vom *zabalin* für die Müllentsorgung

zur Kasse gebeten. Dieses Geld muss der *zabalin* an den *wahi* abführen, behalten darf er lediglich die Abfälle. Der *wahi* ist also ein reiner ›Müllmakler‹; er verwaltet, organisiert und garantiert die Entsorgung.

Die Zusammensetzung des Mülls ist für die Lebensgrundlage einer *zabalin*-Familie sehr wichtig, da sie ja kein Bargeld für ihre Dienstleistung erhält. Je hochwertiger die Abfälle, umso ertragreicher sind die wiederverwertbaren Materialien. Viertel mit niedrigem Lebensstandard haben nur wenig nutzbare Abfallreste. Daher werden Stadtteile, in denen die Masse der armen Bevölkerung lebt, von den *zabalin* nicht angefahren und auch nicht vom Müll entsorgt. Die Regierung hat jetzt bis 2017 geltende Müllsammelkonzessionen an multinationale Firmen vergeben, die teilweise mit den *zabalin* konkurrieren, obwohl sie nur etwa 20 % des Abfalls recyceln.

Eine bedeutende Einnahmequelle für die *zabalin* sind wieder verwertbare Materialien wie Glas, Plastik und Kunststoffe aller Art, Metalle, Schrott sowie Textilien. Diese Sachen werden eingeschmolzen oder unterschiedlich recycelt und dann zu neuen Produkten verarbeitet, die beispielsweise im Hausbau Verwendung finden.

Die Haupteinnahmequelle der *zabalin* war bisher die Schweinezucht; Schweine sind ausgezeichnete Futterverwerter und werden mit organischen Abfällen gefüttert. Doch wurden 2009 alle Schweine auf Anordnung der Regierung aus Angst vor der »Schweinegrippe« (H1N1) geschlachtet. Nun ist das Müllverwertungssystem aus dem Gleichgewicht geraten und die wirtschaftliche Situation für die *zabalin* noch schwieriger geworden. Eine Lösung ist nicht in Sicht.

Leben auf dem Friedhof

Nicht nur die alten Mamelucken-Friedhöfe mit ihren prächtigen Mausoleen sind in Kairo bewohnt, sondern auch die ganz normalen Grablegestätten. Ein Fallbeispiel.

Auf dem Bab an Nasr-Friedhof lebt Leila mit ihren drei Kindern. Sie betreibt dort in einem hölzernen Mausoleum ein kleines Café. Auf einem alten, verrosteten Eisentisch hat sie Gläser, Kaffee-, Tee- und Zuckerbehältnisse, ein Kochgeschirr aus Aluminium, eine Wasserpfeife, Essbestecke und einen Petroleumkocher *(babur)* aufgestellt.

Vor dem Tisch, durch Steine erhöht, stehen zwei große Aluminiumtonnen mit Trinkwasser. Den gestampften Boden schmücken gefegte, aber schon arg zerfranste Bastmatten. Hölzerne Bänke und Schemel reihen sich an den Wänden. Zwei Hähne und mehrere Hühner laufen durch das Café.

Erkundet man von Leilas Café das Labyrinth des Friedhofs, so sieht man nur wenige Menschen. Fast alle Bewohner haben ihre Anwesen mit mannshohen Sichtwällen aus Holzbrettern oder lose aufgeschichteten Steinen gegen neugierige Blicke gesichert. Ab und an fällt der Blick im Wald der Grabsteine auf einen beladenen Handkarren, ein altes Moped, einen dösenden Esel, man hört Stimmen. Misstrauische Blicke verfolgen die Besucher. Es dauert nicht lange, bis man auf einem solchen Rundgang unwirsch angehalten und ausgefragt wird.

Leben zwischen Gräbern: Warten auf den Tankwagen mit Trinkwasser

Denn der Friedhof hat einen Aufseher. Nur dieser Mann kennt alle Grabsteine, nur er weiß, welche Familien seit Generationen an welchem Ort ihre Grabstätten haben, welche Gräber so alt sind, dass sie neu genutzt werden können, und wo es noch freie Plätze gibt. Die Bewohner nennen ihn respektvoll *mu'allim*, Wissender, Meister, Lehrer. Im alltäglichen Sprachgebrauch bezeichnet das Wort jedoch einen Experten besonderer Art: Ein *mu'allim* ist jemand, der aus seinem Wissen Macht und vor allem Geld zieht – dies ohne eigentliche Dienstleistung.

Auch der Friedhofsaufseher nutzt sein Wissen und seine Vormachtstellung aus. Er vermietet die Grabgebäude und kassiert monatlich eine nach der Größe der Gebäude bemessene Miete. Er ist der Herrscher der Grabsiedlung. In Leilas Café trinkt er seinen Tee umsonst. Auch er wohnt zwischen den Gräbern; seine Gegenwart ist notwendig, um die Stellung als ›Vermieter‹ zu wahren. Nur seine Anwesenheit sichert ihm Respekt und Herrschaft; würde er, seinem Reichtum entsprechend, in einem der angrenzenden Viertel wohnen, verlöre er bald Respekt und Einnahmen.

Die Familie von Yussuf

Auch Yussuf wohnt mit seiner Frau und vier Kindern zwischen den alten Gräbern, in zwei winzigen Steinhütten, die eine Bretterüberdachung und eine rückwärtige Steinmauer miteinander verbinden. In dem einen Häuschen schlafen die Eltern, im anderen die Kinder, tagsüber halten sich alle unter dem Zwischendach auf. Bastmatten bedecken dort den Boden, in einer Ecke steht ein Tisch mit dem Petroleumkocher und den Küchenutensilien. Eine aus losen Steinen aufgeschichtete Mauer, in die Tür eingelassen ist, umschließt einen Vorhof, auf einem Grabstein steht ein großer Wasserbehälter *(bistilla)*.

Sekem – eine ökologische Oase in Ägypten

Seit der Verleihung des alternativen Nobelpreises an Dr. Ibrahim Abuleish im Jahr 2003 ist seine Firmengründung Sekem nachhaltig ins Bewusstsein der Öffentlichkeit gerückt.

Als junger Mann ging Ibrahim Abuleish gegen den Willen seiner Familie nach Österreich, begann dort Chemie zu studieren, schloss ein Medizinstudium an und wurde in beiden Disziplinen promoviert. In dieser Zeit lernte er auch das anthroposophische Gedankengebäude von Rudolf Steiner kennen, dem er sich fortan verpflichtet fühlte. Nach Heirat und Familiengründung in Österreich arbeitete der junge Wissenschaftler in der Forschung, bis er 1975, als 38-Jähriger, erstmals wieder nach Ägypten zurückkehrte. Von den sozialen und wirtschaftlichen Gegebenheiten seines Landes mehr als entsetzt, beschloss er, etwas dagegen zu tun. Zwei Jahre später wanderte die Familie nach Ägypten aus, Ibrahim Abuleish kaufte ein 70 ha großes Gelände am nordöstlichen Rand des Nildeltas, begann mit der Urbarmachung des Bodens und baute Baumwolle ohne jeglichen Einsatz von Pestiziden an. Bis dahin wurden pro Jahr rund 35 000 t dieser Giftstoffe zumeist von Flugzeugen großflächig im Delta versprüht. Seiner Initiative ist es zu verdanken, dass in Ägypten heute nirgendwo mehr Pestizide auf den Baumwollfelder zum Einsatz kommen. Ein erster wirtschaftlicher Erfolg stellte sich ein, als eine deutsche Firma

Bio-Eier werden in Sekem zur zentralen Verteilung angeliefert

seine giftstofffreie Baumwolle für die Verarbeitung ökologischer Kleidung bestellte. In schneller Folge entstanden weitere Firmen, so das Unternehmen Lotus, das Tee-, Gewürz- und Kräutermischungen für die sekemeigene Firma Atos Pharma liefert. Exportiert werden diese Produkte nach Deutschland, Holland, in die Vereinigten Staaten, nach Japan und Korea. Die Medikamente von Atos decken einen großen Behandlungsrahmen von Herz- und Stoffwechselkrankheiten bis hin zur Krebstherapie ab und erwirtschaften einen Betrag von mehr als 10 Mio. € im Jahr. Die Forschung unterliegt der Sekem-Akademie, die mit Ärzten und Wissenschaftlern in der ganzen Welt zusammenarbeitet. Das Unternehmen Hator vertreibt Frischgemüse, das von den ägyptischen Fellachenfamilien unter strengen ökologischen Auflagen angebaut wird. Libri liefert an weltweite Partner biodynamisch erzeugte Produkte, verarbeitet diese und beliefert internationale Partnerbetriebe. Das Unternehmen Naturtex produziert hochwertige Textilien aus ökologisch

Gutes tun im Urlaub
Kleine Hilfsorganisationen vor Ort freuen sich über Besucher und Geld- oder Sachspenden (auch aus Europa, etwa bestimmte Medikamente oder Kinderzahnbürsten). Ggf. vorher Kontakt aufnehmen und fragen, was gebraucht wird: z. B. Die kleine Pyramide, www.die-kleine-pyramide.de, oder ACE Tierklinik, www.ace-egypt.org.uk, beide in Luxor.

einwandfreier Baumwolle und hat Design und Verarbeitung der Kleidungsstücke in eigener Regie; geliefert wird nach Europa, in die Vereinigten Staaten, nach Kanada, Neuseeland und Japan. Die Firma Mizan schließlich vertreibt in Zusammenarbeit mit einem holländischen Partner Pflanzensetzlinge für die unter ökologischen Bedingungen arbeitenden ägyptischen Bauern.

Gebündelt werden all diese unternehmerischen Aktivitäten in der Sekem Holding, deren Betriebsvermögen gehört einer Stiftung und die Gewinne der Firmen werden in Investitionen sowie in Bildungs-, Gesundheits- und

Die ›Kamillekinder‹ – ein soziales Projekt – beim Zupfen der Heilpflanzen

Kultureinrichtungen gesteckt. So entstanden etwa anthroposophische Kindergärten, Waldorf- und Berufsfortbildungsschulen sowie ein medizinisches Diagnosezentrum, das zu den modernsten in Ägypten zählt und das von den mehr als 40 000 Fellachen des gesamten Nildeltas besucht wird. Die 200 000 US-$, die Ibrahim Abuleish für die Verleihung des alternativen Nobelpreises bekam, dienten als Startkapital für die im Kairoer Stadtteil Heliopolis gegründete Heliopolis-Universität, die 2012 öffnete.

Rund 1000 ägyptische Bauern beliefern das Unternehmen und haben damit eine gesicherte Einnahmequelle. Neben der biodynamischen Landwirtschaft fühlt sich Sekem auch dem Fairtrade-Prinzip verpflichtet und der Verantwortung gegenüber seinen 2000 Angestellten. Alle Produkte tragen das an strenge Auflagen geknüpfte Demeter-Siegel.

Jeder Besucher des Nillandes kann sich in seinem Urlaub mit der Unternehmervision von Dr. Ibrahim Abuleish vertraut machen, einige Tage in Sekem verbringen und die Produktions- und Anbauflächen auf geführten Touren kennenlernen. Ein kleines deutsches Reisebüro (www.sekem-reisen.de) hat sich auf solche Touren spezialisiert.

Ägyptische Monumentalarchitektur

Die Alten Ägypter sind bis heute für ihre grandiosen Bauwerke berühmt, die phantastischen Tempel, die nadelschlanken Obelisken und die gewaltigen Pyramiden.

Das Areal jeden Tempels war von einer hohen Mauer aus Lehmziegeln umschlossen. Unbefugte konnten den sakralen Ort weder betreten noch einsehen. Vor dem ersten Pylon – und damit vor dem Tempeleingang – konnten die Gläubigen in einem kleinen Garten der Gottheit Wasser spenden oder ein Gebet verrichten. Keinem Gläubigen war es erlaubt, den Eingangspylon zu durchschreiten; die Tempelbediensteten betraten die heilige Stätte durch Nebentüren. In den Pylonwänden waren in zwei oder vier Nischen hohe Flaggenmasten eingelassen. Diese Masten, meist aus libanesischen Zedern, waren an der Spitze vergoldet und mit farbigen Wimpeln versehen und zeigten die Anwesenheit des Gottes an, so wie es heute noch bei Präsidenten und Botschaftern praktiziert wird. Das mächtige eisenbeschlagene Doppeltor des Eingangspylons wurde nur geöffnet, wenn sakrale Prozessionen Einlass verlangten.

Ein offener Säulenhof, der sich jenseits des Eingangstors ausbreitet, leitet zu einer Säulen- oder Pfeilerhalle über.

Medinat Habu, der Toten- und Festungstempel Ramses III.

Es folgen Räume mit einem schmaleren Grundriss als der Hof und die Halle, da rechts und links Nebenkammern angebaut sind. Die axiale Tempelstruktur setzt sich fort mit einem langen, schmalen Saal für die Götterbarke, die auf einem Steinsockel ruhte. Zunächst schließt sich der Speiseraum an, in dem die Mahlzeiten für den Gott bereitet wurden, dann die Cella mit einem steinernen oder hölzernen Naos und dem Kultbild.

Jeder Tempel besaß Wirtschaftsräume: Speicher für die Opfergaben, Werkstätten, Kleiderkammern, Schreiberräume, eine Bibliothek sowie Unterkünfte für die Priester. Außerdem gab es einen Reinigungsbrunnen und einen heiligen See. Alle Räume und Kammern waren durch Türen verschlossen. Die großen Tore enthielten kostbare Einlegearbeiten und den Fußboden bedeckte eine Silberauflage.

In fast allen Tempeln steigt der Achsenweg gleichmäßig an, jeder folgende Gebäudeteil liegt etwas höher als der vorhergehende. Gleichzeitig senkt sich die Decke immer mehr ab, im hinteren Teil fehlen die Lichtschlitze, sodass sich das Allerheiligste an der höchsten und dunkelsten Stelle des Tempels befindet.

Der ägyptische Kultbau war als Abbild der Welt angelegt. So galten die beiden Pylon-Türme als Gebirgszüge, zwischen denen am Morgen die Sonne aufging, die Säulenhalle bezeichnete das Moor, das bei der Entstehung der Welt entstand, und die Silberschicht auf dem Fußboden stellte das Wasser des Sumpfes dar. Das ansteigende Niveau der Tempelachse und das Allerheiligste am höchsten Punkt symbolisierten die Böschung und die Spitze des Urhügels, aus dem einst die Welt hervorging, und die abnehmende Helligkeit bezeichnete den Übergang zum Mysterium. Der heilige See repräsentierte den Nun, den ewigen Ozean, das Urgewässer, das es schon vor der Erschaffung der Erde gab.

Auch die ›Säulenwälder‹ ägyptischer Tempel besaßen neben ihrer architektonischen Funktion eine religiöse und symbolische Bedeutung. Die Stützen, auf denen das Flachdach ruhte – so etwa die Palmensäule, die Lotusbündelsäule, die Papyrussäule sowie die Osirispfeiler, galten als Träger des Himmels.

Unser Tipp

Edfu
Das besterhaltene ägyptische Heiligtum ist der Horus-Tempel von Edfu, an dem man exemplarisch die Sakralarchitektur der alten Ägypter studieren kann. Der Ägyptologe Dieter Kurth hat eine lesenswerte kompakte Darstellung über den Tempel geschrieben: »Edfu. Ein ägyptischer Tempel gesehen mit den Augen der alten Ägypter«, Darmstadt 1994.

Wolkenkratzer der Vergangenheit

Frühe arabische Historiker nannten die Obelisken *ain ash shams,* Quelle der Sonne; dies korrespondiert mit dem altägyptischen Begriff *techen,* der so viel bedeutet wie das Auge verletzen oder den Himmel verwunden. Die Assoziation mit Wolkenkratzern erscheint naheliegend, wie auch ein altägyptisches Zitat bezeugt: »Zwei große Obelisken stehen fest draußen und schneiden die Wolken des Himmels«. Die monolithischen, mit einer vergoldeten Spitze ausgestatteten Steine galten als Sitz des Sonnengottes und als Mittler zwischen Himmel (Sonne) und Erde. Schon immer waren Besucher fasziniert von den ›Himmelsnadeln‹. So schafften die römischen Kaiser bereits in der Antike 13 Obelisken nach Rom. Heute befinden sich auch in London, Paris und New York Obelisken aus dem pharaonischen Ägypten.

Betrachtet man die riesigen, aus einem Block geschlagenen Obelisken, so stellt sich die Frage, wie die Ägypter diese Denkmäler gebrochen, transportiert und aufgestellt haben. Der unvollendete Obelisk in Assuan hat Wissenschaftlern hierzu manchen Hinweis gegeben. Mit 41,74 m Höhe und einem Gewicht von 1168 t sollte er ein Monument sondergleichen werden.

Hatte man in den Rosengranit-Steinbrüchen von Assuan einen geeigneten Block gefunden, so wurde ein Graben von etwa 1 m Breite um den Stein herum ausgeschlagen.

War der Graben um den Steinblock gezogen, so unterschrotete man den Monolithen und riss ihn mit Holzbalken vom Untergrund ab. Vermutlich auf Schlitten wurde der Obelisk danach an das Ufer des Nils gebracht und – mit welchen technischen Mitteln weiß man allerdings bis heute nicht genau – auf das Schiff gehievt. Plinius berichtet, dass zur Zeit der Ptolemäer der Obelisk quer über einen Nilkanal gelegt wurde, die Barke dann darunter fuhr und entweder Ballast abwarf, um zu steigen, oder aber durch das Nilhochwasser angehoben wurde und so den Stein aufnahm.

War der Obelisk im Tempelbezirk eingetroffen, so musste er aufgerichtet werden. Dazu mauerte man einen trichterförmigen Schacht, auf dessen Boden sich die Granitbasis des Obelisken befand; dieser Schacht wurde mit Sand gefüllt. Wiederum mit Schlitten brachte man den Obelisken an die Oberkante dieses ›Sandkastens‹ und ließ ihn hinuntergleiten. Unten führte ein Tunnel in den Schacht, durch den man den Sand abtrug. Dadurch glitt der Obelisk immer tiefer in den Schacht hinein, bis er auf seiner Basis aufsetzte. Mit Stelzen zog man ihn dann in die Senkrechte.

Soweit die Theorie, die Praxis aber hatte ihre Tücken: Beim Hatschepsut-Obelisken in Karnak drehte sich der Monolith beim Aufrichten leicht um die eigene Achse und steht daher nicht deckungsgleich auf der Basis.

Obelisk und Monumentalstatue in Karnak

Amun   *Amun*   *Anubis*

Die Götter der Pharaonen

Das pharaonische Pantheon birgt eine ungeheuer große Vielzahl von Göttern, die häufig mit verwirrenden Attributen ausgestattet sind. Wegen dieser vielen Gottheiten mag der Eindruck entstehen, dass die Ägypter den ›Einen Großen Gott‹ gar nicht kannten. Richtig ist aber, dass sie das Anonyme des Numinosen in mannigfaltige Sinnbilder und Personifizierungen zu differenzieren versuchten, um so Gott eine angemessene Anschaulichkeit zu geben.

Im Neuen Reich entsteht daher die Formulierung: »Alle Götter sind drei: Verborgen ist Gott als Amun, Gott ist Re vor aller Augen, und Gottes Leib ist Ptah.« Gott ist die Dreieinigkeit von Geist, Schöpfer und Körper. Im Folgenden sind die für das Verständnis der Baudenkmäler und der pharaonischen Bilderwelt wichtigsten Götter kurz beschrieben.

Amun: ›Der Verborgene, der im Lufthauch Wirkende‹, findet schon in den Pyramidentexten als Ur-Gott Erwähnung und gelangt dann während der Zeit der 11. Dynastie in Theben zu neuer Bedeutung. Im Neuen Reich schließlich erhält Amun, als Gott der Hauptstadt Theben, den Rang des Hauptgotts.

Anubis: Der Totengott mit dem Beinamen ›Herr des Heiligen Landes‹ (Nekropole) wird gewöhnlich mit dem Kopf eines Hundes oder eines Schakals dargestellt; er beschützt die Mumie vor bösen Mächten.

Apis: Der Stier mit der Sonnenscheibe und der Uräusschlange zwischen den Hörnern ist ein Symbol der Fruchtbarkeit. Apis gilt als Herold des memphitischen Stadtgottes Ptah und als dessen Verkörperung auf Erden. Nach seinem Tod geht Apis in den Gott

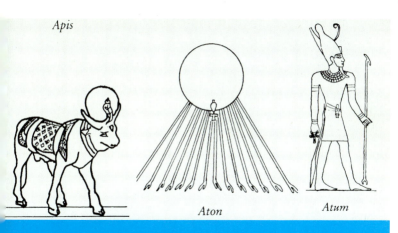

Apis *Aton* *Atum*

Osiris ein (man spricht auch von Osiris-Apis; griech. Serapis).

Aton: Seit dem Mittleren Reich (2040–1650 v. Chr.) bezeichnet Aton die Sonne als Gestirn, später wurde Aton als Erscheinungsform des Re angesehen. Seit Thutmosis IV. wird die Sonnenscheibe dann personifiziert – Aton ist der Sonnengott. Amenophis IV., der sich in Echnaton (Strahl des Aton) umtaufte, erhebt Aton zur alleinigen Gottheit. Dargestellt ist der Gott als Sonnenscheibe, deren Strahlen in Händen enden.

Atum: Mit Re zu Atum-Re verbunden, Ur- und Schöpfergott von Heliopolis; dargestellt als Aal oder in Menschengestalt mit Doppelkrone.

Bastet: Im Alten Reich wird Bastet mit einem Löwenkopf dargestellt, im Mittleren Reich wird ihr eine Katze beigegeben, im Neuen Reich erscheint sie schließlich katzenköpfig. Im Laufe der Jahrhunderte erlangt Bastet ein zunehmend freundlicheres Naturell; ihre einst zornvolle Wesensart wird an die Göttin Sechmet abgegeben, die damit zur zerstörerischen Seinshälfte der Bastet wird.

Chnum: Der Spender des Nilwassers wird in Menschengestalt mit Widderkopf wiedergegeben; Chnum ist ein Schöpfergott, der die Menschen auf einer Töpferscheibe formt.

Chons: Der Mondgott, Sohn von Amun und Mut, trägt auf dem Kopf eine Mondscheibe und -sichel, oft auch mit einem Falkenkopf dargestellt.

Hathor: In älterer Zeit als Himmelsgöttin und als Mutter des Horus verehrt; gilt auch als Göttin der Liebe, des Tanzes und des Rausches. Wegen der

85

Bastet

Bes

Chnum bildet auf der Töpferscheibe einen Knaben sowie dessen Ka

Vorstellung, der Himmel sei eine riesige Kuh, ist sie häufig in Kuhgestalt dargestellt; sonst als Frau, manchmal mit Kuhohren und -hörnern.

Horus: Himmelsgott in Gestalt eines Falken oder auch nur mit einem Falkenkopf dargestellt. Schon in frühester Zeit wurde der Falke mit dem König gleichgesetzt, somit galt der Pharao als Erscheinungsform des Horus.

Isis: Göttin in Gestalt einer Frau mit der Hieroglyphe für ›Thron‹ auf dem Kopf, gilt daher als Gottheit des Thronsitzes. Oft auch dargestellt mit einem Kuhgehörn und der Sonnenscheibe auf dem Haupt; Gemahlin von Osiris.

Maat: Die Personifikation allen Seins; verkörpert Recht, Wahrheit, kosmische Gesetzmäßigkeiten und die Ordnung der Welt. Viele Reliefs zeigen, wie die Maat, auf der Handfläche des Pharao sitzend, den Göttern dargebracht wird; die Geste symbolisiert, dass der König die göttliche Ordnung vertritt.

Mut: Göttin als Geier, Mensch, gelegentlich auch löwenköpfig dargestellt; als Gattin des Amun verkörpert sie häufig die Gestalt der Königin.

Isis

Maat

Osiris

Seth

Chons   *Hathor*   *Horus*   *Imhotep*

Nut: Das personifizierte Himmelsgewölbe, dargestellt als Frau, die sich schützend über die Erde beugt.

Osiris: Osiris bildet mit Isis und Horus die ›göttliche Familie‹. Sein Bruder Seth, als Gott der Wüste Widersacher des Fruchtbarkeitsgottes Osiris, lockt ihn in einen Kasten und wirft ihn in den Nil. Im Ertrinken überschwemmt der Gott das Land und ermöglicht so eine neue Ernte. Später galt jeder verstorbene Pharao als Verkörperung des Osiris, der zum Symbol für die Auferstehung wurde.

Ptah: Stadtgott von Memphis, Ur- und Schöpfergott, Beschützer der Handwerker und Künstler. Ptah erschafft die Menschen, ähnlich wie Chnum auf der Töpferscheibe.

Re: Sonnengott von On (Heliopolis), sein Symbol ist der Obelisk, auf dessen Spitze er sich niederlässt. Re wurde später mit Harachte (Horus) verbunden und übernahm von ihm die menschliche Gestalt mit dem Falkenkopf und der Sonnenscheibe auf dem Haupt. Als im Mittleren Reich die Stellung des Gottes Amun stärker wurde, verband man beide Gottheiten zu Amun-Re.

Sechmet: ›Die Mächtige‹ ist die Göttin des Krieges und Gemahlin von Ptah. In ihrem kriegerischen Aspekt erscheint sie als Gegennatur zu Bastet; dargestellt als Frau mit Löwenkopf.

Seth: Wüstengott, Bruder des Osiris; gilt durch den Osiris-Mord als Inkarnation des Bösen; dargestellt mit dem Kopf eines zoologisch nicht bestimmbaren Tieres.

Thoth: Gott der Weisheit, dargestellt als Pavian oder Mensch mit einem Ibis-Kopf.

Thoth

87

Die Entzifferung der Hieroglyphen

Erst die Entzifferung der Hieroglyphen durch Jean-François Champollion ermöglichte es den Archäologen, nicht nur in die spirituelle Gedankenwelt der alten Ägypter vorzudringen, sondern ließ sie auch teilhaben an der gesamten 3000-jährigen Geschichte und ihrer materiellen Kultur.

Jean-François Champollion wird am 23. Dezember 1790 in Figeac, einem kleinen Dorf im Südosten Frankreichs, geboren. Es heißt, dass er sich als Fünfjähriger selbst das Lesen beibrachte, indem er auswendig Gelerntes mit Geschriebenem verglich. Doch Jean ist ein miserabler Schüler. Daher holt ihn 1801 sein älterer Bruder nach Grenoble und übernimmt seine Erziehung und Ausbildung. Schnell erlernt der Elfjährige Latein, Griechisch und Hebräisch. Zwei Jahre später beginnt er mit dem Studium der arabischen, syrischen, chaldäischen und koptischen Sprache.

Am 1. September 1807 liest er in der Universität von Grenoble aus seinem Buch »Ägypten unter den Pharaonen«, und einstimmig wählen die Professoren den 17-Jährigen zum Mitglied der Akademie. Champollion geht nach Paris, um seine Studien zu vervollständigen; im Gepäck hat er eine Abschrift des Rosette-Steins.

Pioniere hatten nahe der ägyptischen Stadt Rosette, im westlichen Nildelta, diesen Stein gefunden, in den drei verschiedene Inschriften eingraviert waren: 14 Zeilen hiero-

Die ›heiligen Schriftzeichen‹ erzählen von der Gedankenwelt der Alten Ägypter

glyphisch, 22 Zeilen demotisch und 54 Zeilen griechisch. Kaum war der Fund in Kairo angekommen, begann ein napoleonischer General mit der Übersetzung des griechischen Textes und stellte fest, dass darin dem Ptolemaios V. Epiphanes im Jahre 196 v. Chr. von seinen Priestern in Memphis für erhaltene Wohltaten gedankt wurde.

Nach dem Sieg der Engländer über die Franzosen 1798 in Ägypten gelangte der Stein ins Britische Museum. Kopien aber kursierten in fast allen Ländern Europas. Linguisten versuchten sich an einer Entschlüsselung des hieroglyphischen Textes, da es für die Wissenschaftler außer Frage stand, dass alle drei Inschriften denselben Inhalt hatten. Doch keine Publikation kündete vom Erfolg der Bemühungen.

Ein Genie läuft zur Hochform auf

Am 30. August 1808 schreibt Champollion an seinen Bruder, dass er »für eine ganze Reihe von Buchstaben die richtigen Werte selbständig« gefunden habe. Dann erreicht ihn die Nachricht, dass Alexandre Lenoir in seinem Buch »Nouvelle Explication« das Geheimnis der pharaonischen Schrift gelüftet habe. Doch Champollion findet heraus, dass das, was Lenoir geschrieben hat, reine Scharlatanerie ist. Am 10. Juli 1809 wird der 19-jährige zum Geschichtsprofessor der Universität Grenoble ernannt.

Jedoch gerät Champollion in den folgenden Jahren in ein Netz von Intrigen, verstrickt sich in politische Abenteuer, ist in die Rückkehr Napoleons von Elba verwickelt und wird nach dessen endgültiger Verbannung als Verräter von seinem Lehrstuhl vertrieben. Doch er arbeitet unermüdlich an der Entzifferung der kryptischen Zeichen und legt 1822 seine »Lettre à M. Dacier relative à l'alphabet des hiéroglyphes phonétiques«

vor. Über Nacht wird er zu einem berühmten Mann. Aber wie war ihm die Entzifferung gelungen?

Die antiken Geschichtsschreiber Herodot, Strabon und Diodor, die Ägypten bereist hatten, beschrieben die Hieroglyphen als unverständlich und gingen nicht weiter auf sie ein. Einzig Horapollon hinterließ im 5. Jh. n. Chr. eine Würdigung der Hieroglyphen. Alle Übersetzungsversuche basierten auf der Überlieferung von Horapollon und gingen davon aus, dass jedes Zeichen als ein Bild mit symbolischem Sinngehalt zu sehen war.

Champollion dagegen schlägt einen anderen Weg ein. Für ihn sind die Hieroglyphen Buchstaben und keine Sinnbilder. Er beginnt seine Entschlüsselung mit den Königsnamen. Die griechische Inschrift auf dem Rosette-Stein enthielt den Namen des Herrschers, Ptolemaios. Suchte man nun die Stelle, an welcher dieser Name, hieroglyphisch gefasst, auftauchen musste, fanden sich dort einige Zeichen, die durch eine ovale Linie hervorgehoben waren (eine Kartusche). Konnten diese Zeichen nicht einzelne Buchstaben sein?

Champollion kommt das Glück zu Hilfe. 1815 war der Obelisk von Philae gefunden worden, der ebenfalls eine griechische und eine hieroglyphische Inschriftenzeile bot. Auch hier findet sich der Name Ptolemaios in einer Kartusche; eine zweite Kartusche scheint aufgrund des griechischen Textes den Namen Kleopatra zu enthalten. Als Champollion die Hieroglyphen beider Königsnamen untereinander schreibt, erkennt er, dass im Namen von Kleopatra das zweite, vierte und fünfte Zeichen mit dem vierten, dritten und ersten Zeichen im Namen Ptolemaios identisch sind. Damit hatte Champollion den ersten wichtigen Schritt zur Entzifferung der Hieroglyphen getan.

89

Ägypten von innen – der Jakubijân-Bau

Im Jahre 2002 erschien im Verlag der American University in Cairo Press der Roman »Imarat Ya'qubyan« des in Kairo praktizierenden Zahnarztes Alaa el Aswani. Der Titel wurde in der gesamten arabischen Welt zum Bestseller.

Einige Jahre nach Erscheinen wurde nach der Vorlage ein Kinofilm gedreht, der zu der aufwendigsten Produktion gehörte, die von der ägyptischen Film- und Fernsehindustrie je unternommen wurde. Er lief bei den Filmfestspielen von Berlin, Cannes und New York außer Konkurrenz und gewann den Hauptpreis beim Festival in Zürich. So wurde auch das Buch in Europa bekannt und unter dem Titel »Der Jakubijân-Bau« ins Englische, Französische, Italienische und 2007 auch ins Deutsche übersetzt. Die Feuilletons der großen europäischen Zeitungen überschlugen sich vor Begeisterung. Jeder Kenner der politischen Situation in Ägypten kann sich nur wundern, dass die Zensur das Buch passieren ließ. Die bis in höchste politische Ämter reichende Korruption und Vetternwirtschaft, die Demontage der Ikone Gamal Abdel Nasser sowie seiner Nachfolger, das Erstarken gewaltbereiter fundamentalistischer Gruppen, die alles überdeckenden Alltagssorgen der kleinen Leute, ungehemmter Sex und Homosexualität sowie die Einbindung muslimischer Imame, die, je nach poli-

In der Eingangshalle des Jakubijân-Gebäudes in der Sharia Talat Harb

tischer Ausrichtung, die Misswirtschaft des Staates oder die Gewalt radikaler Gruppen religiös rechtfertigen – all dies wurde in einer bisher nicht gekannten Offenheit dem arabischen Leser präsentiert und thematisiert genau die Probleme, die schließlich zur Revolution führten.

Im Jakubijân-Bau in der Kairoer Sharia Talat Harb lebt der alternde Gigolo Saki Bey el-Dassuki, der sein Geld für junge Frauen und Alkohol ausgibt und von seiner Studienzeit in Paris träumt. Seine vom Leben enttäuschte Schwester Daulat widert dieser Lebensstil an, den sie sich selbst nicht leisten kann und sie versucht, ihren Bruder entmündigen zu lassen, um an sein Geld zu kommen. Ebenfalls im Jakubijân wohnt der feinsinnige, sensible Intellektuelle Harim Raschid, der eine französische Mutter hatte und Chefredakteur der französischsprachigen Tageszeitung »Le Caire« ist. Harim ist homosexuell und hat sich den jungen, verheirateten Nubier Abd Rabbuh zum Freund und Geliebten gewählt.

Auf dem Dach des Jakubijân haust Taha el Schasli mit seinen Eltern, der Vater bringt die Familie als Türsteher durch; Tahas sehnlichster Wunsch ist es, Polizeioffizier zu werden; dafür hat er sein Leben lang hart gearbeitet und im Laufe seiner Schulkarriere so gute Noten bekommen, dass er die Voraussetzungen mehr als erfüllt. Ebenfalls auf dem Dach lebt Buthaina el Sajjid, eine junge Frau, die vaterlos aufgewachsen ist und nun mit Männern einer geld- und sexgierigen Geschäftswelt verkehrt. Im Haus wohnt außerdem der reiche Kamal el Fuli, ein korrupter charakterloser Politiker und Hasardeur, der, um sich zu bereichern, seine politischen Loyalitäten wechselt wie andere ihr Hemd.

Mehr vom Autor
Von Alaa el Aswani (geb. 1957) erschien 2008 auf Deutsch ein weiteres Buch mit dem Titel »Chicago«. Es handelt vom Leben junger ägyptischer Stipendiaten an der Universität von Chicago, die fern ihrer Heimat mit den Schwierigkeiten Ägyptens konfrontiert werden. Inhaltlich reicht dieser Roman zwar nicht an den »Jakubijân-Bau« heran, trotzdem erfährt der westliche Leser wieder viel über den Alltag und die Mentalität der Ägypter.

Dies sind nur einige der Charaktere. Nach vielen unappetitlichen Wirrungen finden der alternde Saki Bey el Dassuki und die junge Buthaina el Sajjid zusammen und werden glücklich. Der gebildete, geschmackvolle Harim Rashid wird von seinem verheirateten Freund und Liebhaber Abd Rabbuh umgebracht, weil dieser sein Doppelleben zwischen Ehefrau und schwulem Freund nicht länger erträgt. Taha el Schasli kann trotz bester Noten nicht die Offiziersschule besuchen, da er aufgrund der beruflichen Situation seines Vaters von der arroganten Führungskaste abgelehnt wird. Aus Enttäuschung wendet er sich einer islamistischen Gruppe zu und wird bei dem Versuch eines Attentats erschossen. Kamal el Fuli treibt derweil ungehindert weiter seine Intrigen und bereichert sich unentwegt, denn es gibt niemanden, der ihn stoppen könnte, da sein Umfeld ebenso korrupt ist wie er selbst.

Umm Kalthum – die Stimme Ägyptens

Im Taxi hören sie ihre Musik, im Fernsehen sehen sie ihre Konzerte, meist in Schwarz-Weiß. Die Sängerin und Diva Umm Kalthum starb 1975, doch mit ihren Liedern, Evergreens und Meisterwerken der Poesie eroberte sie das Herz der ägyptischen Nation – bis heute.

Sie sang von leidenschaftlicher Liebe, entzweiten Herzen und brennender Eifersucht. »Fakkarruni« (Sie ließen mich Dich nicht vergessen), »Inta umri« (Du bist mein Leben) und »Amal el Hayati« (Traum meines Lebens) sind ihre populärsten Lieder. Ihrer bezaubernden Stimme lauschte man gebannt von Marokko bis in den Irak. Sogar Gamal Abdel Nasser, der nach seinem Putsch schonungslos Künstler und Intellektuelle gejagt hatte, die der gestürzten Monarchie nahestanden, hörte jedes ihrer wöchentlich über Radio Kairo ausgestrahlten Konzerte. Gefragt, warum er ihre Nähe zur Monarchie nie rächte, war seine Antwort stets, auch die Sonne habe schließlich während der Monarchie gestrahlt.

1911 erkannte Umm Kalthums Vater, welch ergreifend schöne Stimme seine damals 14-jährige Tochter besaß. Ihre Koranrezitationen im Kreise der Familie ließen die Verwandten regelmäßig vor Rührung in Tränen ausbrechen. Der Vater verkleidete seine Tochter als Beduinenjunge und verschaffte ihr so Auftritte bei religiösen Festen – mit sensationellem Erfolg. Umm Kalthums Weg aus dem Kleinbürgertum in Mansura, einer Stadt im Nildelta, stand nichts mehr im Wege, auch nicht, als der Schwindel mit der Verkleidung aufflog, da der Junge unübersehbar weibliche Formen entwickelte.

»Sayidit il ghinaq il arabi«, die Kaiserin unter den arabischen Sängerinnen, war eine der ersten Ägypterinnen, die ein Privileg der Männer auslebte und öffentlich und dazu noch unverschleiert auftrat. Ihr erstes Lied imponierte König Fuad so sehr, dass er sie bei Hofe einführte. Mit 35 Jahren erlebte Umm Kalthum ihren Durchbruch. Sie hatte ihren ersten Film gedreht, durfte bei der Einweihung des panarabischen Senders Sot-el-Arab (Stimme Arabiens) sowie bei der Krönung König Faruks singen.

Der arabische Dichter Ahmed Rami ergänzte Umm Kalthums religiös orientiertes Repertoire, das sie zu Beginn ihrer Karriere nur a cappella gesungen hatte, um Chansons mit Musikbegleitung. Rami verliebte sich unsterblich in die Sängerin. Weil sie aber seine Liebe nicht erwiderte, schrieb er für sie die schönsten und anspruchsvollsten Liebeslieder – Poesie pur, Hymnen bis heute.

Fortan trat die Kalthum mit imposanter Orchesterbesetzung auf: Die korpulente Sängerin stand bewegungslos in einem langen dunklen Abendkleid auf der Bühne, das Mikrofon in der einen, ein weißes Taschentuch in der anderen Hand. Ihr schwarzes Haar hatte sie am Ansatz toupiert und zu einem Knoten im Nacken geschlungen. Wegen eines Augenleidens trug sie eine dicke Hornbrille. Oft verstrichen zehn Minuten Orchesterauftakt, in denen sie nicht einmal mit dem Fuß im Rhythmus wippte, ehe sie mit ihrer gewaltigen, tiefen und erotischen Stimme ihre schweren Texte intonierte.

Die bis heute ungebrochene Popularität hat sehr stark auch mit Umm Kalthums politischem Engagement zu tun. Inmitten der nachrevolutionären Umwälzungen im eigenen Land einte sie in den 1950er- und 1960er-Jahren die auseinanderfallende Nation, sie blieb und war die Stimme, das Symbol. Sie sang, auch das ist bis heute unvergessen, das Kampflied im Suezkrieg, das jeder Soldat, wie einst im Zweiten Weltkrieg »Lili Marleen«, auswendig kannte.

Nach der Niederlage im Sechstagekrieg 1967, in dem Israel den Angriffszeitpunkt geschickt auf die Zeit ihres wöchentlichen Radiokonzerts gelegt hatte, in diesem Jahr der Demütigung des arabischen Stolzes spendete sie Millionen von Pfund, um das ägyptische Militär zu unterstützen. Es war diese Frau, welche die Nation aus dem Schock der Niederlage riss und ihr Mut und Selbstbewusstsein gab. 1972 ehrte Präsident Sadat Umm Kalthum mit dem hohen Titel »Künstlerin des Volkes«.

Ihr Haus in Zamalek, einem Nobelviertel in Kairo, blieb bis zum Abriss in den 1980er-Jahren eine Pilgerstätte. Denn in einem sind sich die Ägypter einig, egal welcher Ideologie und welchen Glaubens: Umm Kalthum war die »Stimme des Orients«. Ihre alten Konzerte flimmern immer noch mehrmals wöchentlich auf arabischen Sendern oder laufen in voller Länge, immerhin rund fünf Stunden, im Radio.

Als Umm Kalthum im Alter von 78 Jahren einer Gehirnblutung erlag, strömten über vier Millionen Menschen schweigend auf Kairos Straßen. Die gesamte arabische Welt trauerte um den »Stern des Orients«, wie sie liebevoll genannt wurde. Am 3. Februar 1975 starb Umm Kalthum – und wurde unsterblich.

In Kairo, auf dem Areal des Nilometers (s. S. 143), kann man das sehr sehenswerte Umm Kalthum-Museum besuchen.

Michel Rauch

Abtauchen – ins kristallklare Wasser des Roten Meeres

Das Rote Meer ist eines der artenreichsten Gewässer unseres Erdballs und die überbordende Fauna und Flora faszinieren jeden Taucher und Schnorchler. Doch die Popularität des Tauchgebiets hat auch ihren ökologischen Preis.

Einfach abtauchen

Jeden Morgen verlässt eine Armada von Tauchbooten die Marinas von Hurghada und steuert auf die Riffe zu, an denen geschnorchelt oder getaucht wird. Hat man schließlich die Ausrüstung angelegt, lässt man sich ins meist warme Wasser plumpsen. Die Schnorchler treiben sanft auf der Wasseroberfläche, schauen stundenlang in die blaue Tiefe und sehen Tausenden von bonbonbunten Fischen zu, die zwischen den Korallenstöcken umherschwimmen. Viele im Roten Meer vorkommende Fischarten sind endemisch. Mit ein bisschen Glück sieht der Taucher Schildkröten durch das Wasser huschen, nicht selten trifft man auf Rochen, zumeist Blaupunktstachelrochen, die anmutig mit den Flügeln durch das Wasser ›fliegen‹. Schwärme von silbrig glänzenden Barrakudas durchziehen die Tiefe. Und ab und an begegnet einem vielleicht sogar ein Weißspitzen-Riffhai (erkennbar an den weißen Spitzen der Flossen). Keine Angst, er ist weit weniger aggressiv als der ihm verwandte Graue Riffhai.

Eine Kuriosität ist der Kugelfisch, der sich bei Gefahr aufplustert und zu einer stacheligen Kugel wird. Die faszinierend anzusehenden Rotfeuerfische signalisieren schon durch ihre

Färbung sowie die zu einem Fächer geformten Brustflossen und den auffälligen Rückenstachel, dass sie giftig sind. Immerhin: Der Kontakt mit ihnen ist nicht tödlich, jedoch äußerst schmerzhaft. Im Ernstfall sollte man sofort einen Arzt aufsuchen. Ist dies nicht möglich, die Wunde von Stachelresten säubern und desinfizieren und die betroffene Stelle für mindestens 30 Minuten in gerade noch tolerierbar heißes Wasser halten.

Umweltschutz

Wer so wortwörtlich in die Natur eintaucht, sollte auch ein Interesse daran haben, sie für die Zukunft zu schützen. So faszinierend die Unterwasserwelt am Roten Meer auch ist, der ungehemmte Massentourismus bringt auch Umweltschäden und Eingriffe in das Ökosystem mit sich. Eingestellt ist mittlerweile immerhin die Einleitung von ungeklärtem Abwasser in das Meer, und auch das Fischen von Haien ist verboten. Vor einigen Jahren boten manche Restaurants noch Haifischflossensuppe an. Erfolge kann auch die 1992 gegründete Organisation HEPCA (Hurghada Environmental Protection and Conservation Association/Gesellschaft zum Schutz und zur Konservierung von Hurghada) vorweisen. HEPCA installierte bisher unter anderem 1260 Ankerbojen vor den Riffen und bot so eine Alternative zu dem lange Zeit üblichen Wildankern in den Korallenbänken. Der Erfolg gibt ihnen recht, mittlerweile erholen sich die Korallenriffe.

Doch einigen Umweltschutzorganisationen und Tauchschulen ist das nicht genug. Sie fordern, die Anzahl der Tauchboote am selben Ankerplatz zu begrenzen, um die Störung der Tiere durch Taucher zu reduzieren. Besonders die vielerorts angebotenen Delfintouren stehen in der Kritik. Da sie meist vormittags stattfinden, wenn die Delfine noch müde sind, bedeutet dies unnötigen Stress für die Tiere. Auch das Verfolgen mit Zodiac-Booten führt z. B. dazu, dass Muttertiere ihre Jungen nicht richtig versorgen können: Zwar sind sie schnell genug, um den Menschen leicht davonschwimmen zu können, aber zwischen den Touristenbooten kommen sie einfach nie zur Ruhe.

Ist das Rote Meer rot?

Das Rote Meer ist wunderbar blau. Aber in der griechischen Antike hieß das Meer Erythraeisches Meer, nach dem Land, und das wiederum hieß »Rot«. Eine einfachere Erklärung ist jedoch der rötliche Schimmer, der sich bei Sonnenaufgang manchmal über die Wasseroberfläche und die umliegenden Bergketten legt.

Welche Riffe gibt es?
Die meisten Riffe sind Saumriffe entlang der Küste, oft sehr nah am Strand. Idealerweise geht man über einen Fußgängersteg über die flachen Korallen bis zum eigentlichen Riff, um nichts kaputtzutreten. Es gibt auch einige Fleckriffe, zu denen man mit dem Boot hinausfahren muss.

Mehr Infos im Internet
www.hepca.org
www.dolphinwatchalliance.org
www.vdst.de
www.tauchen-am-meer.de/
aegypten

Unterwegs in Ägypten

Heißluftballons über den Memnon-Kolossen in Theben-West

Das Beste auf einen Blick

Alexandria und Umgebung

Highlight!

Alexandria: Vor über 2000 Jahren befahl Alexander der Große am Nildelta den Bau einer Stadt. Rasch gedieh die Neugründung zu einer prachtvollen Metropole, berühmt vor allem wegen ihrer Bibliothek. Heute ist Alexandria eine moderne Großstadt mit 5 Mio. Einwohnern und ein wichtiger Exporthafen. S. 100

Auf Entdeckungstour

Römische Spuren in Alexandria: Kôm el Shukafa ist die bedeutendste römische Grablege in Ägypten und das Theater Kôm el Dikka zeigt, dass die Römer auch in Ägypten ihren gewohnten Lebensstil pflegten. S. 110

Suche nach der verlorenen Zeit – nostalgischer Rundgang: Die goldenen Jahre Alexandrias lassen sich in der hektischen Großstadt immer noch erahnen – aber nur mit etwas Muße und Entdeckergeist. Ein Rundgang durch die Altstadt führt zu kolonialer Architektur, alten Cafés und in prächtige Schalterhallen. S. 120

Kultur & Sehenswertes

Alexandria National Museum: Hervorragend präsentierte Ausstellungsstücke machen die Geschichte der Stadt lebendig und erlauben auch Abstecher in die pharaonische Geschichte Ägyptens. 7 S. 106

Bibliotheca Alexandrina: 2000 Jahre nach der Zerstörung der legendären alexandrinischen Bibliothek gibt es wieder ein Bücherhaus in der Metropole. 14 S. 112

Zu Fuß unterwegs

Zu Fuß durch die Stadt: Auf Stadtspaziergängen kommt man Alexandria am besten näher, etwa entlang der Corniche (S. 106) oder auf der nostalgischen Entdeckertour (S. 120).

Genießen & Atmosphäre

Die Grüne Lunge: Dem Smog der Stadt kann man in den Königlichen Gärten von Montaza entfliehen und dort wieder einmal richtig durchatmen. S. 115

Alles fangfrisch: Im Restaurant Fish Market an der Corniche tafelt man frisch gefangene Meeresfrüchte und hat dabei einen weiten Blick über die See. 2 S. 116

Abends & Nachts

Tanztempel: In der Disco Aquarius des Sheraton Montazah ist immer was los. 3 S. 118

Laut und lustig: Im Cap d'Or trifft man Leute, die sich der Islamisierung widersetzen oder einfach nur ein Bier trinken wollen. 4 S. 116

Perle am Mittelmeer – Alexandria!

Von der einstigen Schönheit Alexandrias, das vor einem halben Jahrhundert noch eine internationale Metropole war, die Lawrence Durrell zu seinem berühmten »Alexandria-Quartett« (s. S. 107) inspirierte, ist noch etwas zu erahnen, wenn man entlang der Corniche, über den Midan Tahrir oder den Ramla-Platz flaniert.

Infobox

Reisekarte: ▶ B 1

Tourist Information
Midan Saad Zaghloul, Tel. 034 85 15 56, tgl. 8.30–16.30 Uhr.

Anreise und Weiterkommen
Alexandria besitzt drei Flughäfen. Der innerägyptische Nouza Airport, 5 km südlich der Metropole, wird derzeit renoviert. Daher fliegen momentan sowohl internationale als auch nationale Fluggesellschaften die Flughäfen Al Alamein oder Borg el Arab an. Ersterer liegt 100 km, letzterer ca. 60 km westlich von Alexandria.
Züge verkehren vom Hauptbahnhof Mahatet Masr in das Niltal bis Assuan. Die etwas besseren Direktzüge nach Kairo sind immer schnell ausgebucht und brauchen 2 Std. (6, 7, 8, 14, 15, 16.45 Uhr).
Busse fahren Orte im gesamten Land an, der Busbahnhof heißt Muharram Bey und liegt einige Kilometer südwestlich der Altstadt. Minibusse nach Giza starten vom Minibusbahnhof hinter dem Bahnhof Misr.

Kolonialarchitektur, breite Straßen, weiträumige, einst begrünte Plätze mit großen Denkmälern bestimmen das Bild an der Uferfront, doch ist der schleichende Verfall der Bausubstanz nicht zu übersehen. Und fast hat man den Eindruck, als würde sich die Metropole den Erkundungsabsichten der Besucher machtvoll widersetzen, denn Alexandria ist nicht besonders fußgängerfreundlich. Eingeklemmt zwischen dem Mittelmeer im Norden und dem Maryut-See weiter südlich, erstreckt sich die Stadt wie ein enger Schlauch viele Kilometer scheinbar endlos in West-Ost-Richtung. Das ›moderne‹ Zentrum liegt südlich des Osthafens rund um den Tahrir- und den Saad Zaghloul-Platz sowie in den dahinter verlaufenden Straßen und Gassen, ägyptisch-volkstümlich dagegen geht das Leben der kleinen Leute in Anfushi zu, dem ältesten Teil der Stadt.

Alexandria hat heute mit den gleichen Problemen zu kämpfen wie Kairo oder andere Großstädte der Dritten Welt. Im Jahre 1948 lag die Einwohnerzahl noch knapp unter 1 Mio., derzeit leben 4 Mio. Menschen in der Metropole. Entlang der Nasser Avenue und verborgen hinter riesigen Reklametafeln hausen Tausende in armseligen Bretterverschlägen. Und unvermindert dauert der Zustrom von landlosen Bauern, Tagelöhnern und Kleinpächtern an, die auf der Suche nach einer besseren Zukunft in die Stadt drängen.

Wie in Kairo hält die Infrastruktur mit dem Bevölkerungszuwachs auch in Alexandria schon lange nicht mehr Schritt. Etwa 40 % der ägyptischen

Industrieanlagen konzentrieren sich in und um Alexandria, stoßen ihre Rauchschwaden ungefiltert in die Luft und lassen giftige Abwässer in den Mareotis-See im Süden der Metropole abfließen. Derzeit weiß niemand, wie man das Bevölkerungswachstum, die Landflucht sowie die Luft- und Wasserverschmutzung stoppen kann.

Stadtgeschichte

Alexander der Große gründete Anfang 331 v. Chr. die Stadt im Zusammenhang seiner Bestrebungen, auch die letzten persischen Stützpunkte im Mittelmeerraum zu erobern und sich damit den Rücken freizuhalten für den geplanten großen Asien-Feldzug. Gleichzeitig lockte es ihn, die eigenartige Welt Ägyptens, die den Griechen seit Herodot geradezu als Wunderland galt, mit eigenen Augen zu sehen – und auch in dieser ›exotischen Sphäre‹ hellenische Kultur durchzusetzen. Übrigens fand Alexander einige Jahre nach seinem Tod in Babylon (323 v. Chr.) irgendwo in Alexandria seine letzte Ruhestatt. Bis heute hat man diese ›heilige Gruft‹, zu der Augustus und spätere römische Kaiser pilgerten, jedoch nicht gefunden.

Unter den Ptolemäern, dem neuen griechischen Herrscherhaus in Ägypten, entstanden seit dem 4. Jh. v. Chr. Paläste und rechwinklig verlaufende Straßenzüge. Auf den Rat seines Beraters Demetrios von Phaleron hin gründete Ptolemaios I. die Bibliothek, die im 1. Jh. v. Chr. an die 900 000 Schriftrollen ihr Eigen nennen konnte. Auf einer Insel vor der Stadt erhob sich seit 279 v. Chr. der berühmte Leuchtturm Pharos (eingestürzt erst 1326 n. Chr.), zudem rühmte sich Alexandria des ersten zoologischen Gartens der Antike.

Als Cäsar die Stadt – ›Goldene Stadt‹ oder ›Stadt des Erdkreises‹ genannt – 48 v. Chr. belagerte, ging die Bibliothek in Flammen auf. Marc Anton schenkte daraufhin Kleopatra die Bestände der Bibliothek von Pergamon. Bald löste Alexandria das alte Memphis als Hauptstadt Ägyptens ab. Während der Regierungszeit des Kaisers Trajan (98–117) wurde das Judenviertel zerstört, Aurelian (270–275) ließ das Museion, ein bedeutendes Studienzentrum der Antike, vernichten. Im Jahre 295 kam es unter Diokletian zu einem Massaker an den Christen der Stadt, und 389 n. Chr. brannte die Bibliothek ein zweites Mal und wurde dabei auch noch geplündert.

Ohne auf größeren Widerstand zu stoßen, nahm 641 das Invasionsheer von Amr Ibn el As die damals byzantinische Metropole ein. Der Feldherr meldete seinem Kalifen: »Ich habe eine Stadt erobert, die 4000 Paläste, 4000 Bäder, 400 Theater, 1200 Gemüsehändler und 40 000 Juden zählt.«

Mit der Gründung von Kairo begann der Niedergang von Alexandria. Im 18. Jh. zählte die Stadt, die im 12. Jh. noch 47 790 Häuser besessen hatte, nurmehr wenige Tausend Einwohner. Muhammad Ali begann Anfang des 19. Jh. mit der Modernisierung der Metropole, Alexandria wurde zum Zentrum des Baumwollexports ausgebaut und entwickelte sich rasch zu einem bedeutenden Umschlaghafen. Eine neue kulturelle Blütezeit als kosmopolitischer Schmelztiegel erlebte Alexandria am Anfang des 20. Jh.

Im Osthafen sowie vor dem einstigen Standort des Leuchtturms Pharos machten Wissenschaftler Ende des 20. Jh. bedeutende Entdeckungen. Unterwasserarchäologen lokalisierten Hunderte von Fundstücken in den Fluten, darunter Statuen, Granitsäulen, Sphingen, mit Hieroglyphen beschrif-

Alexandria und Umgebung

tete Steinquader und Reste des einstigen Weltwunders Pharos.

Kurze Tauchgänge durften Forscher bereits in den 1960er-Jahren machen, doch eine systematische Untersuchung ließen die Militärs nicht zu. Der stellvertretende Oberkommandierende der ägyptischen Marine wehrte alle Versuche mit dem Satz ab, dass »Feinde, unter dem Vorwand, an Unterwasserarchäologie interessiert zu sein, Spionage oder gar Schlimmeres betreiben könnten«. Doch dann durfte der Franzose Jean-Yves Empereur, der in Alexandria ein Forschungsinstitut leitet, das Areal untersuchen und 1995 zogen die Wissenschaftler eine erste Steinfigur aus dem Hafen.

»Verschwenderisch, luxuriös und voller Farben« seien die Reste auf dem Grund des Osthafens, die einmal den königlichen Bezirk des antiken Alexandria bildeten. Aufgrund tektonischer Senkungen war dieser Teil der Metropole in den letzten 2000 Jahren überflutet worden. Die Archäologen vermaßen ein Areal in einer Größe von etwa 20 Fußballfeldern.

Von Ras el Tin bis Midan Tahrir

Palast Ras el Tin 1
Der Ras el Tin-Palast liegt im Norden der Metropole auf dem Gebiet der einstigen Insel Pharos. In der Antike war das Eiland durch einen 1,2 km langen Damm (den sogenannten Heptastadion) mit dem Festland verbunden; westlich und östlich schlossen sich Hafenanlagen an. Heute ist die Insel in das Stadtgebiet mit einbezogen.

Muhammad Ali ließ den Palast Anfang des 19. Jh. errichten, 1925 nahmen eigens engagierte italienische Kunsthandwerker umfangreiche Restaurierungen vor. Wann immer Ägyptens letzter König Faruk in Alexandria weilte, hielt er hier Hof. Im Sommer 1952, bevor er ins Exil ging, unterzeichnete er in dem Palast seine Abdankungsurkunde. Das Gebäude kann nicht besichtigt werden.

Felsgräber von Anfushi 2
Tgl. 9–17 Uhr, 20 LE
Nicht weit vom Palast Ras el Tin zeigen die aus dem 2. Jh. v. Chr. stammenden Felsgräber von Anfushi den hellenistisch-ägyptischen Mischstil ptolemäischer Zeit. Nur zwei der fünf Gräber sind einigermaßen gut erhalten. Von einem offenen unterirdischen Hof gehen jeweils zwei überwölbte Grabkammern ab, denen noch eine kleine

Alexandria

Kultkammer oder eine Kammer mit Schiebegräbern (Loculi) angeschlossen ist. Sehenswert sind die Trompe-l'Œil-Bemalungen an den Wänden der Grabkammern – Marmornachahmungen teilweise mit unterschiedlichen Mustern übereinander wie auf zwei Tapetenschichten! An einigen Stellen sind auch Darstellungen altägyptischer Götter erhalten.

Fort Qait Bey 3
Tgl. 9–16, 25 LE
Vom Fort Qait Bey an der Nordspitze der einstigen Insel Pharos bietet sich ein weiter Blick auf den Osthafen und die Skyline von Alexandria. Dort stand einst der berühmte Pharos, der Leuchtturm von Alexandria, eines der Sieben Weltwunder. Er wurde zwischen 299 und 279 v. Chr. errichtet und sein Holzfeuer soll fast 100 Seemeilen weit geleuchtet und den Schiffen den sicheren Weg in die beiden Häfen Alexandrias gewiesen haben. Manche Forscher vertreten die Ansicht, der Pharos habe die Entwicklung des islamischen Minaretts inspiriert.

Die Ende des 15. Jh. von den Mamelucken erbaute Festungsanlage fügte sich als wichtiges Element in die Verteidigungskette der Stadt. Zu besichtigen sind die militärischen Einrichtungen und die Kasematten. Direkt unterhalb der Festung befindet sich – eher als Schlechtwet-

Eine Schönheit am Mittelmeer: die Skyline von Alexandria

ter-Option für ägyptische Touristen – ein recht armseliges **Fischmuseum** 4 (9–16 Uhr, 5 LE), direkt gegenüber ein etwas ansprechenderes **Aquarium** 5 (9–22 Uhr, 5 LE).

Der Stadtteil Anfushi, in dem der Palast Ras el Tin, Felsgräber und Fort Qait Bey besichtigt werden können, ist das einstige osmanische Viertel, zumeist mit Bausubstanz vor dem 19. Jh. Heute ist er der älteste Teil der Metropole und nicht gerade Wohnort der Begüterten. Als Muhammad Ali im 19. Jh. die Modernisierung von Alexandria einleitete, übersahen seine Baumeister Anfushi einfach und begannen südöstlich um den Midan Ramla und den Midan Tahrir mit der Neugestaltung im europäischen Stil.

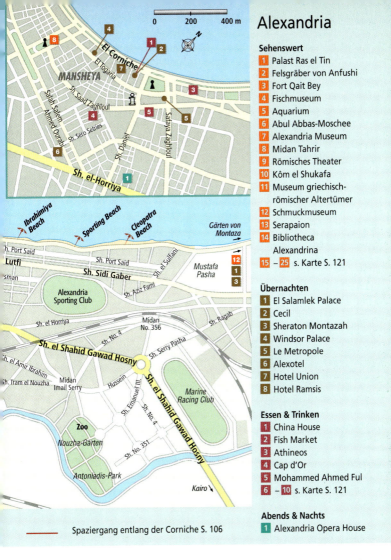

Spaziergang entlang der Corniche S. 106

Alexandria

Sehenswert
1. Palast Ras el Tin
2. Felsgräber von Anfushi
3. Fort Qait Bey
4. Fischmuseum
5. Aquarium
6. Abul Abbas-Moschee
7. Alexandria Museum
8. Midan Tahrir
9. Römisches Theater
10. Kôm el Shukafa
11. Museum griechisch-römischer Altertümer
12. Schmuckmuseum
13. Serapaion
14. Bibliotheca Alexandrina
15. – 25. s. Karte S. 121

Übernachten
1. El Salamlek Palace
2. Cecil
3. Sheraton Montazah
4. Windsor Palace
5. Le Metropole
6. Alexotel
7. Hotel Union
8. Hotel Ramsis

Essen & Trinken
1. China House
2. Fish Market
3. Athineos
4. Cap d'Or
5. Mohammed Ahmed Ful
6. – 10. s. Karte S. 121

Abends & Nachts
1. Alexandria Opera House

Abul Abbas-Moschee 6

Sonnenaufgang bis Sonnenuntergang
Die Abul Abbas-Moschee ist das größte und bedeutendste islamische Heiligtum der Stadt. Sie liegt nahe der Corniche und ist mit ihrem 73 m hohen Minarett weithin zu erkennen. Sie besitzt vier große Kuppeln und im Inneren prachtvolle kalligrafische Verzierungen.

Das Gotteshaus wurde Ende des 18. Jh. über dem Grab des im 13. Jh. verstorbenen und in Alexandria hoch verehrten muslimischen Heiligen Abu El Abbas errichtet.

Alexandria und Umgebung

Corniche-Spaziergang

Um Alexandria zu erleben, sollte man längere Stadtspaziergänge einplanen (s. auch Entdeckungstour Nostalgischer Rundgang, S. 120). Besonders fußgängerfreundlich sind die Straßen und Bürgersteige allerdings nicht immer. Wer mal ein paar Kilometer richtig ausschreiten möchte, tut das besser auf der breiten Promenade entlang der Corniche. Von der Festung Qait Bey bis zur Bibliothek sind es etwa 4 km, immer mit Blick aufs Meer, schöner Architektur und ein paar Sehenswürdigkeiten an der Strecke.

Alexandria National Museum [7]

Tgl. 9–16.30 Uhr, 35 LE

Das 2003 eröffnete Nationalmuseum befindet sich in einer im italienischen Stil errichteten Villa inmitten eines großen, grünen Gartens. 1926 von dem reichen Baumwollhändler El Saas Bassili, der seinem Namen den Ehrentitel Pascha voranstellen konnte, erbaut, wurde das repräsentative Anwesen 1960 von den Amerikanern aufgekauft, die darin für die nächsten 40 Jahre ihr Konsulat betrieben. 1997 kaufte das ägyptische Kulturministerium für die respektable Summe von 12 Mio. LE das traditionsreiche Haus zurück und begann mit umfangreichen Baumaßnahmen, die Investitionen verschlangen zusammen mit den modernsten museumspädagogischen Anlagen insgesamt 18 Mio. LE. Das aber hat sich gelohnt, denn die rund 1800 Exponate, von denen viele bisher noch niemals zuvor ausgestellt waren und die aus den Magazinen des ägyptischen, koptischen und islamischen Museums in Kairo sowie aus dem griechisch-römischen Museum Alexandrias stammen, entfalten auf einer Grundfläche von 3500 m² ihre ganze Schönheit und Anmut und erläutern dem Besucher in chronologischer Reihenfolge die mehr als 2000-jährige Geschichte jener Stadt, die einst den Mittelmeerraum beherrschte wie kaum eine andere Metropole.

Wenn man das Haus betritt, so findet sich im Foyer eine lebensgroße weibliche Marmorstatue aus griechisch-römischer Zeit, die in eine Toga gewandet ist. Die Räume im Untergeschoss enthalten Ausstellungsstücke aus allen Zeiten der pharaonischen Ära, vom Alten bis hinein ins Neue Reich. Dazu gehören die Figur des Mykerinos, dem Erbauer der dritten Pyramide von Giza, der Kopf einer Statue Echnatons und die bemalte Kalksteinbüste seiner Frau Nofretete. Weitere Figuren zeigen einen pharaonischen Schreiber, viele Statuetten von Dienern, die Alltagsarbeiten verrichten, Statuen von Gottheiten und Werkzeuge für den täglichen Gebrauch.

Eine aufschlussreiche Replik gibt ein Grab aus dem Tal der Könige wieder, komplett mit Mumie sowie vielen Grabbeigaben, darunter Kanopenkrüge, in denen die inneren Organe des Verstorbenen aufbewahrt wurden, einen anthropomorphen Sarkophag sowie Ushebti-Figuren, die im Jenseits die Arbeiten für den Verstorbenen ausführen sollten.

Im Untergeschoss kann man am Bildschirm noch mal eine digitale Tour durch das Museum machen; jedes Ausstellungsstück kann man hier aufrufen, sich aus allen Winkeln ansehen und viele Informationen über Herkunft, Bedeutung und Restaurierung bekommen.

Alexandria

Im Erdgeschoss finden sich Exponate von Unterwassergrabungen aus dem antiken Kanopus, einer lebendigen Hafenstadt östlich von Alexandria, an der einst ein Nilarm endete. So eine Sphinx aus Dioritgestein, die 1998 gefundene schwarze Basaltstatue eines Isis-Priesters, eine über 2 m große Granitstatue der Göttin Isis höchstselbst, 2001 aus dem Wasser gefischt, und eine Steinstele, die auf Geheiß von Nektanebos II. in Kanopus aufgestellt wurde. Aus dem alten Alexandria hingegen stammt die Granitstatue des römischen Kaisers Caracalla, im Ornat und Habitus eines Pharao, eine Büste des Kaisers Hadrian, ein Mosaik der Medusa, die Marmorhand einer unbekannten Kolossalstatue sowie die Figur einer ptolemäischen Königin, gearbeitet im hellenistischen Stil.

Im Obergeschoss werden Artefakte aus Alexandrias christlicher und muslimischer Zeit ausgestellt. Koptische Ikonen, die Jesus und die Jungfrau Maria zeigen oder das letzte Abendmahl, Grabsteine und Kleidungsstücke, die mit goldenen und silbernen Kreuzen verziert sind. Unter den islamischen Objekten befinden sich u. a. 162 Gold- und Silbermünzen, die in Alexandria geprägt wurden, Metallleuchter, reich dekorierte Tonwaren, Fenster und Türen aus fein gedrechselten Mashrabiya-Gittern mit eingelegten geometrischen Elfenbeinornamenten.

Die Präsentation »Alexandria im 21. Jahrhundert« zeigt Fotos von Straßenszenen aus kolonialer Zeit, Satellitenaufnahmen der Stadt, aber auch Kristallwaren, Juwelen und Medaillen aus dem Besitz des ins Exil getriebenen korrupten Königs Faruk.

In einem Anbau ist eine Konferenzhalle für Veranstaltungen aller Art untergebracht. Angeschlossen ist dem Museum auch ein Open-Air-Theater.

Unser Tipp

Alexandria zum Schmökern

Zu Alexandria gehört das nostalgische Bild von Dichtern im Café, wie dem Griechen Konstantin Kavafis oder dem Briten Lawrence Durrell. Man kann es ihnen lesend nachtun, je nach Literaturgeschmack mit Gedichten von Kavafis (diverse Ausgaben), den Romanen von Durrell (»Das Alexandria-Quartett«, Tetralogie, 1957–1960. Rowohlt, nur antiquarisch erhältlich) oder »Miramar« von Naguib Mahfouz (Unionsverlag 2012). Oder mit den Klassikern: Shakespeares »Antonius und Cleopatra« vielleicht, oder doch lieber »Asterix und Kleopatra«? Caféempfehlungen stehen auf der S. 120.

Weitere Sehenswürdigkeiten

Midan Tahrir 8

Das Zentrum der Stadt ist – wie in Kairo auch – der Midan Tahrir, der von der Corniche gesehen hinter dem Midan Orabi mit dem Grabmal des unbekannten Soldaten liegt. Ein überlebensgroßes Reiterstandbild von Muhammad Ali beherrscht das Areal, denn mit der Anlage des 450 x 100 m großen Platzes begann Anfang des 19. Jh. der Herrscher die bauliche Modernisierung von Alexandria. Der Justizpalast und die Markuskirche liegen sich am Tahrir gegenüber. Die beiden wichtigsten Basarstraßen, Noqraschi und Faransa, verlaufen vom Midan Tahrir in Richtung Westen auf den Stadtteil Anfushi zu. ▷ S. 112

Lieblingsort

Corniche von Alexandria
Perfekt geschwungen ist die halbkreisförmige Bucht, die den Osthafen von Alexandria bildet. Beherrschend ragt am westlichen Ende das mächtige Fort Qait Bey 3 auf, am östlichen die moderne Bibliotheca Alexandrina 14. Dazwischen verläuft die Corniche, die breite Uferpromenade von Alexandria, die den besten Blick auf die Silhouette der Stadt bietet.

Auf Entdeckungstour:
Römische Spuren in Alexandria

Wenngleich die Römer das altägyptische Reich von der Bildfläche fegten, waren sie von seiner Kultur doch so angetan, dass sie vieles übernahmen. In Alexandria kann man auf ihren Spuren wandeln.

Planung: Theater 9 und Katakombenanlage 10 sind im Rahmen der Stadtbesichtigung gut zu Fuß erreichbar, 3–4 Std. sollte man hierfür einplanen.

Öffnungszeiten: Theater (Kôm el Dikka), tgl. 9–16.30 Uhr, 20 LE; Katakomben (Kôm el Shukafa), tgl. 9–16.30 Uhr, 35 LE

Das einzige römische Theater in Ägypten 9
Nahe dem Bahnhof Mahatet Masr und am Midan el Gumhurriya liegt das im 3. Jh. errichtete Theater, das einmal rund 1000 Besucher fassen konnte. 200 Jahre später bauten die alexandrinischen Christen es um und nutzten es fortan als Kirche. Bei einem Erdbeben im 8. Jh. wurde die einstige Spielstätte so stark beschädigt, dass die Anlage verfiel und in Vergessenheit geriet. Entgegen der Bezeichnung – Kôm el Dikka bedeutet Ruinenfläche – ist das Theater

recht gut erhalten und rekonstruiert worden. Auf dem Areal befinden sich auch die Reste eines römischen Wohnhauses, in dem die Wissenschaftler prachtvolle Bodenmosaiken freilegten, eines davon zeigt viele bunte fliegende Vögel, die den Hausresten den Namen Villa der Vögel gegeben haben. Die Fundamente nördlich des Theaters waren wohl kleine Auditorien einer Lehranstalt – die umlaufenden Sitzbänke sind noch gut zu erkennen.

Ausgestellt sind auf dem Theatergelände auch monumentale Statuenreste, die Frank Goddio im Osthafen gefunden hat und die, weil vom Wasser rund gewaschen und nicht so spektakulär, hier einen Freiluftplatz gefunden haben.

Die römischen Katakomben von Kôm el Shukafa 10

Nur einen Steinwurf entfernt in Richtung Süden liegen die Katakomben von Kôm el Shukafa. Alexandrias bedeutendste römische Grabanlage aus der Zeit des 1./2. nachchristlichen Jahrhunderts erstreckt sich über mehrere Etagen bis in 35 m Tiefe; das unterste Stockwerk ist von Grundwasser überflutet. Eine Wendeltreppe führt hinunter zu einer Etage, deren Eingang von zwei Nischen mit Bänken flankiert wird, dahinter befindet sich eine Rotunde mit einem Schacht in der Mitte, der bis in das untere Stockwerk reicht. In den beiden kleinen Räumen rechts finden sich Sarkophage und darüber schmale und niedrige Schiebegräber. Links befindet sich das Triclinium Funebre, auf dessen Liegebänke die Verwandten eines Verstorbenen den Leichenschmaus abhielten. Von der Rotunde führt eine Treppe in die nächste Etage und man gelangt in die Vorhalle, die einen altägyptisch-griechisch-römischen Stilmix zeigt. Die Grabkapelle dahinter besitzt drei Nischen, in denen sich jeweils Scheinsarkophage befinden, die mit Girlanden, Weintrauben und Stierköpfen geschmückt sind. Beiderseits der Seitennischen erkennt man den schakalköpfigen Gott Anubis, gekleidet wie ein antiker Krieger, sowie eine Mischgestalt mit Hundekopf und Schlangenleib. Die Rückwand der

Mittelnische zeigt eine Bahre mit einer Mumie, die von den Göttern Horus, Thoth und Anubis umstanden ist, an der linken Seitenwand ist der Verstorbene vor einem Altar zu sehen, ein Priester rezitiert ein religiöses Ritual. Gegenüber, an der rechten Seitenwand, opfert ein weiterer Priester vor der Göttin Isis.

Von der Vorhalle ist der um die Grabkapelle laufende Korridor zugänglich, in dessen Wänden sich insgesamt 91 Schiebegräber in zwei Reihen hintereinander befinden, in jedem dieser Loculi fanden drei bis vier Verstorbene ihre letzte Ruhestätte. In der Fortsetzung der Mittelachse erblickt man den Sarkophagraum mit drei Sarqnischen. Die links seitlich angeschlossenen Räume haben ebenfalls Schiebegräber und Sarkophagnischen, datieren aber aus einer späteren Zeit.

Alexandria und Umgebung

Museum griechisch-römischer Altertümer 11

Bei Drucklegung geschlossen

Das Museum steht heute ungefähr an jener Stelle, an der sich im Altertum das Museion (s. S. 101) befand. Das Museum mit Exponaten aus der Gründungszeit der Stadt – u. a. einer Kopie des Steins von Rosetta, der nicht weit von hier gefunden wurde – wird derzeit renoviert; ein Datum für die Wiedereröffnung steht nicht fest.

Schmuckmuseum 12

Bei Drucklegung geschlossen

Das erst 2010 eröffnete Schmuckmuseum ist aus Sicherheitsgründen nach der Revolution auf unbestimmte Zeit geschlossen worden, wird bei Wiedereröffnung aber ein lohnender Besichtigungspunkt werden. Das Museum ist im Fatma Al Zahraa-Palast untergebracht, der 1923 für König Faruks erste Frau gebaut wurde. Die Sammlung enthält zahlreiche Schmuckstücke aus der königlichen Sammlung, u. a. ein Platindiadem mit über 2000 Diamanten.

Serapaion 13

Tgl. 9–16 Uhr, 15 LE

An das Serapaion, in der Antike eine der bedeutendsten Kultstätten Alexandrias und einst sogar zu den Sieben Weltwundern gezählt, erinnert heute nur noch die 27 m hohe Pompeius-Säule (so benannt, weil man hier fälschlicherweise das Grab des Pompeius vermutete). Das ehemalige Heiligtum war Serapis geweiht, einer von den Ptolemäern eingeführten Gottheit, in der man den zum Osiris erhobenen Stiergott Apis mit den göttlichen Attributen des Zeus und des Pluton vereinigte, um mit dem Kult die erwünschte religiöse Verbindung zwischen Griechen und Ägyptern herzustellen.

Der römisch-byzantinische Kaiser Theodosios I. ließ den Tempel während der ›Heiden‹-Verfolgung 391 zerstören und, wie die Legende berichtet, die Säule zum Gedenken an den Triumph des Christentums errichten. Eine Diokletian gewidmete Weiheinschrift am Sockel deutet jedoch eher darauf hin, dass das Monument zu Ehren dieses spätrömischen Kaisers entstand. Die Säule aus rotem Assuan-Granit weist an ihrem Fuß einen Durchmesser von 2,7 m auf. Auf dem weit ausladenden korinthischen Kapitell sollen, anlässlich eines Festessens im Jahre 1832, 22 Personen Platz gefunden haben.

Neben dem Trümmerschutt finden sich auf dem einstigen sakralen Areal noch drei Sphingen, von denen eine noch gut erhalten ist, sowie die Reste einer kopflosen Sitzstatue von Ramses II.

Bibliotheca Alexandrina 14

www.bibalex.org, Sa–Do 11–18 Uhr, 10 LE, Museen je 20 LE, Kombiticket 45 LE

Kommt man auf das antike Alexandria zu sprechen, so fällt fast jedem auf Anhieb die berühmte Bibliothek der Stadt ein, die rund 600 000 Schriftrollen in ihrem Bestand gehabt haben soll, damit das gesamte menschliche Wissen jener Epoche speicherte und – so heißt es – beim Einmarsch von Cäsars Truppen 48 v. Chr. in Flammen aufging. Die Ptolemäer liehen sich aus Athen die Werke der Philosophen und Dramatiker aus, kopierten ihre Schriften, schickten die Kopien nach Griechenland zurück und behielten die Originale. Jeder Kapitän, der mit seinem Segler in den Hafen von Alexandria einlief, musste per Dekret sei-

Symbolische Herberge des Wissens der Menschheit: die Bibliotheca Alexandrina

Alexandria und Umgebung

ne Schriftrollen abgeben, die er dann nur in Kopie, also in einer Abschrift, zurückbekam.

1991 beschloss die ägyptische Regierung, eine neue, alle Aspekte des Lebens und der Wissenschaften umfassende Bibliothek zu gründen, um damit dem Ruf des Landes als ›Wiege der Zivilisation‹ alle Ehre zu machen. Unter der Schirmherrschaft der UNESCO begannen die Arbeiten, die 360 Mio. US-$ verschlangen und die hauptsächlich von Ägypten, Saudi-Arabien, den Emiraten und dem Irak aufgebracht wurden. Für den Bau zeichnete ein norwegisch-österreichisches Architektenteam verantwortlich, die Ausführung oblag einem ägyptischen, britischen und italienischen Konsortium. Das schräg geneigte kreisrunde Gebäude symbolisiert die Sonnenscheibe und schafft damit Assoziationen mit der pharaonischen Zeit. In der Außenfassade sind Buchstaben von jedem Alphabet dieser Welt eingelassen, um den kosmopolitischen Anspruch vom Wissen der Menschheit zu symbolisieren. Als Vertreter der deutschen Sprache ist das »ß« an prominenter Stelle in die Fassade eingelassen.

Neben dem Ticket-Schalter steht eine Kolossalstatue des zweiten Ptolemäus, die aus dem östlichen Hafen geborgen wurde. Vom Foyer aus, wo sich auch eine Buchhandlung befindet, werden mehrmals täglich geführte Touren in englischer Sprache angeboten. Aber natürlich kann man auch völlig frei durch das Gebäude streifen, etwa durch die Lesesäle, die eine Kaskade von verschiedenen Ebenen bilden und die von Stahlsäulen getragen werden, die an jene der ägyptischen Tempel erinnern sollen. 8 Mio. Bücher soll die Bibliothek fassen können, doch noch sind viele Regale leer. Der Bestand ist immerhin inzwischen auf 1,3 Mio.

Bände (einschl. elektronischer Ressourcen) gewachsen.

Eine permanente Ausstellung unter dem Titel »Impressions of Alexandria« macht mittels Landkarten und Stadtplänen, historischen Stadtansichten, Kupferstichen, Fotos und vielen anderen Ausstellungsstücken mit der Geschichte der Metropole von der Gründung bis heute vertraut.

Als **Culturama** wird eine interaktive, ca. 30-minütige Show bezeichnet, die auf einer Reihe von Bildschirmen die 3000-jährige Geschichte einer der ersten Hochkulturen der Menschheit würdigt. Nebenan zeigt das **Manuskriptmuseum** antike Schriftrollen, Handschriften und antiquarische Bücher.

Im Untergeschoss befindet sich das **Antiquities Museum**, in dem ausgesucht schöne Stücke aus dem Museum griechisch-römischer Altertümer zu sehen sind. Dazu gehören der riesige Kopf einer Serapis-Statue, jenes ägyptisch-hellenistischen Mischgottes, der von den Ptolemäern »erfunden« wurde, um die altägyptische und die hellenistische Kultur zusammenzufügen. Serapis ist der zum Osiris erhobene Stiergott Apis, in dem sich die ägyptische Götterwelt mit der griechischen vereinigt. Weiterhin werden eine kopflose Ibis-Statue gezeigt, eine schwarze Basaltstatue der Isis, die in Kanopus gefunden wurde, Darstellungen des Gottes Thoth aus der mittelägyptischen Nekropole Tuna el Gebel, kleine Modellboote aus der XI. Dynastie sowie die Reste von zwei römischen Mosaikfußböden, die bei den Ausschachtungsarbeiten für die Bibliothek zutage gefördert wurden; der eine zeigt einen Hund, der andere einen Gladiator im Kampf.

Der Bibliothek sind noch ein Tagungssaal sowie ein **Planetarium**

Alexandria

angeschlossen. Gegenüber vom Eingang befindet sich das zur Bibliothek gehörende **Kulturzentrum,** in dem sowohl klassisch arabische als auch europäische Musik auf die Bühne kommt.

Montaza-Park

Entlang der Corniche Richtung Osten und vorbei an vielen kleinen Strandbuchten erreicht man nach 10 km den Montaza-Park mit blühenden Beeten, weiten Rasenflächen und altem Baumbestand, der zur einstigen, im Zuckerbäckerstil errichteten Residenz König Faruks gehörte und einen kleinen öffentlichen Strand besitzt.

Alexandrias Strände

Vom Stadtzentrum Richtung Westen gelangt man nach etwa 10 km zum **Strand von Agami.** Weitere Strände mit schmalen, gebührenpflichtigen und im Sommer fröhlich-vollen Sandstränden reihen sich entlang der Corniche Richtung Osten; allzu sauberes Wasser darf man allerdings nirgendwo erwarten. Ägyptische Frauen gehen in der Regel mit voller Bekleidung ins Wasser; Europäerinnen, die in Alexandria baden wollen, fallen an teureren Privatstränden wie Montaza weniger auf.

Übernachten

Ehemaliger Palast – **El Salamlek Palace Hotel** 1 : Corniche, Montazah, im Montaza-Park, 10 km außerhalb des Stadtzentrums, Tel. 03 547 79 99, www.elsalamlekpalace.com, DZ 200 US-$. Mondänes 5-Sterne-Haus in einem hübschen Palazzo, den der Khedive Abbas II. um die Wende vom 19. und 20. Jh. für seine österreichische Geliebte bauen ließ, Privatstrand, einziges Kasino in Alexandria.

Kolonialer Charme – **Cecil Hotel** 2 : Midan Saad Zaghloul, Tel. 03 487 71 73, www.sofitel.com, DZ 200 US-$. Altes britisches 4-Sterne-Kolonialhotel, behutsam restauriert und daher mit Stil und Atmosphäre; im Zentrum mit Blick über die Corniche und den Osthafen.

Alle Annehmlichkeiten – **Sheraton Montazah** 3 : 1331 Corniche, Montaza, gegenüber vom Eingang zum Montaza-Park, 10 km außerhalb des Stadtzentrums, Tel. 035 48 05 50, www.sheratonmontazah.com, DZ 120 US-$. 5-Sterne-Hotel mit 300 Zimmern, mehreren Restaurants und Bars, mit Blick über das Mittelmeer, Aquarius-Disco.

Aus kolonialen Zeiten – **Windsor Palace Hotel** 4 : Corniche, Tel. 034 80 87 00, www.paradiseinnegypt.com, DZ 100 US-$. Mit Blick auf den Osthafen und aufs Mittelmeer, 1907 erbautes 4-Sterne-Kolonialhotel, trotz umfassender Renovierung vor einigen Jahren ist der alte Charme erhalten geblieben.

Paradiesisch – **Le Metropole Hotel** 5 : 52 Saad Zaghloul St., Tel. 03 486 14 67, www.paradiseinnegypt.com, DZ 129 US-$. Mit der Rückfront am Midan Saad Zaghloul gelegen, mit Blick über den Platz und den Osthafen, gediegenes 4-Sterne-Haus mit teils sehr schönen, ebenso hohen wie langen Zimmern.

Im Zentrum – **Alexotel** 6 : 5 Oskofia Street, Tel. 03 487 21 41, http://alexotel.com. DZ 65 US-$. Solides, freundliches Familienhotel in der Nähe des Midan Tahrir.

Teilweise Meerblick – **Hotel Union** 7 : 164 26th of July St., einen Straßenblock neben dem Cecil, 3. Stock, Tel. 03 480 73 12, DZ mit Bad, Klimaanlage und Meerblick 180 LE, günstigere Zimmer ab 90 LE. Saubere Zimmer, einige mit Balkon und Meerblick, sehr gutes Preis-Leistungs-Verhältnis.

An der Bibliothek – **Hotel Ramsis** 8 : 12 Morsy Gamil Aziz St., Tel. 03 486

115

Alexandria und Umgebung

96 20, admin@ramsishotel.net. DZ 180 LE. Koptisches Hotel mit großen, gemütlichen, z. T. etwas verwohnten Zimmern und recht gutem Preis-Leistungs-Verhältnis.

Essen & Trinken

Fernöstlich – **China House** 1: Midan Saad Zaghloul, im Cecil Hotel, Tel. 03 487 71 73, 40–100 LE. Ein wirklich ausgezeichnetes chinesisches Restaurant, mit Blick über den Osthafen.

Alles fangfrisch – **Fish Market** 2: An der Meerseite der Corniche, auf der Höhe der Moschee Abul Abbas, Tel. 03 480 51 19, 50–80 LE. Eines der besten Fischlokale der Stadt mit einem reichhaltigen Angebot an fangfrischen Fischen und Meeresfrüchten.

Prunkvolles Ambiente – **Athineos** 3: 21 Place Saad-Zaghloul, Tel. 03 486 81 31, 35–55 LE (plus Service und Steuern). Alteingesessenes Restaurant an der Corniche mit üppigem griechischem Dekor und nur noch verhalten griechischer Karte. Gute Fischgerichte.

Enorm beliebt – **Cap d'Or** 4: Sharia Adib Bek Ishtakh, off Sharia Saad Zaghloul, nahe am Midan Tahrir, Gerichte bis 50 LE. In Alexandria enorm beliebte Bar mit einfachem Restaurant, bis in die Nacht hinein immer gerammelt voll, manchmal gibt es Livemusik, dann greift ein singender Künstler in die Saiten seines Zupfinstrumentes.

Nationalgericht-Profi – **Mohammed Ahmed Ful** 5: Abdel Fattah el Hadany St., Ladenschild nur auf Arabisch, um 10 LE. Weithin bekannte Top-Adresse für das einfache Bohnengericht Ful, das in Alexandria mit viel Tomate, Salat und Tahin zubereitet wird. Dazu gibts Eier, Falafel und eingelegtes Gemüse. Sogar die spanische Königin soll schon hier gewesen sein. Auch Take-away.

Von kolonial bis cool – **Cafés** 6 – 10: s. Entdeckungstour S. 120.

Einkaufen

Basar und Einkaufszentren: Richtung Nordwesten verlaufen vom Midan Tahrir aus die beiden Straßen Noqraschi und Faransa rund 2 km weit. Dort und in deren Verbindungsgassen befindet sich der **Suq**, der Markt von Alexandria.

In der Sharia Noqraschi wird für das leibliche Wohl gesorgt, es gibt Obst, Gemüse, Fisch, Fleisch, Backwaren, Haushaltsgegenstände aller Art, da-

Alexandria: Adressen

zwischen kleine Cafés und neben den vielen Ständen auch Geschäfte.

Die Sharia Faransi bietet den vielen selbst schneidernden Hausfrauen, aber auch den professionellen Schneidern alles, was sie für ihr Handwerk benötigen, aber hier finden sich auch weiter hinten viele **Gold- und Silberschmiede,** die ihre Arbeiten auf dem Suq nicht nur an die Touristen, sondern auch an die alexandrinischen Frauen und Mädchen verkaufen.

Vom Midan Ramla, einem Hauptstraßenbahnknotenpunkt, zweigen die beiden wichtigsten Einkaufsstraßen ab, einmal die Sharia Saad Zaghloul und dann die Sharia Safaya Zaghloul, hier finden sich hauptsächlich Bekleidungs- und Schuhgeschäfte mit Artikeln für den ägyptischen Geschmack.

Große Konkurrenz geht von den riesigen Shoppingmalls aus, die sich am Stadtrand befinden: Da ist einmal die **City Center Mall,** am Beginn der nach Kairo führenden Wüstenstraße (Cairo Desert Road), in der das französische Einzelhandelsunternehmen Carrefour, das größte Europas und zweitgrößte der Welt, einen gigantischen Supermarkt aus dem Boden gestampft hat und von Lebensmitteln

Reinste Aromatherapie: Gewürzhändler im Basar von Alexandria

Alexandria und Umgebung

Unser Tipp

Fischmarkt in Anfushi
Nur etwa 200 m von der Corniche in der Nähe der Festung Qait Bey entfernt befindet sich der Fischgroßmarkt. Im Traditionsviertel Anfushi wird hier der tagesfrische Fang an Einzelhändler und Restaurants verkauft. Natürlich gibt es auch frisch gegrillte Fischspezialitäten – zum Frühstück, versteht sich, denn am lebhaftesten geht es hier von 4 bis 6 Uhr morgens zu.

über Bekleidung und Elektronikartikel alles verkauft, was ein Haushalt benötigt.

Ebenso beliebt ist im südlichen Vorort Smouha die **Green Plaza Mall**, 14th of May Bridge, am Beginn der Deltastraße nach Kairo. Hier finden sich 370 unterschiedliche Geschäfte, ein großes Kinocenter, für die Kleinen ein Fun Castle sowie ein Hilton Hotel. An der Corniche einige Kilometer östlich des Stadtzentrums befindet sich die **Stefano Mall** mit zahlreichen Geschäften, Kino, Four Seasons Hotel und Metro-Supermarkt.

Abends & Nachts

Disco – **Aquarius**: im Sheraton Montazah [3], 1331 Corniche, Tel. 03 548 05 50, beliebteste Disco der Stadt. Fast alle internationalen Hotels bieten ebenfalls Diskotheken: **Helnan Palestine**, im Montaza-Park, Tel. 03 547 34 00; **El Salamlek Palace** [1], im Montaza-Park, Tel. 03 547 79 99, sowie **Cecil Hotel** [2], Midan Saad Zaghloul, Tel. 034 87 71 73. Nach unregelmäßig stattfindenden Folkloreshows oder Bauchtanzvorführungen sollte man sich in den großen Hotels erkundigen.

Konzerte – Das **Arts Centre** der Bibliotheca Alexandrina [14] bietet sowohl klassische arabische als auch westliche Konzerte.

Abendgarderobe – **Alexandria Opera House** [1]: Sh. Fouad. Seit der Wiedereröffnung 2004 werden in dem historischen Theater wieder Ballettvorführungen, Konzerte und – allerdings eher selten – Opern gezeigt. Kein eigenes Ensemble. Programm unter www.cairoopera.org, Tel. 02 27 37 06 03. Ab 15 LE.

Infos & Termine

Verkehr
Hauptknotenpunkt der **Straßenbahnen** ist der Midan Ramla, einen Steinwurf östlich vom Midan Saad Zaghloul gelegen. Von hier verkehren die gelben Bahnen in Richtung Nordwesten zum Fort Qait Bey und Ras el Tin-Palast, in Richtung Osten verkehren die blauen Bahnen zu Preisen bis 50 Piaster. Bei Bahnen mit drei Waggons ist der mittlere für Frauen reserviert.

Entlang der Corniche vom Montaza-Park, Alexandrias grüner Lunge, bis zum Fort Qait Bey pendeln hunderte von **Minibussen**. Diese Busse halten auf Handzeichen an und kosten je nach Streckenlänge zwischen 50 Piaster und 2 LE.

Festivals
Alljährlich zwischen Ende August und Anfang September findet das von den kinobesessenen Ägyptern weitbeachtete **Alexandria International Film Festival** statt.

Und alle zwei Jahre wird die Alexandria Biennale ausgerichtet, in der zeitgenössische Kunst aus Europa und den Ländern des Mittelmeerraumes gezeigt wird.

Im Westen

Durch Agami hindurch, Alexandrias einstigen Nobelbadeort, geht es entlang der Küstenstraße in Richtung Westen. Ca. 30 km hinter Agami passiert man südlich der Straße ein eingezäuntes Areal, arabisch Abu Sir genannt, Archäologen aber als römische Stadt Taposiris Magna bekannt. Die antike Siedlung besaß zwei Häfen, einen am Mareotis-See und einen an der Mittelmeerküste. An dem einen wurde das für Rom bestimmte Getreide – Ägypten war die Kornkammer des römischen Reiches – ausgeladen, an dem anderen wieder in Segelschiffe verladen und in die Metropole gebracht. Zur Sicherung der Seefahrt wurden entlang der Küste Leuchttürme errichtet, einen solchen kann man noch deutlich an der Seefront erkennen. Heute wird er **Burg el Arab**, arabischer Turm genannt. Das Leuchtfeuer wurde von den Briten beim Aufstand 1882 gegen die Protektoratsmacht schwer beschädigt. Die Reste des Turms und das umgebende Areal kaufte 1915 der Brite Wilfred Jennings-Bramly, der hier ein Modelldorf für die Arbeiter seiner Teppichfabrik erbauen ließ. In den 1930er-Jahren erstand der in Alexandria lebende Amerikaner Jasper Yeates Brinton das Anwesen als Wüstenrefugium und lud an Wochenenden regelmäßig die europäische Kolonie dorthin ein. Auch Lawrence Durrell war dabei und für ihn wurde der Burg el Arab in seinem »Alexandria-Quartett« zu Justines Sommerpalast, den ihr Ehemann Nessim für sie bauen ließ. Während des Zweiten Weltkriegs und der Schlacht von Al Alamein diente Burg el Arab den Briten kurzzeitig als Hauptquartier bei den Gefechten gegen Rommels Streitmacht. In den 1960er-Jahren bemächtigte sich Gamal Abd el Nasser des Anwesens, Anwar el Sadat plante hier den Jom Kippur-Krieg gegen Israel 1973.

Al Alamein ▶ außerhalb A 2

100 km westlich von Alexandria gelangt man nach Al Alamein, wo die entscheidende Schlacht des Nordafrika-Feldzuges geschlagen wurde. Hier finden sich ein griechisches und ein südafrikanisches Denkmal sowie der Friedhof, auf dem über 7000 Soldaten der Alliierten begraben sind. In einem Kreuzgang sind die Namen von weiteren 12 000 Toten verzeichnet, deren Körper nie gefunden wurden. Unter Feldmarschall Montgomery kämpften nicht nur britische Soldaten, sondern auch Neuseeländer, Australier, Malaien, Inder, Griechen, Franzosen, Polen, Südafrikaner und Kanadier.

Ein Kriegsmuseum macht mit den dramatischen Ereignissen von 1942 bekannt (tgl. 9–14 Uhr, 10 LE). Hier erfährt man auch etwas über die Rolle, die der Wüstenforscher Laszlo Almasy spielte, der durch den Roman Michael Ondaatjes »Der englische Patient« und den gleichnamigen Hollywoodfilm bekannt wurde. Weiter Richtung Westen passiert man dann den deutschen Soldatenfriedhof, der in einem achteckigen burgähnlichen Gebäude untergebracht ist, das am apulischen Castel del Monte des Stauferkönigs Friedrich II. nachempfunden ist; hier liegen über 4000 Gefallene begraben. Schließlich kommt der italienische Friedhof, auf dem 4800 Soldaten ihre letzte Ruhe fanden.

Da die Anfahrt mit öffentlichen Bussen mehrfaches Umsteigen und Umwege erfordert, ist ein Mietwagen mit Fahrer zu empfehlen, buchbar z. B. bei Harty Tours/Lufthansa City Center, Tel. 03 546 68 96, www.hartytoursegypt.com.

Auf Entdeckungstour: Suche nach der verlorenen Zeit – nostalgischer Rundgang

Opulente Bankhäuser, verfallene Kolonialbauten und Kaffeehäuser mit langer Tradition. Wer mit offenen Augen durch die Altstadt spaziert, findet in den stimmungsvollen Gassen den Hauch vergangener Zeiten.

Ausgangs- und Zielpunkt: Saad Zaghloul Platz. Rundgang ca. 2,5 km, ca. 40 Min. reine Gehzeit. Am besten ist der Vormittag für den Spaziergang geeignet, da die Banken nur So–Do von ca. 9–15 Uhr geöffnet haben.

Café-Adressen: Delices [6] : 46 Saad Zaghloul St., Tel. 03 486 14 32, www.delicesgroup.com, tgl. 8–23 Uhr. Kaffee um 10 LE, Kuchen 12 LE. Wiener Kaffeehausatmosphäre, italienische Kaffeespezialitäten und französische Tartes.

Brazilian Coffee Stores [7] : 44 Saad Zaghloul St., Tel. 03 486 50 59 und Salah Salem St., Tel. 03 487 47 05, tgl. 7–23 Uhr. Bei Interieur und Atmosphäre geht der Laden etwas mehr mit der Zeit als manch anderer: Zum Starbucks-Stil gibt es seit Neuestem islamische Gesänge.
Sofianopoulos Café [8] : 21 Saad Zaghloul St., Tel. 03 484 54 69, tgl. 7–24 Uhr. Genau das Richtige für den kleinen Schwarzen an der Theke.
Venus [9] : 12 Sh. el-Horriya, tgl. 8–23 Uhr.

Los geht es direkt an der Corniche am **Saad Zaghloul Platz** 15 mit der Statue von Saad Zaghloul Pascha, Führer der nationalen Revolution 1919 und einer der bedeutendsten Politiker nach der Unabhängigkeit 1922. Mit dem Blick zum Meer ist links das **Hotel Cecil** 2 von 1929 zu sehen, ein prächtiges Gebäude und wieder schön restauriert. Wenn Sie sich nun umdrehen, liegt hinter dem Platz das mindestens ebenso ehrwürdige **Hotel Metropole** 5 (von 1890) mit dem **Café Trianon** (bei der Recherche wegen Renovierung geschlossen) – das erste von etlichen Cafés, die auf diesem Spaziergang zur Rast einladen.

Direkt daneben befindet sich das **Café Delices** 6. Da es sich zu zwei Seiten öffnet, kann man durch den langen, hohen Saal mit den Kronleuchtern und mächtigen Spiegeln hindurchgehen, in dem Einheimische und Touristen, Alte und Junge dem guten Kaffee und vor allem den Tartes und Torten frönen.

Nur ein kleines Stück nach rechts die Straße hinunter ist an der Ecke zur Nabi Daniel-Straße bereits das nächste Café: **Brazilian Coffee Stores** 7 klingt wie ein modernes Starbucks-Imitat, und fast könnte man es wegen des schlichten Interieurs auch dafür halten. Tatsächlich gibt es das Café bereits seit 1929. Kein Alte-Damen-Café: Der Espresso schlägt richtig zu.

Die Saad Zaghloul-Straße führt nun im Bogen weiter nach Westen, an einem modernen Hochhaus vorbei, die meisten übrigen Gebäude stammen aber auch noch aus der britischen oder königlichen Zeit. Links duftet es nun aus einem weiteren Eckladen nach Kaffee: Das **Sofianopoulos** 8 ist ein herrlich altmodischer Kolonialwarenladen mit Kaffeerösterei und Stehcafé.

Im ›Bankenviertel‹

Direkt davor zweigt eine Gasse (Sh. Mahmoud Fahmy) nach links ab, zwischen dem Sofianopoulis und dem Eingang zur **Union National Bank** 16. Die hieß früher Ionian Bank und

war eine von zahlreichen Auslandsbanken, die in Alexandria aktiv waren. Mit solch einem Stützpunkt im kosmopolitischen Alexandria wollten sich die europäischen Bankiers Zugriff auf die lukrativen Geschäfte im Orient sichern. Die Ionian Bank wurde ebenso wie die (in der Gasse) rechts daran anschließende **Deutsche Orient Bank** 17 1909 vom italienischen Architekten N. Sinignalia gebaut. Im Gebäude der Deutschen Orient Bank, gegenüber der lebhaften Kneipe Cap d'Or S. 116, sind heute verschiedene Speditionsfirmen ansässig. Die Union National Bank kann man aber zu Bankgeschäftszeiten (So–Do 9–14 Uhr) ansehen. Es lohnt sich: In der prächtigen Schalterhalle mit hohem Kuppelraum und Kronleuchter wird der Glanz vergangener Tage lebendig. Das Gleiche gilt für die **Bank of Ale-**

Palazzino Aghion vom Architekten Antonio Lasciac

xandria [18] an der nächsten Ecke der Mahmoud Fahmy-Gasse, die früher Anglo-Egyptian Bank hieß und innen einen zweistöckigen neogriechischen Säulenumgang mit farbigem Tonnengewölbe erhalten hat.

Wenn man nun der größeren Salah Salem-Straße nach links folgt, passiert man eine weitere Filiale der **Brazilian Coffee Stores** [7], und ein Stück weiter erhebt sich ein imposantes rötliches Gebäude im palladianischen Stil. Früher war es die Banco di Roma, heute ist darin die **National Bank of Egypt** [19] ansässig (So–Do 8.30–2 Uhr). Der Architekt Henry Gorra war zwar Brite, hat aber mit dem gleichen historisch-eklektischen Geschmack wie seine zahlreichen italienischen Kollegen in Alexandria gebaut. Sowohl die Details der Fassade als auch die pompöse Inneneinrichtung sind sehenswert.

Sharia el-Horriya

Gleich dahinter trifft die Salah Salem-Straße schräg auf die Fuad-Straße. Eigentlich heißt sie schon seit Jahrzehnten Sharia el-Horriya, also ›Freiheitsstraße‹, aber im traditionsbewussten Alexandria benennen sie die meisten Leute immer noch nach dem König, der Ägypten 1922 in die formale Unabhängigkeit führte. Davor hieß sie nach dem Fundort des Rosetta-Steins Rue de Rosette. Es ist die alte Prachtstraße der Stadt, an der ein Stück weiter auch die Oper und ein neues Kultur-Café liegen. An der Ecke stehen in spitzen Straßenwinkeln zwei schlanke siebenstöckige Gebäude, die **Fumaroli Buildings** [20], die mit ihren abgerundeten Fassaden das Bild der Kreuzung prägen. Der Architekt, E. Carnevale, bekam dafür 1929 den städtischen Preis für die beste Fassade (so etwas gab es damals in Alexandria!). Übrigens hatte auch schon das Vorgängergebäude von 1885 die hübsche Rundung.

Das weiße palastartige Gebäude gegenüber, im klassizistischen Napoleon III.-Stil, stammt von 1888 und hieß damals Muhammad Ali-Club. Seit 2001 ist hier das **Alexandria Center of Arts** 21 untergebracht, ein Kulturzentrum mit Bibliothek und Seminarräumen, aber auch Ausstellungen, Konzerten und anderen Veranstaltungen. Diese sind grundsätzlich kostenlos, es lohnt sich also nicht nur wegen der üppigen Inneneinrichtung, einen Blick hineinzutun (Sa–Do 10–20.30 Uhr).

Wieder vor dem Haus, geht es weiter nach rechts (also nach Osten) in die Fuad-Straße. Nach 100 m beherrscht ein kleiner, aber feiner Palast die gegenüberliegende Straßenfassade: Mit ionischen Säulen und verspielten Loggien sieht der **Palazzino Aghion** 22 mindestens so italienisch aus, wie sein Name suggeriert. Antonio Lasciac war einer der aktivsten italienischen Architekten in Alexandria, er hat u. a. auch den Palast für Prinzessin Fatma Al-Zahra gebaut, in dem sich heute das Schmuckmuseum (s. S. 112) befindet. Lasciac baute historisierend, meist eher klassizistisch, seine eigene Villa mit orientalischen Anklängen; der Palazzino Aghion ist sicher das beschwingteste seiner Gebäude.

An der gegenüberliegenden Ecke befindet sich nun endlich mal wieder ein altes Café. Leider sind die rosaroten Kuchenschachteln, die das Schaufenster füllen, nur noch Dekoration und eine wehmütige Erinnerung an alte Zeiten: Das **Café Venus** 9 hat zwar noch Kaffeehaustischchen und Kronleuchter in den hohen langen Räumen, aber keinen Konditor mehr. Ein paar alte Männer kommen noch her, um starken türkischen Mokka zu trinken.

Sharia al-Nabi Daniel

In der Nabi Daniel-Straße, die zwischen dem Palazzino und dem Cafe Venus nach links führt, passiert man schon nach wenigen Schritten eine weitere winzige und stets beliebte **Kaffeerösterei** 10 . Nach etwa 300 m versperrt ein hohes Tor mit Wachleuten auf der rechten Seite den Durchgang zur **Eliyahu Hanavi-Synagoge** 23 . Bis 2012 war sie die letzte formell noch aktive Synagoge Ägyptens, dann wurde sie – angeblich aus Sicherheitsgründen wegen religiöser Spannungen in Alexandria – geschlossen. Ein jüdisches Gotteshaus befand sich hier schon seit 1354, das heutige Gebäude stammt von 1850 und wurde 60 Jahre später umgebaut. Man darf aber bestenfalls neugierig durch den Zaun schauen und vielleicht ein schnelles Foto machen. Das Wohngebäude links davor, ebenfalls vom Anfang des 20. Jh., war als **jüdisches Kulturzentrum** 24 konzipiert. Gebaut hat es übrigens der Architekt des italienischen Palazzino von eben, Antonio Lasciac.

An der nächsten Ecke kreuzt die Nabi Daniel-Straße wieder die Saad Zaghloul-Straße, gegenüber duftet es aus den Brazilian Coffee Stores, und daneben lockt wieder die Kuchentheke von Delices. Geradeaus weiter auf der Nabi Daniel-Straße kommt man an der **Touristeninformation** und dem pompösen klassizistischen Gebäude der **Handelskammer von Alexandria** 25 (von 1922) vorbei wieder zum Hotel Cecil.

Wer nun nach dem vielen Kaffee etwas Deftigeres möchte, aber bitte in der passenden Vorkriegsatmosphäre, kann auch ein paar Schritte weiter nach rechts an der Corniche entlang zum griechischen Restaurant Athineos (s. S. 116) gehen.

Das Beste auf einen Blick

Kairo und Umgebung

Highlights!

Kairo – die Mutter der Welt: Ägyptens Hauptstadt Kairo ist mit geschätzten 20 Mio. Einwohnern eine der bevölkerungsreichsten Metropolen der Welt und fasziniert mit herausragenden Sehenswürdigkeiten aus pharaonischer und islamischer Zeit. Spaziergänge führen zum Ägyptischen Museum, zur Zitadelle, zu mittelalterlichen Moscheen, durch verwinkelte Gassen und zu Basaren. S. 126

Die Pyramiden von Giza: Sie sind die einzig noch verbliebenen Reste der antiken Sieben Weltwunder. S. 163

Auf Entdeckungstour

Die Grabschätze des Tutanchamun und ihre Entdeckung: Diese Grabschätze im Ägyptischen Museum zählen zu den herausragendsten Exponaten dieser Welt und ihre Entdeckung ist eine spannende Geschichte. [1] S. 130

Mit der Feluke zur Goldinsel: Eine Felukenfahrt auf dem Nil entlang der Skyline der Metropole zur Goldinsel Gezirat al Dahab. S. 142

In die Oase Fayum: Fayum ist die größte Oase des Nillandes und wird auch der Garten Ägyptens genannt. S. 176

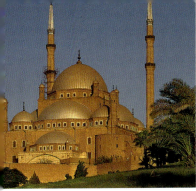

Kultur & Sehenswertes

Islamisches Kairo: Die islamische Altstadt mit ihren Karawansereien, Moscheen, Medresen und alten Händlerhäusern gehört zum Welterbe der UNESCO. S. 145

Zu Fuß unterwegs

Spaziergang vom Midan Salah el Din zum Al Azhar Park: Ein gut ausgeschilderter kurzer Spaziergang führt von der Sultan Hassan-Moschee durch Gassen, in denen die Zeit stehengeblieben scheint, zum Stadtpark für die moderne Mittelschicht Kairos. Es gibt Moscheen, Medresen und kleine Läden zu entdecken. Verlaufen gehört dazu! S. 157

Genießen & Atmosphäre

Metropolenüberblick: Im Window of the World im 36. Stock des Ramses Hilton sind die Ausblicke beim Essen und Trinken grandios. [1] S. 158

Eine Institution: Schon seit Generationen treffen sich im Café Riche die Intellektuellen und Künstler Kairos. [5] S. 159

Abends & Nachts

Beliebter Treffpunkt: Im Pub 28 feiern Ägypter, Expats und Touristen seit der Revolution noch ausgelassener. [4] S. 161

Mutter der Welt – Kairo!

Kairo ist für Nordeuropäer eine gleichermaßen faszinierende wie gewöhnungsbedürftige Metropole. Nur für wenige Stunden reißt tief in der Nacht der Stop-and-go-Verkehr einmal ab, ansonsten schieben sich die Fahrzeuge in dichtem Stau weitgehend ohne Beachtung von Verkehrsregeln durch die Straßen, die Bürgersteige sind voller Menschen, unentwegt herrscht Gedränge und Geschiebe. Dies alles ertragen Ägypter mit stoischer Geduld, schlängeln sich klaglos durch ein Stoßstangengewirr in den Straßen und geraten trotz des Lärms nur selten aus der Fassung.

Kairo, Ägyptens Hauptstadt und größte Metropole des afrikanischen Kontinents, zugleich kulturelles und wirtschaftliches Zentrum des Mittleren Ostens, ist mit geschätzten 20 Mio. Einwohnern eine Megalopolis. Täglich strömen zusätzlich bis zu 3 Mio. Pendler in die Kapitale, deren Infrastruktur schon seit Jahren diesem Andrang nicht mehr gewachsen ist.

Trotz der 1987 in Betrieb genommenen U-Bahn, der damit verbundenen Modernisierung des Vorortzugnetzes und der Überbauung der wichtigsten Verkehrsadern mit Hochstraßen fließt der Verkehr in der Stadt mitnichten in geordneten Bahnen. Und obwohl in den letzten Jahren rund um Kairo Retortenstädte wie etwa Salam City und Tenth of Ramadan angelegt wurden, ist die Wohnungsnot, bedingt durch die Landflucht, außerordentlich groß;

Infobox

Reisekarte: ▶ D 4

Tourist Information:
5 Sharia Adly, Tel. 02 23 91 34 54, tgl. 9–17 Uhr, sehr freundlich, aber nur bedingt informativ.

Anreise und Weiterkommen
Der Cairo International Airport liegt ca. 15 km östlich der Stadt. Alle Egypt Air- und die meisten Star Alliance-Flüge (u. a. Lufthansa und Austrian Air) benutzen den neuen Terminal 3, der per Gratis-Shuttle von den anderen Terminals zu erreichen ist.
Terminal 2 war bei Drucklegung für Renovierungen geschlossen. Vom Flughafen verkehrt ein regelmäßiger Shuttle-Bus in die Innenstadt und in die größeren Vororte; Taxifahrten in die Stadt kosten 50–70 LE bis Midan Tahrir. Vom Terminal 1 verkehren tagsüber ein Stadtbus sowie ein besserer Airport Shuttle-Bus (35 LE bis Downtown).

Kairos Hauptbahnhof heißt Mahatet Ramsis, von hier verkehren Züge nach Alexandria (2–3,5 Std.), ins Niltal bis nach Luxor (10 Std.) und Assuan (13 Std.).

Busse: Busse in das Nildelta, nach Oberägypten und Hurghada verkehren von der Turguman Bus Station an der Sharia el Turguman etwas westlich der Orabi-Metro-Station unweit des Ramses-Hauptbahnhofs. Züge nach Süden halten auch in Giza. Der Sinai Bus Terminal in Abbassiya bedient alle wichtigen Orte auf dem Sinai.

Kairo

selbst auf Friedhöfen hausen Tausende von Familien (s. S. 75).

Die Strom- und Wasserversorgung sowie die Schmutzwasserdränage sind – vor allem in den alten Stadtvierteln – in einem katastrophalen Zustand. Der Smog und die Zersiedelung historisch bedeutender Areale zerstören viele Kulturdenkmäler Kairos. Es fehlen Mittel und Möglichkeiten, die historischen Gebäude zu pflegen und zu erhalten.

Expats und reichere Ägypter ziehen in die auf dem Reißbrett geplanten Satellitenstädte in der Wüste rund um Kairo, um der Enge, dem Lärm und dem Gestank, die in der Innenstadt herrschen, zu entkommen. Auf der östlichen Nilseite befinden sich Nasr City, die Stadt des 15. Mai und Sadat City, auf der westlichen Nilseite die Stadt des 6. Oktober.

Besucher werden diese Misere freilich allenfalls am Rande bemerken. Kairo ist und bleibt eine der bedeutendsten Kulturstätten, beeindruckt durch ihre unverwechselbare Skyline von Minaretten ebenso wie durch ihren Reichtum an pharaonischen und islamischen Kulturdenkmälern.

Geschichte

Als im Jahre 640 der muslimische Heerführer Amr Ibn el As mit seiner Beduinenarmee Ägypten für den Islam unterwarf, gründete er im Süden des heutigen Kairo die Garnisonsstadt Fustat und ließ die nach ihm benannte Amr-Moschee erbauen. Annähernd 100 Jahre später brannte Fustat ab und die über das islamische Großreich herrschende Abbasiden-Dynastie legte weiter nördlich das neue Stadtviertel El Askar an. Wiederum ein gutes Jahrhundert später rief sich der Gouverneur Ahmed Ibn Tulun zum Herrscher über das Nilland aus und errichtete, noch etwas weiter nördlich, seine Moschee und die neue Lagerstadt El Katai.

969 brachten die Fatimiden, schiitische Muslime aus Nordafrika, Ägypten unter ihre Kontrolle und gründeten El Qahira (die Siegreiche – Kairo). Mit dem Bau der Al Azhar-Moschee und der Al Azhar-Universität machten sie ihre neue Residenz von Anfang an zu einem Zentrum der islamischen Theologie. 1171 trieb Salah el Din (Saladin) die Fatimiden aus dem Land, etablierte das Sultanat der Ayyubiden, führte das sunnitische Glaubensbekenntnis wieder ein und ließ die Zitadelle erbauen.

1250 übernahmen die Mamelucken, die einstigen Söldner der Ayubiden-Sultane, die Macht und regierten knapp 300 Jahre lang in der Metropole. Politische Morde – kaum ein Mamelucken-Sultan starb eines natürlichen Todes –, Erbfolgestreitigkeiten, erpresserische Steuerforderungen sowie verheerende Pestepidemien ließen das kulturelle Leben der Stadt veröden. 1517 eroberten die Osmanen Kairo und hielten die Metropole bis zu Napoleons Ägypten-Abenteuer im Jahre 1798.

1806 übernahm Muhammad Ali, ursprünglich ein albanischer Söldnergeneral in osmanischen Diensten, die Staatsgeschäfte und leitete die Modernisierung des Landes ein. In seiner 42-jährigen Regierungszeit forcierte Muhammad Ali die Stadtentwicklung, ließ neue Straßen, Plätze und Viertel anlegen, schickte die ersten Ägypter an europäische Universitäten und öffnete das Land dem Westen.

Parallel zum Bau des Suezkanals entstand das heutige moderne Kairo mit repräsentativen Gebäuden und schon bald begann die Metropole aus allen Nähten zu platzen. Landlose Bauern strömten zu Millionen in

127

Kairo und Umgebung

die Kapitale, deren Entwicklung bald nicht mehr gesteuert werden konnte.

Das moderne Kairo

Das heutige Stadtzentrum befindet sich am Ostufer des Nils neben der Insel Zamalek und um den Tahrir-Platz.

Midan Tahrir

Seit dem 19. Jh. ist der Tahrir-Platz ein zentraler Verkehrsknotenpunkt, an dem sich auch Verwaltungsgebäude, das Nationalmuseum und eine Universität befinden. Durch die Demonstrationen, die dort seit Januar 2011 stattfanden und zum Sturz von Präsident Mubarak führten, wurde er weltbekannt. Heute ist der Platz, der immer noch häufig für Demonstrationen genutzt wird, durch Sicherheitsbarrikaden verkehrsberuhigt, aber dadurch nicht schöner. Je nach politischer Tagessituation sollten Touristen den eigentlichen Platz meiden; das Nationalmuseum liegt in ausreichender Entfernung.

Afrikas größte Metropole strahlt auch bei Nacht

Kairo

Ägyptisches Museum [1]

Sa–Do 9–19 (Sommer), 9–18 (Winter), Fr 9–16 Uhr, 60 LE, Mumiensaal zusätzlich 100 LE

Die herausragende Attraktion von Kairo ist das 1857 von dem französischen Ägyptologen Auguste Mariette gegründete Ägyptische Museum. Mariette hat im Garten des Museums seine letzte Ruhestätte gefunden. An einem Kiosk in der Eingangshalle ist ein Museumsführer erhältlich (70 LE, auch auf Deutsch), der nur einige der wichtigsten Ausstellungsstücke mit Foto und kurzem Text vorstellt. Doch auch diese knappen Informationen sind nützlich, denn die Beschriftung der Exponate ist teilweise sehr schlecht, vergilbt oder nicht vorhanden.

Von den rund 124 000 Stücken der Sammlung können nur die wenigsten gezeigt werden, da das Haus viel zu klein ist. Nahe bei den Pyramiden soll auf einem 300 000 m² großen Areal einmal ein neues Museum entstehen. Das alte Haus wird unterdessen zusehends vernachlässigt.

Erdgeschoss

Die Exponate sind in den Ausstellungssälen im Uhrzeigersinn chronologisch angeordnet.

Saal 43: Exponate aus den ersten Dynastien, darunter (links am Durchgang zu Raum 47) die annähernd lebensgroße Statue des Djoser, dessen Baumeister Imhotep die Stufenpyramide von Saqqara (s. S. 168) errichten ließ. Die Plastik wurde 1924 gefunden, eine Kopie befindet sich heute in Saqqara. Die Djoser-Statue ist die älteste Plastik des Museums. Auf der Palette des Narmer, der um 3000 v. Chr. Ober- und Unterägypten vereinigte, findet sich zum ersten Mal die über Jahrtausende beibehaltene Darstellung eines Königs, den knienden Gegner am Schopf packend und weit ausholend mit der Keule auf ihn einschlagend. Durch die Mittelhalle sieht man geradeaus auf die riesigen Sitzstatuen von Amenophis III. und Tiye aus Medinat Habu, ca. 8 m hoch, die die Halle dominieren.

Saal 6: In der Ecke berichtet eine Stele aus Rosengranit über die Wiedereinsetzung des alten Götterpantheons unter Tutanchamun. Mit diesem wichtigen Edikt löste der noch im Knabenalter befindliche Pharao den ersten Monotheismus der Weltgeschichte, den der ›Ketzerkönig‹ Echnaton eingeführt hatte, wieder auf.   ▷ S. 136

129

Auf Entdeckungstour: Die Grabschätze des Tutanchamun und ihre Entdeckung

Das einzige bisher nicht geplünderte Grab eines Pharao ist zugleich auch die kleinste aller königlichen Grabstätten. Trotzdem füllen die annähernd 2000 Exponate fast ein Dutzend große Säle des Ägyptischen Museums [1].

Planung: Öffnungszeiten Sa–Do 9–19 (Sommer), 9–18 (Winter), Fr 9–16 Uhr, 60 LE. Da dieses Highlight des Hauses naturgemäß den größten Besucherandrang hat, sollte man einen Besuch früh am Morgen, über die Mittagszeit oder am späten Nachmittag ins Auge fassen.

Ein ungeplündertes Grab

Hätte ein gewisser Lord Carnavon um 1900 nicht einen schweren Verkehrsunfall gehabt, wer weiß, ob und wann das Grab des Tutanchamun entdeckt worden wäre. Der Lord zog sich Blessuren zu, die zwar ausheilten, doch blieben Atembeschwerden zurück, und die feuchtkalten englischen Winter wurden ihm zur Qual.

Um Genesung zu finden, brach Lord Carnavon im Jahre 1903 zum ersten Mal in das Nilland auf. Dort besichtigte er die Grabungsfelder archäologischer Expeditionen und war fasziniert von der Suche nach pharaonischen Altertümern. Er wollte selbst auch solche Schätze finden und so bat er Gaston Maspero, den Ägyptologen und Direktor des Ägyptischen Museums in Kairo, um Rat. Der empfahl ihm Howard Carter als Grabungsleiter.

1914 erwarb Lord Carnavon von dem Amerikaner Theodor Davis die Konzession für Untersuchungen im Tal der Könige; drei Jahre später nahm er die Arbeiten auf. Die Fachwelt lächelte darüber, denn das Tal galt archäologisch als erschöpft. Bereits 1817 hatte der Ägypten-Pionier Giovanni Belzoni die Gräber von Ramses I., Sethos I., von Eje und Mentu-her-chopeschef geplündert und resümiert: »Ich bin der festen Überzeugung, dass es im Tal von Biban al Muluk keine anderen Gräber als die durch meine kürzlichen Entdeckungen bekannten gibt.« 1844 vermaß eine preußische Expedition das Tal und kam zu ähnlichen Ergebnissen.

Doch Carter ließ sich nicht beirren, denn, wie er später bemerkte, waren er und sein Team sehr zuversichtlich, dass sie das Grab eines bestimmten Königs, nämlich das Tutanchamuns, finden würden. Carter steckte im Tal der Könige ein Areal ab. Binnen eines einzigen Winters wurden Schutthalden beiseite geräumt, die die Gräber umschlossen, und das Team legte den Fuß des geöffneten Grabes von Ramses IV. frei. Am 5. November 1922 stand Carnavon vor der versiegelten Tür eines unversehrten Grabes. Drei Wochen später entdeckte das Team ein Siegel mit dem Namen Tutanchamun.

Die Vorkammer wird gefunden

Die Tür wurde geöffnet, der dahinter liegende Gang war mit Geröll gefüllt. Das Team arbeitete sich den Schacht entlang und stand wenige Tage später vor einer zweiten versiegelten Tür. Nachdem die Tür geöffnet war und man Lampen installiert hatte, zeigten sich goldene Bahren, Thronsessel, Alabasterstatuen, silberne Schreine und vieles mehr, das heute in den folgenden Sälen des Ägyptischen Museums ausgestellt ist.

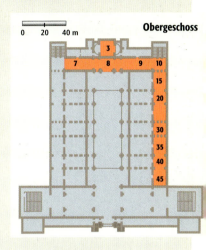

Saal 9 und 10: Dem Kind-Pharao wurde eine komplette königliche Garderobe mit auf die Reise ins Jenseits gegeben. Neben einem großen vergoldeten Kanopenschrein steht eine Alabastertruhe, in der die vier Kanopengefäße aufbewahrt wurden, in denen während der Mumifizierung die inneren Organe und die Eingeweide ihren Platz fanden. Einer der Kanopendeckel zeigt die Köpfe der vier Horussöhne, Schutzgottheiten; einer war anthropomorph, die anderen drei zeigten Tierköpfe: Imset stellt einen Menschen dar und schützte die Leber, Hapi war affenköpfig und für die Lunge zuständig, Diamutef, der Schakal, bewachte den Magen; Kebechsenef, der Falke, war für die Unterleibsorgane zuständig.

In Saal 10 finden wir drei Grabbahren, als Standbeine dienten die Himmelsgöttin Mehetweret, die Unterweltgöttin Ammut und schließlich die Figuren von Löwen.

Saal 15 und 20: Hier befinden sich kunstvoll gearbeitete Barken, auf denen der Pharao seine Reise durch die Unterwelt antreten konnte, sowie Gefäße, Truhen und Krüge aus Alabaster.

Saal 35 und 30: Blickfang am Übergang zu Raum 40 ist der prachtvolle Thron, der mit Blattgold und Intarsienarbeiten reich verziert ist. Die Armlehnen zeigen fein geschnitzte geflügelte Schlangen, die über den Königsnamen wachen. Die Rückenlehne stellt das königliche Paar, Tutanchamun mit seiner Gattin Anchesen-Amun dar, die vor dem Pharao steht und ihn salbt, bekleidet mit einem langen Gewand und großem Halskragen, auf der Löckchenperücke trägt sie eine Federkrone. Der König sitzt entspannt auf seinem Thron, trägt die Krone des Landes, einen schweren Halskragen und einen weißen gefalteten Schurz, die Füße ruhen auf einem gepolsterten Schemel. Über der Szene erkennt man die Sonnenscheibe, den Gott Aton, deren Strahlen in Händen enden. Rund 30 Götterstatuen aus Holz, mit Gold überzogen, sollten den Herrscher schützen, von den ursprünglich über 400 Ushebtis, den Dienerfiguren aus dem Grab, sind hier nur einige ausgestellt.

Saal 45: Am Ausgang stehen zwei lebensgroße Statuen des verstorbenen Königs, die einmal die Vorhalle des Grabes bewachten. Die schwarze Hautfarbe symbolisiert die Wiedergeburt des Verstorbenen, so wie der fruchtbare schwarze Schlamm jedes Jahr aufs Neue das Fruchtland bedeckte und die Samen zum Leben erweckte. Weitere Figuren des Pharaos finden sich im Innern des Raumes, darunter auch jene, die den jungen Herrscher auf der Fischjagd mit dem Speer zeigt.

Das Geheimnis der Sargkammer

Nachdem die Vorkammer des Grabes im Tal der Könige von Carter und seinen Männern geöffnet worden war, wich die Begeisterung erst nach Stunden wissenschaftlicher Neugier und stellte sich die Frage nach dem Sarkophag und der Mumie. Da entdeckte Carter eine dritte versiegelte Tür.

Kaum war die sensationelle Entdeckung bekannt geworden, erhielt das Team auch schon aus aller Welt Unterstützung. Nach einem halben Jahr war die Vorkammer geräumt und alle sahen mit Spannung dem Öffnen der nächsten versiegelten Tür entgegen. Vorsichtig trug Carter die oberen Steinlagen ab und stieß auf eine Wand aus purem Gold. Erst als weitere Teile der Tür freigelegt waren, erkannte er, dass die ›goldene Wand‹ das Vorderteil eines ungewöhnlich großen Totenschreins war.

Im Winter 1926/27 wurde der goldene Schrein geöffnet; er enthielt einen zweiten, in dem wiederum ein dritter stand und in dem dritten ein vierter.

Diese vier vergoldeten Schreine, die alle wie die russischen Puppen ineinander gesteckt waren und die Grabkammer der Gruft vollständig ausfüllten, befinden sich in **Saal 7 und 8.**

In diesen Schreinen stieß das Team endlich auf den Quarzitsarg, aus einem einzigen Block geschlagen und von einer Granitplatte bedeckt. Nachdem der mehr als zwölf Zentner schwere Verschluss abgehoben war, erblickten die Archäologen nur einen Haufen aus Leinentüchern. Als Carter sie beiseite schob, strahlte ihm ein goldenes Abbild des jugendlichen Herrschers entgegen – aber immer noch nicht das der Mumie! Denn der Quarzitsarkophag barg wiederum drei anthropomorphe, menschengestaltige Särge. Der zweite gab den Pharao in der Gestalt des Osiris wieder. Beim dritten schließlich fiel das unerklärlich große Gewicht auf und als Carter ihn untersuchte, stellte er fest, dass dieser 1,85 m lange Sarg aus purem Gold bestand. Der Deckel wurde entfernt und das Team blickte auf die Mumie von Tutanchamun mit der heute weltberühmten Goldmaske auf Kopf und Schultern.

Die 11 kg schwere Goldmaske (s. S. 130), das Hauptexponat der Tutanchamun-Ausstellung im Ägyptischen Museum, ist mit Einlegearbeiten aus Lapislazuli, Obsidian und Quarz verziert und befindet sich in **Saal 3.**

Beim Anblick der Mumie mit der Goldmaske schrieb Carter später: »In solchen Augenblicken versagt die Sprache.« Im gleichen Raum befinden sich auch die beiden inneren Särge.

Die Sonnenscheibe, Symbol für den Gott Aton, strahlt auf dem königlichen Thronsessel

Kairo

Sehenswert
1. Ägyptisches Museum
2. Opernhaus
3. Museum für moderne ägyptische Kunst
4. Cairo Tower
5. Gezira Arts Centre und Museum für Islamische Keramik
6. Mahmud Khalil-Museum

Übernachten
1. Ramses Hilton
2. Marriott
3. Mena House
4. Semiramis Intercontinental
5. Cosmopolitan
6. Talisman Hotel de Charme
7. Longchamps
8. Victoria
9. Bella Luna
10. Pension Roma
11. Travelers House Hostel

Essen & Trinken
2. Zooba
3. Le Tarbouche Akl Zaman
4. Abou El Sid
5. Café Riche
6. Arabesque
7. Felfela
8. Groppi Garden
9. Groppi Cafe

Einkaufen
1. Home and Beyond
2. Sami Amin Accessories
3. Gallery Balady
4. Der Buchladen der AUC
5. Diwan

Abends & Nachts
1. MAKAN
2. Cairo Jazz Club
3. Sound & Light Show
4. Pub 28

7–14 s. Karte S. 138
15–28, 1 s. Karte S. 146

134

Kairo und Umgebung

Rund um Saal 3: Exponate aus der Amarna-Zeit (1364–1347 v. Chr.), vier teilweise erhaltene Kolossalstatuen von Echnaton. Sehr deutlich ist hier die völlige Loslösung von der über die Jahrhunderte beibehaltenen abbildenden Kunst zu erkennen, mit ganz anderer Ästhetik und zumindest heute unvorteilhaft wirkenden Körperproportionen, aber auch neuen Themen. So lässt sich der Pharao mit seiner Familie in privater Atmosphäre darstellen (Saal 8), was in den Augen der damaligen Bevölkerung ein Sakrileg war, galt der Herrscher doch als Gott, der über den profanen Alltagshandlungen stand. Hervorzuheben ist der wohl unvollendete, nichtsdestotrotz wunderschön gearbeitete Kopf von Echnatons Frau Nofretete aus braunem Quarzitgestein.

Saal 10: Hier ist der große Ramses II. mit zahlreichen Abbildungen präsent. Geradezu anrührend ist eine große Statue des noch jugendlichen Ramses, der sich hockend an die Brust eines Horusfalken schmiegt.

Saal 13: Herausragendes Ausstellungsstück ist die Israel-Stele, auf der erstmals der Stamm Israel erwähnt wird.

Obergeschoss
Saal 3, 7–10, 15, 20, 25, 30, 35, 40, 45: Grabschatz Tutanchamuns (s. S. 130).
Saal 13: Mumien aus Fayum mit aufgemalten Portraits aus der nachchristlichen römischen Zeit (sog. Fayum-Portraits). Anhand der Frisuren können Archäologen die Mumien datieren.
Saal 53: Tiermumien.
Saal 56: Mumiensaal mit Mumien von zwölf bekannten Pharaonen und Königinnen, dazu zählen die von Ramses II., gut erkennbar an der charakteristischen Hakennase; auch sein Vater, Sethos I., liegt hier zur letzten Ruhe sowie sein Nachfolger Merenptah. Thutmosis II. war der Bruder der legendären Pharaonin Hatschepsut, einer seiner Nachfolger, Thutmosis IV., liegt hier ebenfalls. Sekenenre II. starb eines gewaltsamen Todes während der Zweiten Zwischenzeit. Gut erhalten sind die balsamierten Körper von Amenophis I. und seiner Frau Meritamun.

Das Ägyptische Museum in Kairo lohnt durchaus einen mehrmaligen Besuch

Kairo

Die Nilinsel Gezira

Die Tahrir- oder auch Qasr el Nil-Brücke führt nahe dem Midan Tahrir auf die Nilinsel Gezira hinüber. Gezira bedeutet Insel und der Stadtteil auf der Insel heißt Zamalek.

Opernhaus **2** und Museum für moderne ägyptische Kunst **3**

Di–Do, Sa 10–14.30, 17–21 Uhr, 20 LE
Nahe der Südspitze liegt das Opernhaus mit dem Museum für Moderne Kunst, der Hanagar Art Gallery sowie verschiedenen Theatersälen. Den 30 Mio. US-$ teuren Komplex im islamischen Stil bauten und finanzierten die Japaner, 1988 wurde die Oper eingeweiht. In der Hanagar Art Gallery werden Wechselausstellungen gezeigt. Das Museum of Modern Egyptian Art beherbergt eine kleine permanente Ausstellung mit Arbeiten von ägyptischen Künstlern des 20. Jh.

Cairo Tower **4**

9–23 Uhr, 70 LE
Unübersehbar ragt der 185 m hohe Cairo Tower in Form eines Lotusstengels mit Blüte auf. Von oben hat man einen weiten Blick über die Metropole bis hin zu den Pyramiden. In das sich drehende Restaurant gelangt man nur, wenn man ein festes, überteuertes Menü akzeptiert.

Gezira Arts Centre und Museum für Islamische Keramik **5**

Bei Drucklegung geschlossen; moderne Galerie So–Do 10–14 Uhr, Eintritt frei
Das Museum für Islamische Keramik ist derzeit wegen Renovierungsarbeiten geschlossen. Im Untergeschoss befindet sich aber eine Galerie, in der zeitgenössische ägyptische Künstler ihre Gemälde, Skulpturen und Grafiken sowohl zeigen als auch verkau-

Unser Tipp

Shopping in Zamalek

Zamalek, die grüne Insel mitten in der Großstadt, ist als Wohnviertel bei ausländischen Diplomaten und Managern sowie betuchten Ägyptern beliebt. Kein Wunder, dass das Angebot in den vielen kleinen Läden europäischen Ansprüchen und Geschmack genügt. Allein in der El Mansour Mohamed St. reihen sich z. B. mehrere Geschäfte mit sehr schönen Wohnaccessoires aneinander.

Home and Beyond 1: 17 el Mansour Mohamed St., Tel. 012 23 29 78 30, homeandbeyond@voila.fr, tgl. 10–23 Uhr.

Sami Amin Accessories 2: 15 a El Mansour Mohamed St., Tel. 02 27 38 18 37 www.sami-amin.com.

Gallery Balady 3: 13 Elmansour Mohammad St., Tel. 012 79 42 03 00, baladystores@gmail.com, tgl. 11–23.30 Uhr.

fen. Das Gebäude ließ ein Mitglied der königlichen Familie im ausgehenden 19. Jh. als schönes Beispiel für ein orientalisches Haus errichten. Die modernen Skulpturen im Garten bilden einen reizvollen Kontrast.

Mahmud Khalil-Museum **6**

Di–So 10–17 Uhr, 25 LE
Nicht mehr auf der Insel, sondern im Stadtteil Dokki befindet sich die ehemalige Villa des reichen Baumwollhändlers und Politikers Mahmud Khalil, der hier zusammen mit seiner französischen Frau lebte. In dem Haus wird die Sammlung der Kunstmäzene ausgestellt: Gemälde von Edgar Degas, Paul Gauguin, Vincent van Gogh, Auguste Renoir, Claude Monet, Eduard Manet und Henri Tou-

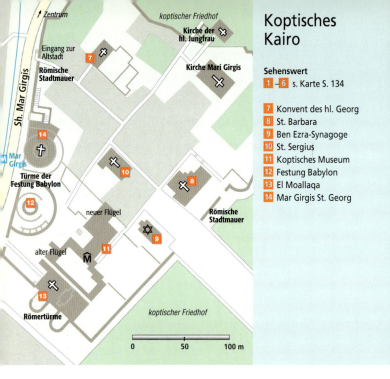

Koptisches Kairo

Sehenswert

- 1–6 s. Karte S. 134
- 7 Konvent des hl. Georg
- 8 St. Barbara
- 9 Ben Ezra-Synagoge
- 10 St. Sergius
- 11 Koptisches Museum
- 12 Festung Babylon
- 13 El Moallaqa
- 14 Mar Girgis St. Georg

louse-Lautrec sowie Skulpturen von Auguste Rodin und dazu kostbares chinesisches Porzellan.

Das koptische Kairo

Die koptischen Christen Ägyptens
Gins farauni, von den Pharaonen abstammend, so nennen die Muslime die ägyptischen Christen, die sich selbst als *gyptios* bezeichnen – was auf die griechische Namensgebung *aigyptioi* zurückgeht und einst die Bezeichnung für alle Ägypter war. Die Kopten sind stolz darauf, direkte Nachfahren der alten Ägypter zu sein.

Der Überlieferung nach soll der Evangelist Markus das Christentum in das Land am Nil gebracht haben. Zusammen mit Paulus missionierte Markus auf Zypern, überwarf sich aber dort mit seinem Glaubensbruder und erreichte 42 n. Chr. Alexandria. Der Legende zufolge wurde Markus erster Bischof der Hafenstadt und fand hier den Märtyrertod.

Die christliche Gemeinde erstarkte in den folgenden Jahrhunderten deutlich. Neben Rom, Byzanz und Antiochia entwickelte sich Alexandria zu einem bedeutenden Zentrum des neuen Glaubens. Im 5. Jh. erschütterten dann heftige theologische Dispute die Einheit der Kirche.

Um die Streitigkeiten beizulegen, rief Kaiser Markianos 451 das Vierte Ökumenische Konzil von Chalkedon am Bosporus zusammen, das jedoch keine Einigung brachte. Die koptischen Christen verließen die Reichskirche und begrüßten etwa 200 Jahre

Kairo

später die islamischen Eroberer als Befreier. Doch auch die neuen Herren beuteten das Land aus. Wer nicht zum Islam konvertierte, hatte eine Sondersteuer zu zahlen, die sogenannte *djiza*, wurde durch Kleidervorschriften diffamiert und war in Erb- und Rechtsangelegenheiten benachteiligt, die Klöster wurden geschlossen.

Erst unter den Osmanen (1517–1798) wurden die Kopten als Glaubensgemeinschaft wieder zugelassen und durften neue religiöse und soziale Einrichtungen gründen. Muhammad Ali, der Pionier des modernen Ägypten, baute mit Hilfe der Kopten eine funktionstüchtige Administration auf. Die ägyptischen Christen gelangten somit zu Einfluss und Wohlstand. Ihr hohes Bildungsniveau sicherte ihnen bis in die erste Hälfte des 20. Jh. weitere Aufstiegsmöglichkeiten in der Verwaltung. Nach der Revolution im Jahr 1952 sah man in den Kopten deswegen die Repräsentanten des alten Regimes.

Das heutige Leben der rund 5 Mio. ägyptischen Christen ist wieder von Unterdrückung geprägt. Artikel 1 der ägyptischen Verfassung bestimmt, dass »der Islam die Religion des Staates ist«, und in Artikel 2 heißt es, dass die Gleichheit aller Bürger garantiert werden müsse, allerdings in »Übereinstimmung mit den Vorschriften der islamischen Gesetzgebung«. Mit dem Erstarken islamistischer Gruppierungen nach der Revolution von 2011 wird diese Tendenz noch verstärkt. Trotzdem sind die persönlichen Beziehungen zwischen Kopten und Muslimen traditionell gut und von gegenseitigem Respekt geprägt.

Verständlich, dass sich die Kopten durch diese Bestimmungen herabgesetzt und in ihrer persönlichen Freiheit beeinträchtigt fühlen. Kopten haben keinen Zugang mehr zu öffentlichen Ämtern, sie dürfen nicht missionieren und neue Kirchen nur mit staatlicher Erlaubnis errichten. Allerdings stärkt dieser äußere Druck den inneren Zusammenhalt: Die koptische Sprache wird intensiver als früher gepflegt und noch nie gab es so viele Bewerber für ein Theologiestudium an der Kairoer Akademie.

Rundgang

Schnell und bequem ist das südlich des Zentrums gelegene, auch Masr el Qadima (Alt-Kairo) genannte Viertel, das ausnahmslos von christlichen Kopten besiedelt ist, mit der Metro zu erreichen (Helwan-Linie). Der Zielbahnhof Mar Girgis liegt vor den Türmen der Festung Babylon.

Zur Besichtigung des Stadtteils wendet man sich am Bahnhof nach links und erreicht nach etwa 100 m eine abwärts führende Treppe, die in einer Gasse endet.

Konvent des hl. Georg 7
Tgl. 9–16 Uhr
Schon nach wenigen Schritten liegt linker Hand der Konvent des hl. Georg, bewohnt von etwa 30 Nonnen. Der älteste Teil des Gebäudes, eine schmale, hohe Halle, datiert aus dem 10. Jh. und ist der letzte Rest eines fatimidischen Hauses. In der Kapelle gegenüber werden in einem hölzernen Schrein die Reliquien des heiligen Georg aufbewahrt.

St. Barbara 8
Tgl. 9–16 Uhr
Die Kirche der hl. Barbara (Sitt Barbara) war einmal eine der größten und schönsten in Ägypten. Das ursprünglich im 4. Jh. errichtete koptische Gotteshaus wurde den Märtyrern Cyrus und Johannes geweiht. Die beiden

Kairo und Umgebung

Kämpfer für den christlichen Glauben hatten versucht, den Provinzgouverneur zum Christentum zu bekehren. Das Unterfangen scheiterte jedoch und der Statthalter verurteilte beide zum Tode durch das Schwert. Bei drei Hinrichtungsversuchen hielt aber Gott seine schützende Hand über die Standhaften, ehe das Urteil vollstreckt werden konnte. Einige Gläubige erbauten über dem Grab des hl. Cyrus eine Kirche, die nach deren Zerfall ein reicher Schreiber 684 neu errichten ließ; aber schon 66 Jahre später zerfiel die Gedenkstätte beim großen Brand von Fustat in Schutt und Asche.

Im 11. Jh. wurde die Kirche wieder aufgebaut, wenig später überführte man die sterblichen Überreste der hl. Barbara – die von ihrem Vater getötet wurde, als sie ihn zum christlichen Glauben bekehren wollte – an diesen Ort. Das Gotteshaus hat einen basilikalen Grundriss, die drei östlichen Kapellen werden von einer Ikonostasis aus dem 13. Jh. mit Elfenbeinintarsien abgeschlossen. Links vom Chor befinden sich zwei weitere Kapellen, die den Märtyrern geweiht sind, sowie das Baptisterium.

Ben Ezra-Synagoge 9

Tgl. 9–16 Uhr

In der von außen unscheinbar wirkenden Ben Ezra-Synagoge wurde um 1900 eine bedeutende archäologische Entdeckung gemacht. Bei Restaurierungsarbeiten fand man die sogenannten Geniza-Dokumente, zahlreiche mittelalterliche Schriftstücke (Geburts-, Heirats- und Todesanzeigen, Geschäftsbriefe, Geldforderungen und Rechnungen), die den Alltag der jüdischen Gemeinde in Kairo und ihre auswärtigen Beziehungen dokumentierten. In seinem 1994 erschienenen Roman »In einem alten Land« weiß Amitav Gosh viel über die Handelsbeziehungen der

jüdischen Kaufleute Kairos zu berichten.

Die Synagoge ist die älteste jüdische Gebetsstätte Ägyptens und soll – der Überlieferung nach – seit den Zeiten Moses bestehen. Die ältesten Gebäudeteile aus dem 8. Jh. gehörten einst zur Kirche des hl. Michael. Im Chor befinden sich, durch Glas geschützt, alte Schriftrollen in verzierten silbernen Dosen. Nachdem die Synagoge im 12. Jh. zerstört wurde, ordnete der damalige Rabbi von Jerusalem, Ben Ezra, ihren Wiederaufbau an.

St. Sergius 10

Tgl. 8–16 Uhr

Die Kirche des hl. Sergius (Abu Serga) ist den beiden römischen Märtyrern Sergius und Bacchus geweiht, die in Syrien für den christlichen Glauben in den Tod gingen. Der älteste Teil des Gebäudes aus dem 5. Jh. wurde über der Höhle errichtet, in der sich die hl. Familie nach ihrer Flucht gen Ägypten versteckt haben soll. Im 8. Jh. brannte das Gotteshaus nieder, wurde aber sogleich restauriert. Da sich in dem vergangenen Jahrtausend das Bodenniveau deutlich erhöhte, hat es den Anschein, als sei das Gotteshaus in die Erde regelrecht eingesunken.

Alljährlich am 1. Juni hält die koptische Gemeinde in St. Sergius einen Gottesdienst zum Gedenken an die biblische Flucht nach Ägypten ab. Vor dem Mittelschiff befindet sich ein Bassin, das einst am Epiphaniasfest für die Fußwaschungen diente. Das Hauptschiff ist durch fünf antike Säulen auf jeder Seite von den Seitenschiffen abgetrennt, dort sowie auf der Empore konnten früher die Frauen am Gottesdienst teilnehmen; in der Apsis befindet sich ein Baptisterium. Eine Treppe führt in eine Krypta hinunter, den mutmaßlichen Zufluchtsort der hl. Familie.

Kairo

Traditionsreiche Zeremonie bei einer koptischen Ostermesse in Kairo

Koptisches Museum 11
Tgl. 9–17 Uhr, 50 LE
Marcos Smaika, ein reicher Kopte, gründete 1910 das Koptische Museum und trug eine Vielzahl an Schätzen zusammen. Das Museum zeigt heute koptische Stein- und Metallarbeiten, alte Manuskripte, Holz-, Ton- und Glasexponate, die aus der griechisch-römischen Zeit um 300 bis hinein in die muslimische Zeit bis ca. 1000 datieren.

Festung Babylon 12
Ein schattiger Park vor dem Haupteingang des Museums lädt zum Verweilen ein (mit Café) und gibt den Blick frei auf die beiden römischen Türme der Festung Babylon, die unter den Kaisern Trajan (98–117 n. Chr.) und Hadrian (117–138 n. Chr.) erbaut wurden. Auf dem rechten Turm wurde die Kirche St. Georg errichtet. Ausgrabungen bei den beiden Festungstürmen ergaben, dass sich etwa 6 m unter dem derzeitigen Niveau einst ein Nilhafen befand, heute fließt der Strom rund 400 m weiter westlich.

El Moallaqa 13
Tgl. 9–16 Uhr
Die Kirche el Moallaqa, die auch als ›die Hängende‹ bezeich- ▷ S. 145

Auf Entdeckungstour: Mit der Feluke zur Goldinsel (Gezirat al Dahab)

Die Fahrt auf einer Feluke auf dem längsten Fluss der Erde, vorbei an der Skyline einer der größte Städte der Welt, ist ein Erlebnis, das man nicht so oft in seinem Leben hat. Das sollte man keinesfalls versäumen!

Planung: Gegenüber der Südspitze der Insel Gezira, vor dem Nile Hotel, dem Semiramis oder auch dem Shepheards, liegen am Ufer viele Feluken, deren Kapitäne auf segelfreudige Besucher warten. Bei den Preisverhandlungen sollte man als Ziel die Gezirat al Dahab angeben und dem Kapitän auch mitteilen, ob man den Manial Palast und Nilometer sowie das Umm Kalthum-Museum (s. S. 92) besichtigen möchte. 5–6 Std. sollte man schon einplanen, wobei der Wind natürlich die Zeit vorgibt.

Im Zentrum der Metropole ist es erstaunlich beschaulich, vor allem, wenn man aufs Wasser hinausfährt. Am Nilufer neben dem noblen Wohnviertel Garden City reihen sich große Hotels aneinander, und hier legen auch die Feluken ab. Schräg rechts gegenüber ist die Südspitze der Insel Gezira zu sehen, mit der Oper und dem Fernsehturm.

Roda

Gleich links, nur durch einen schmalen Kanal vom Ufer getrennt, liegt Roda. Vor rund 100 Jahren bezeichnete man das Eiland noch als Garteninsel. Damit ist es schon lang vorbei, bis auf den letzten Quadratmeter ist auch hier alles bebaut. Mit Ausnahme des Areals vom einstigen **Manial Palace**, der heute zur Besichtigung steht (tgl. 9–16 Uhr, 10 LE). Das hochherrschaftliche Anwesen ließ sich 1903 Prinz Muhammad Ali, der Onkel des von Nasser abgesetzten Königs Faruk erbauen, und der scheute keine Kosten. Jeder Teil des Palastes huldigt einem anderen Baustil – persisch, türkisch, syrisch, maurisch und auch westlicher Rokoko sind vertreten. Neben den Privatgemächern des Prinzen gibt es einen Thronsaal zu bestaunen, ein Jagdmuseum mit den Trophäen des Adligen, ein privates Museum mit Dokumenten zur Familiengeschichte sowie eine Moschee, die jener auf der Zitadelle nachempfunden ist.

Langsam gleitet die Feluke zwischen dem westlichen Ufer und der Insel weiter. An der Südspitze von Roda kann man für eine kurze Besichtigung haltmachen, denn hier ragt unübersehbar das vor einigen Jahren restaurierte **Nilometer** (tgl. 9–16 Uhr, 15 LE) auf, mit dem jedes Jahr im August, wenn die Flut ihren Höhepunkt erreicht hatte, der Wasserstand gemessen und damit die Besteuerung festgelegt wurde. 16 Ellen verhießen eine sichere Ernte, leider auch hohe Steuern. Da sich hierher nur wenige Besucher verirren, muss man erst einmal nach dem Kustos rufen oder sich anderweitig bemerkbar machen, bis man ins Innere vordringen kann. Es gab an dieser Stelle schon in pharaonischer Zeit einen Nilstandsmesser, die aktuelle Anlage datiert aus dem Jahr 861, der oberirdische, im türkischen Stil errichtete Kiosk ist eine moderne Replik, die in den 1940er-Jahren errichtet wurde.

Drei unterschiedlich hoch angebrachte Tunnel ließen das Nilwasser in den Messbrunnen laufen, an einer hinabreichenden Skala konnte dann die Fluthöhe gemessen werden. Koranverse im Innern bitten Allah um eine segenreiche Flut. Der Wasserstand wurde öffentlich bekannt gegeben und ein jeder wusste nun genau, wie sehr ihm der Staat in die Tasche greifen würde.

Auf dem Areal des Nilometers befindet sich auch das **Umm Kalthum-Museum** (tgl. 10–16 Uhr, 5 LE), das die 1975 verstorbene, bis heute herausragende Sängerin der arabischen Welt mit vielen Memorabilien ehrt, darunter Dankes- und Bewunderungsbriefe der orientalischen Despoten des 20. Jh., alte Wachs- und Schellack-Schallplatten, audiovisuelle Musik-Clips und Filmausschnitte, viele Fotos und Zeitungsartikel sowie ihre lebenslangen Markenzeichen – der pinkfarbene Kopf- und Schulterschal und die große dunkle Brille.

143

Die Goldinsel

Weiter gleitet die Feluke langsam an Alt-Kairo, dem koptischen Viertel der Metropole, vorbei. Am späten Nachmittag werden die Wasserbüffel in den Fluss getrieben, dazwischen planschen die Kinder ausgelassen im Strom, und am Ufer sitzen die Frauen in Gruppen zusammen und waschen in großen, runden Aluminiumpfannen die Wäsche der Familien. Die beiden weit über die Palmen hinausragenden Glocken- und Gebetstürme der koptischen Kirche und der muslimischen Moschee – letzterer natürlich höher – klären über die Konfession der Fellachen-Bewohner auf, die hier alle Arten von Gemüse für die Metropole Kairo anbauen.

Man kann einen Spaziergang durch das Dorf und vorbei an den Feldern über die Insel machen, auf der seit 2004 die Konferenz der Schweizer Städte für Kulturfragen (KSK) drei Ateliers und Räumlichkeiten für Schweizer Künstler zur Verfügung stellt, in denen diese jeweils ein halbes Jahr lang leben und arbeiten können.

Wer nach der Felukenfahrt noch das koptische Kairo sehen möchte, der kann sich auf der Rückfahrt auf Höhe der Insel Roda vom Felukenkapitän an Land setzen lassen und seinen Besichtigungsgang in Alt-Kairo fortsetzen.

Vor einigen Jahren restauriert: der historische Nilometer Kairos

net wird, da sie auf den Resten der südwestlichen römischen Bastionen errichtet wurde, war bereits im 7. Jh. Bischofskirche der Kopten. 200 Jahre später zerstört und im 11. Jh. wieder aufgebaut, gilt sie seit jener Zeit als Gotteshaus des koptischen Patriarchats. Eine breite hohe Treppe führt auf die barock gestaltete Eingangsfassade zu. Antike Säulen mit spitzbogigen Arkaden gliedern die Schiffe. Die drei östlichen Kapellen – dem hl. Georg, Christus und Johannes dem Täufer geweiht – sind durch eine Ikonostasis mit Elfenbeinintarsien in Ebenholz unten und Heiligenbildern auf Goldgrund oben abgetrennt.

Mar Girgis St. Georg 14
Tgl. 9–16 Uhr
Von der Hauptstraße Mar Girgis Street führt eine breite Treppe hinauf zur Kirche Mar Girgis St. Georg, dem einzigen Gotteshaus Ägyptens auf rundem Grundriss, dessen Außenmauer mit einem markanten Relief des Drachentöters geschmückt ist. Im Innern links hinter dem Eingang befindet sich unter einem Baldachin ein großes silbernes Relief des hl. Georg, umgeben von weiteren christlichen Motiven. Der Kirche ist das gleichnamige Kloster angeschlossen, das auch das koptische Patriarchat von Alexandria beherbergt.

Fustat und die Amr Ibn el As-Moschee

Sonnenauf- bis Sonnenuntergang
Nur wenig nördlich des koptischen Kairos liegen die Ruinen von Fustat. Hier befand sich im 8. Jh. das Heerlager des muslimischen Eroberers Amr Ibn el As, der auch die nach ihm benannte Moschee errichten ließ. Die islamische Gebetsstätte – die älteste von ganz Af-

rika – ist nicht mehr im Originalzustand erhalten, sie wurde über die Jahrhunderte immer wieder zerstört, neu aufgebaut und restauriert.

Ein Großteil der Bausubstanz datiert aus dem 15. Jh. Die Moschee hat einen Grundriss von 110 x 120 m, mehrschiffige Arkadenhallen begrenzen auf allen vier Seiten den Innenhof, in dessen Mitte das Brunnenhaus steht. Rund 150 Säulen aus antiken römischen und koptischen Spolien tragen das Dach, die Architrave sind mit reichen Schnitzereien verziert.

Neben der Amr-Moschee erstreckt sich ein Töpferviertel, in dessen etwa 60 Brennöfen *qulla* genannte Wassergefäße hergestellt werden, die in den alten Stadtvierteln Kairos noch immer Verwendung finden. Durch die porösen Außenwände der unglasierten Tonkrüge verdunstet nach und nach ein (kleiner) Teil der Flüssigkeit – ein physikalischer Vorgang, der das Wasser angenehm kühl hält.

Das islamische Kairo

Jedes alte Viertel Kairos (Karte S. 146) gliedert sich in eine Straße *(sharia)* und in viele Gassen *(hara)* (s. S. 51). Etwa in der Art von Hinterhöfen bilden die kleinsten Gassen einen Übergang zwischen öffentlichem Raum und Privatsphäre. Entsprechende Zurückhaltung ist (v. a. für Männer) angebracht; wenn man neugierig schauen oder auch fotografieren möchte: Ein nettes Grüßen und Lachen und z. B. fragend auf die Kamera zeigen funktioniert meist auch ganz ohne Sprachkenntnisse. Ein »Nein« sollte man dann aber auch ohne Groll akzeptieren.

Die meisten Moscheen sind täglich von Sonnenauf- bis -untergang geöffnet, während der Gebetszeiten haben

Islamisches Kairo

Sehenswert

1 – 14 s. Karte S. 134 und
S. 138

15 Ibn Tulun-Moschee

16 Gayer Anderson-Museum

17 Muhammad Ali-Moschee

18 Sultan Hassan-Moschee

19 Rifai-Moschee

20 Museum für Islamische
Kunst

21 Bab Zuweila

22 Muayyad-Moschee

23 Bab el Futuh

24 Hakim-Moschee

25 Beit Suheimi

26 Basar Khan el Khalili

27 Hussein-Moschee

28 Al Azhar-Moschee und
Al Azhar-Universität

Essen & Trinken

1 Café Fishawi

nicht muslimische Besucher keinen Zutritt. Man kann die Schuhe am Eingang abgeben oder mit sich herumtragen, bei kleineren Moscheen ist es üblich, sie einfach vor der Tür stehen zu lassen. Frauen sollten ein Kopftuch tragen. Einige Moscheen mit Eintrittsgebühren für Ausländer haben feste Öffnungszeiten.

Ibn Tulun-Moschee 15

Die Ibn Tulun-Moschee ist an ihrem schneckenförmigen Minarett gut erkennbar. Ahmed Ibn Tulun, der von der Zentralregierung in Bagdad 868 als Gouverneur von Fustat eingesetzt wurde, erklärte sich zwei Jahre später für unabhängig und rief die Dynastie der Tuluniden aus, die bis 905 an der Macht blieb. Der Statthalter gründete rund um die neue Moschee die Stadt El Katai an einem damals sagenumwobenen Ort: Überlieferungen zufolge strandete hier Noahs Arche, sollte Abraham hier seinen Sohn opfern, demütigte Moses hier mit Gottes Hilfe die Magier des Pharao.

Die zwischen 876 und 879 unter Leitung eines christlichen Architekten erbaute Ibn Tulun-Moschee ist nach der Amr-Moschee die älteste islamische Gebetsstätte Kairos. Einer Legende zufolge soll Ibn Tulun die ungewöhnliche Minarettform selbst entwickelt haben: Der Herrscher sei eines Tages von einem seiner Höflin-

ge dabei überrascht worden, wie er gedankenverloren ein Blatt Papier um seine Finger wickelte. Auf dessen despektierliche Bemerkung über die Mußestunde des Regenten antwortete dieser, er habe soeben die Form des Minaretts entwickelt. In Wirklichkeit dürfte der eigenartige Minaretttypus auf das Vorbild der abbasidischen Großen Moschee in Samarra (Mesopotamien, heute Irak) zurückgehen.

Das quadratische Areal ist von einer äußeren Mauer mit 162 m Seitenlänge und einer inneren mit 92 m Seitenlänge umgeben, der dazwischen liegende Umgang diente als eine Art ›Reinigungsschleuse‹, in der die Gläubigen die ›profane Aura‹ der Außenwelt symbolisch abstreifen konnten. Von hier ist auch das Minarett erreichbar, 170 Stufen führen auf die Plattform, von der man einen guten Blick auf das Treiben in den umliegenden Gassen und auf die Zitadelle mit der Muhammad Ali-Moschee hat.

Beim Abstieg gelangt man auf das Flachdach der Säulenhallen, kann darauf entlangspazieren und in den großen Innenhof mit dem zentralen Brunnenhaus blicken. Die Ostseite des großen Hofes begrenzt das von Säulen gegliederte fünfschiffige Heiligtum mit der Gebetsnische, der Freitagskanzel und dem Podest für den Vorbeter. Die drei weiteren Seiten des

Lieblingsort

Die Ibn Tulun-Moschee
[15] – Oase der Ruhe im Gassengewirr

Der Hektik der Kairoer Altstadt entkommt man in den zahlreichen Moscheen. In der Ibn Tulun-Moschee, der flächenmäßig größten Moschee Kairos, kann man das Schneckenminarett erklimmen, um dessen Entstehung sich zahlreiche Legenden ranken (s. S. 146). Im Schatten des Kolonnadenumgangs lässt sich entspannt die weitere Route für den Tag planen: Als Nächstes ein **Blick ins Gayer Anderson-Museum** [16] nebenan (s. S. 150) – oder doch besser zurück in den Laden und um die tolle Lampe feilschen?

Kairo und Umgebung

Die Muhammad Ali-Moschee, auch Alabaster-Moschee genannt, im Zitadellenviertel

Hofes sind von zweischiffigen Seitenflügeln umgeben. In der Mitte des großen Hofareals steht das *hanafiya*, das Brunnenhaus.

Gayer Anderson-Museum 16
Tgl. 9–16.30 Uhr, 30 LE
Auf keinen Fall sollte man einen Besuch des Gayer Anderson-Museums versäumen (vom äußeren Umgang der Ibn Tulun-Moschee zu erreichen). Hier bietet sich die Möglichkeit, zwei miteinander verbundene, vollständig möblierte Patrizierhäuser des 16. und 17. Jh. mit all ihren architektonischen Geheimnissen kennenzulernen: verwinkelte Gänge und Treppenhäuser, mit Mashrabiya-Gittern geschützte Terrassen, den zentralen Saal umlaufende Galerien und ein mit Marmor verzierter Springbrunnen. Auch im Innenhof, zu dem sich eine Loggia öffnet, steht zur Kühlung ein Brunnen, alte Holzgitter (Mashrabbiya) unterteilen einen Dachgarten. Einige Szenen des James Bond-Films »Der Spion, der mich liebte« von

Kairo

1977 wurden im Gayer Anderson-Museum gedreht.

Die Zitadelle
Tgl. 8–17 Uhr, 50 LE
Von der Ibn Tulun-Moschee erreicht man nach etwa 15 Min. Fußweg den Midan Salah el Din, an dem die mächtige Zitadelle aufragt. Der Eingang zur Zitadelle befindet sich auf der Rückseite – etwa 1,5 km rechts um die Mauer herum – und führt teilweise unschön entlang der Stadtautobahn.

Mit dem Bau der Zitadelle begann Saladin im Jahre 1176. Strategisch günstig zwischen Fustat und dem von den Fatimiden gegründeten El Qahira gelegen, beherrschte die Festung beide Ansiedlungen. In den folgenden Jahrhunderten wurde die Anlage erweitert und umgebaut. Erst 1984 räumte das Militär das Areal und die renovierten Gebäude wurden der Öffentlichkeit zugänglich gemacht.

Innerhalb der Festungsmauern befinden sich die Muhammad Ali-, die Sultan an Nasir- und die Suleiman Pasha-Moschee, der sogenannte Josefsbrunnen, der Harim- und Gawhary-Palast sowie ein Militär- und ein Polizeimuseum.

Muhammad Ali-Moschee [17]
Sieht man einmal von den eindrucksvollen Wallmauern und Bastionen ab, ist die Muhammad Ali-Moschee, wegen ihrer Wandverkleidung auch Alabastermoschee genannt, die herausragende Sehenswürdigkeit auf der Zitadelle. Muhammad Ali, ein Albaner im Dienst der Osmanen, übernahm 1805 die Macht im Nilland und wurde 1806 vom Sultan als Statthalter anerkannt. Fünf Jahre später ließ er in der Zitadelle 400 Mamelucken-Führer liquidieren. Nachdem er auf diese Weise seine Oberhoheit gesichert hatte, leitete er die Modernisierung des Landes ein. 1824 begannen die 24 Jahre dauernden Arbeiten an der Moschee, für die die Sultan Ahmed-Moschee in Istanbul – besser bekannt als Blaue Moschee – als Vorbild diente.

Der von Arkadengängen gesäumte, 52 x 54 m messende Innenhof wird im Zentrum von einem Reinigungsbrunnen geschmückt. An der Westseite des Hofes erhebt sich ein Uhrturm. Der Chronometer war ein Geschenk des französischen Königs Louis Philippe an Muhammad Ali, nachdem dieser den Franzosen den Obelisken übereignet hatte, der sich noch heute auf der Place de la Concorde in Paris erhebt. Die beiden ›Bleistift-Minarette‹ der Moschee sind 82 m hoch.

Der Marmorsarg des Stifters steht rechts vom Eingang, ein vergoldetes Bronzegitter hält Besucher jedoch auf Abstand. Im Inneren ist die Moschee mit Teppichen ausgelegt und lädt zu einer Rast ein, die Wände sind mit Alabaster verkleidet. Zahlreiche Leuchten und Ampeln hängen von der Decke und spenden gedämpftes Licht. Eine mächtige, 52 m hohe und 21 m im Durchmesser zählende, reich verzierte Zentralkuppel ist von vier Halbkuppeln und vier weiteren kleineren

Unser Tipp

Blick von der Zitadelle
Für einen schönen Blick über die islamische Altstadt von Kairo und nach Westen bis zu den Pyramiden lohnt sich der Weg hinauf zur Zitadelle. Freitags sind deren Höfe und Terrassen bei Einheimischen für Picknick und Familienfreizeit beliebt, allerdings sind dann auch die Museen und Moscheen über die Mittagszeit geschlossen.

Kairo und Umgebung

Kuppeln umgeben. Eine weitere kleine Kuppel krönt den Mihrab, der die Gebetsrichtung gen Mekka anzeigt, daneben steht der Minbar, die Freitagskanzel.

Sultan Hassan- und Rifai-Moschee
Sa–Do 8–16, Fr 8–11.30, 14–16 Uhr, Kombiticket 40 LE

Die beiden großen Moscheen am Midan Salah El Din sind durch ein Tor vom Platz aus zugänglich; die zwischen ihnen verlaufende Straße ist für den Verkehr gesperrt. Die zwischen 1356 und 1363 errichtete **Sultan Hassan-Moschee** [18], eine der eindrucksvollsten Gebetsstätten Kairos, wurde aus den Hinterlassenschaften der Opfer der Pestepidemie von 1348 finanziert. Sultan Hassan erlebte die Fertigstellung nicht mehr, bereits 1361 fiel er einem Mordanschlag zum Opfer. So liegt er auch nicht in seiner Moschee begraben, vielmehr enthält der Sarkophag die sterblichen Überreste seiner beiden Söhne.

Nach Durchschreiten des Hauptportals, das mit einer Stalaktitenwölbung verziert ist, gelangt man durch eine Vorhalle, ein Vestibül und einen Korridor in den hellen, lichtdurchfluteten *sahn*, den 35 x 32 m großen Innenhof, in dessen Mitte der Reinigungsbrunnen steht. Vier Seitenflügel umgeben den Innenhof. Der südöstliche ist mit Marmor verkleidet, der weiße Gipsfries ist mit kalligrafischen Lettern in Kufi-Schrift verziert. Eine Gebetstribüne, der Minbar, die Freitagskanzel und die Gebetsnische gen Osten, der Mihrab, vervollständigen die Einrichtung. Zwei Türen führen in das quadratische, 21 x 21 breite und 28 m hohe Mausoleum des Stifters mit dem Sarkophag. Durch ein großes vergittertes Fenster hat man einen schönen Blick auf die Zitadelle.

Die **Rifai-Moschee** [19] wurde um 1912 von dem Khediven Ismail als Grablege für die ägyptischen Könige über der letzten Ruhestätte des Scheichs Ali ar Rifai errichtet. Hier ruhen in prachtvoll verzierten Sarkophagen neben den Familienmitgliedern Ismails der 1936 verstorbene Herrscher Fuad und der 1965 verstorbene König Faruk. Die Moschee beherbergt auch das Grab von Reza Pahlavi, dem letzten iranischen Schah, der nach seinem Sturz durch Ayatollah Khomeini 1979 ins ägyptische Exil ging und am 27. Juli 1980 in Kairo starb.

Museum für Islamische Kunst [20]
Tgl. außer Fr 9–16 Uhr, 30 LE

Der Rundgang führt weiter Richtung Norden, die Sharia El Qala'a entlang, die dann zur Sharia Muhammad Ali wird und am Midan Bab el Khalk endet. Hier hat das Museum für Islamische Kunst seinen Sitz. Zu den rund 80 000 Exponaten zählen archäologische Fundstücke vor allem aus Fustat, alte Koranhandschriften, Keramik, Wappen, Wandteppiche, Schwerter einstiger Sultane, Steinmetz- und Holzarbeiten, Bücher und Folianten. Besonders wertvoll: Ein goldener Schlüssel für die Kaaba in Mekka. Wer dem Spaziergang weiter folgen will, wendet sich nach Verlassen des Hauses nach Osten und spaziert die Sharia Ahmed Maher entlang der alten Stadtmauer bis zum Bab Zuweila.

Bab Zuweila [21]
Tgl. 8.30–17 Uhr, 15 LE

Wer den Abstecher zum Museum nicht macht, biegt nach ca. 300 m auf der Sharia al Qala'a nach rechts in die erste größere Gasse ab. Diese Basarstraße ist rechts und links mit Lebensmittelständen aller Art gesäumt und man bahnt sich seinen Weg durch das Gewühl der zumeist weiblichen Käufer. Nach ca. 10

Kairo

Min. ist das Bab Zuweila, das südliche Stadttor des frühen El Qahira, erreicht. 1092 errichteten die Fatimiden den Durchgang mit den beiden weithin sichtbaren Minaretten. 1517 erhängten die osmanischen Eroberer den letzten Mamelucken-Sultan im Torbogen – offenbar eine qualvolle Prozedur, denn die Überlieferung berichtet, dass das Seil zweimal riss, bevor der Mamelucke starb.

Die Minarette über dem Tor gehören zur **Muayyad-Moschee** 22 , die sich gleich links hinter dem Tordurchgang anschließt. Erbaut wurde sie 1415 vom gleichnamigen Sultan. Vor seiner Regierungszeit (1412–1421) war Muayyad dort inhaftiert gewesen. Sollte er je zu Macht und Ansehen gelangen, so hatte er geschworen, werde er an gleicher Stelle eine Gebetsstätte stiften. Die Moschee selbst ist heute geschlossen.

Über eine Treppe links im Torturm kann man auf das Tor und bis zu den Minaretten hinaufsteigen, von wo aus sich ein guter Blick über die quergestreifte Moschee und die Sharia Al-Muizz, die Hauptgeschäftsstraße der islamischen Altstadt, bietet.

Bab el Futuh 23 und Hakim-Moschee 24

Nach etwa 20 Min. Fußweg Richtung Norden, entlang vieler Marktstände und durch dichtes Fußgängergewühl, vorbei an kleineren Moscheen oder einstigen öffentlichen Brunnen *(sabil)* mit angeschlossener Koranschule – die viel befahrene Al Azhar-Straße kreuzt man auf einer Fußgängerbrücke –, erreicht man die mächtigen Wälle der alten Stadtmauer mit dem Bab el Futuh, dem Tor der Eroberungen. Das umliegende Viertel Gamaliya zählt zu den ältesten der Metropole. Seinen Namen erhielt der Bezirk nach dem Wesir Badr el Gamali, der vor 900

Jahren den Bau der Mauer vorantrieb. Zu Gamalis Zeit war der Befestigungsgürtel noch etwa 4 m höher als heute.

Rechts vom Tor erhebt sich die **Hakim-Moschee.** Während der Kreuzfahrerzeit hielt Saladin hier Christen gefangen, danach nutzte man das Gebäude als Stall, unter Napoleon fungierte es als Warenmagazin, Nasser ließ hier eine Knabenschule unterbringen. Wie Ibn Tulun auch ist diese Gebetsstätte eine Hof-Hallenmoschee, deren zentraler Hof an allen vier Seiten von Arkadengängen umgeben ist und in der Mitte von einem Reinigungsbrunnen geschmückt wird.

Beit Suheimi 25
Tgl. 9–17 Uhr, 30 LE

Kurz vor der Hakim-Moschee zweigt nach rechts die Gasse Darb al Asfar ab (Wegweiser zum Beit Suheimi; an der Ecke ein Fischrestaurant). Drei zusammenhängende Häuser auf der linken Seite sind umfassend restauriert und können besichtigt werden. Man betritt die Gebäude durch den Torbogen des Beit Suheimi und gelangt von dort aus auch in die benachbarten Bet Kharazati und Bet Ga'afer. Wie das Gayer Anderson-Museum (vgl. S. 150) bieten auch diese alten orientalischen Gebäude Gelegenheit, den Wohn- und Lebensstil der ehemaligen vermögenden Oberschicht zu studieren.

Basar Khan el Khalili 26

Mitten im islamischen Viertel befindet sich der Midan Hussein mit der 1154 errichteten **Hussein-Moschee** 27 , die zu betreten Nicht-Muslimen untersagt ist. Unter der großen Kuppel befindet sich in einem heiligen Silberschrein eine Reliquie, bei der es sich um den Schädel des dritten Imam Hussein Ibn Ali handeln soll, der 680 in der Schlacht von Kerbela (Mesopotamien) den Tod fand.

153

Lieblingsort

Orientalisches Flair
Im labyrinthischen Gassengewirr von Kairos **Basar Khan el Khalili** 26 findet sich die ganze orientalische Pracht, die man aus Tausendundeine Nacht zu kennen glaubt. Aber nicht nur Touristen erstehen hier ihre Souvenire, auch die Ägypter decken sich im Khalili mit frischem Obst und Gemüse ein, und Hochzeitspaare kaufen das *shabka,* den goldenen Brautschmuck. Hier gibt es schlicht alles, was das Morgenland zu bieten hat.

Kairo und Umgebung

Westlich der Moschee breitet sich das Labyrinth des berühmten Khan el Khalili-Basars aus, der auf das Jahr 1382 zurückgeht. Hier gründete Khalili, der Stallmeister des Sultans, eine Karawanserei und fortan wurden hier Waren im- und exportiert, umgeschlagen und verkauft. Der Suq (pers.: *basar*) ist heute natürlich auch auf Touristen eingerichtet. Die vielen kleinen Läden sind nicht nur Verkaufsräume, sondern auch Werkstätten, in denen die Kunsthandwerker arbeiten. Holzschnitzer arbeiten Intarsien aus Elfenbein und Perlmutt ein, Gold- und Silberschmiede fertigen Schmuck, Metallhandwerker bearbeiten Kupfertabletts, Schneider nähen festlich verzierte *gallabiyas* und Parfümeure mischen Essenzen zu wohlriechenden Düften.

Al Azhar-Moschee und Al Azhar-Universität 28

Sa–Do 9–16, Fr 9–11.30, 14–16 Uhr

Vom Midan Hussein liegt nur einen Steinwurf südlich die Al Azhar-Moschee, die man erreicht, nachdem die vielbefahrene Sharia al Azher in einem Tunnel unterquert wurde.

Die Al Azhar-Moschee und -Universität wurde 970 gegründet und gehört zu den ältesten Medresen der Welt. Für die Sunniten ist sie eine der renommiertesten islamischen Uni-

Entspannung von der Großstadt: Caféterrasse im Al Azhar-Park

Kairo

Unser Tipp

Café Fishawi [1]
An der Südseite des Midan Hussein, nahe dem Haupteingang der Hussein-Moschee, findet man in den Arkadengängen kleine Cafés und einfache Restaurants. Von dort kann man das quirlige Leben auf dem Platz beobachten. Eine Passage führt von den Arkadengängen in das schmale und lange Fishawi, ein traditionsreiches Café im heiligen Bezirk, das 24 Std. am Tag geöffnet ist. Das Restaurant auf der verglasten Dachterrasse bietet ägyptische Speisen an; beim Essen hat man von hoch oben einen guten Ausblick auf den geschäftigen Midan el Hussein.

versitäten und ihre Rechtsgutachten (Fatwas) gelten für viele Gläubige als verbindlich. Studenten aus der gesamten islamischen Welt lassen sich hier theologisch ausbilden.

Al Azhar-Park

Saleh Salem Street, www.alazhar park.com, tgl. 9–24 Uhr, 7 LE
Folgt man der Sharia Azhar wenige hundert Meter weiter gen Osten, so stößt man auf die Umgehungsstraße Salah Salim. Hier ist der neue, 30 h große Al Azhar-Park auf Initiative des Aga Khan Trust for Culture angelegt worden und das große, grüne Areal ist ein innerstädtisches Naherholungsgebiet allererster Güte. Parallel zu dem Projekt wurde die ayyubidische Stadtmauer freigelegt und sorgfältig restauriert. Der Park bietet einen Kinderspielplatz, zwei Cafés sowie ein Restaurant, von dem man beim Tafeln gute Blicke auf Saladins Zitadelle hat.

Spaziergang im islamischen Kairo

Eintritt in den Park: 7 LE
Von der Sultan Hassan-Moschee unterhalb der Zitadelle führt ein ausgeschilderter Weg durch traditionelle Wohnviertel zum Al Azhar-Park. Vor der Zitadelle wendet man sich zunächst nach links auf die leicht bergauf führende Straße Sikket Al Mahgar. Bald zeigt ein Schild zum »Al Azhar-Park« nach links in die Straße Bab al Wazir.

Zwischen kleinen Cafés, Läden und drei malerischen Moscheen, wo oft Kunststudenten die Atmosphäre einfangen, folgt man der Straße etwa 800 m, biegt dann nach rechts ab und weitere 300 m später an der Aslam Al Silahdar-Moschee wieder nach rechts. Durch ein Tor in der ayyubidischen Stadtmauer gelangt man in den Park, eine gepflegte grüne Oase in der Großstadt. Die Revitalisierung dieses eher armen Stadtviertels wird von der Kairoer Mittelschicht offensichtlich begrüßt.

Spaziergang im islamischen Kairo

157

Kairo und Umgebung

Übernachten

Direkt am Strom – **Ramses Hilton** 1: 1115 Corniche el Nil, Tel. 02 25 77 74 44, Fax 02 25 75 29 42, www.hilton.com, DZ 100–200 US-$. Großer 5-Sterne-Wolkenkratzer mit Blick über den Nil und die Metropole, sehr beliebt sind die Bar und das Restaurant **Window of the World** im 36. Stock.

Palast am Nil – **Marriott** 2: Sharia el Gezira, auf der Nilinsel Zamalek, Tel. 02 27 28 30 00, www.cairomarriotthotel.com, DZ 160–250 US-$. Der Palast, in dem heute Lobby, Restaurants und Funktionsräume untergebracht sind, wurde 1869 eigens für die illustren Gäste gebaut, die zur Einweihung des Suezkanals geladen waren. Die Zimmertürme daneben kamen erst in den 1970er-Jahren dazu. Das riesige 5-Sterne-Haus bietet amerikanischen Komfort in den Zimmern sowie etliche Fitnessanlagen, Restaurants, Garten und ein eigenes Casino.

Übernachten beim Sultan – **Mena House** 3: Sharia Ahram, Tel. 02 33 77 32 22, www.egoth.com.eg, DZ 150–250 US-$. Prachtvolles 5-Sterne-Hotel in einem ehemaligen Sultanspalast in Sichtweite der Pyramiden. Etwas verstaubter kolonialer Prunk im Palast, moderneres Design im Neubau, High Tea auf der Terrasse mit Pyramidenblick.

Zimmer mit Aussicht – **Semiramis Intercontinental** 4: Corniche el Nil, Tel. 02 27 95 71 71, www.intercontinental.com, DZ 150–200 US-$. Sehr große Räume in einem 5-Sterne-Wolkenkratzer, zehn Restaurants, Haroun el Rashid-Nachtbar mit Bauchtanz-Show, Fitnessstudio und von den oberen Etagen ein traumhafter Blick über die Metropole, den Nil bis hin zu den Pyramiden.

Jugendstilambiente – **Cosmopolitan** 5: 1 Sharia Ibn Taalab, kleine Parallelstraße der Sharia Qasr el Nil, Tel. 02 23 92 38 45, Fax 02 23 93 35 31, DZ 100 US-$. Ruhiges, etwas altmodisches 3-Sterne-Haus in einem Art-déco-Gebäude nahe dem Midan Tahrir.

Orientalische Behaglichkeit – **Talisman Hotel de Charme** 6: 39 Sh. Talaat Harb, Tel. 02 23 93 94 31. Geschmackvolles Boutique-Hotel im 5. Stock, Eingang über eine Seitenstraße, etwas schwer zu finden. Große Gemeinschaftsräume und eine informative Bibliothek. DZ ab 90 €.

Unter deutschem Management – **Hotel Longchamps** 7: 21 Sharia Ismail Muhammad, Tel. 02 27 35 23 11, www.hotellongchamps.com, DZ ca. 70 €. 3-Sterne-Hotel in Zamalek, ruhige Lage, ansprechende Zimmer, gutes Preis-Leistungs-Verhältnis, deutsches Management.

Stadtpalast mit Atmosphäre – **Victoria Hotel** 8: 66 Sharia Gumhurriya, nahe

Unser Tipp

Zooba 2
Das winzige Ladenlokal könnte auch in Berlin oder London sein, so cool ist der lange Metalltisch, den sich alle Gäste teilen, und so frisch der Salat in der Kühlung. Der Clou sind aber die Variationen von ägyptischem Street-Food mit einem interessanten Twist, z. B. das Zooba-Foul mit reichlich Dill und Chili. Foul gibt es als Sandwich oder als Dip mit Rote-Beete-Fladenbrot, dazu Chili-Taamiya, Koriander-Bisara (pürierte Bohnensuppe) oder pikant eingelegte Auberginen. Billig ist es auch noch! 26 July St., www.zoobaeats.com, Tel. 010 23 15 25 10, tgl. 7–1 Uhr, Lieferservice. Sandwiches 5–10 LE, Hauptgerichte ab 15 LE.

dem Ramses-Hauptbahnhof (U-Bahn: Shohada), Tel. 02 25 89 22 90, www. victoriahotel-egypt.com, DZ ca. 60 US-\$. Ordentliches 3-Sterne-Haus in einem alten Stadtpalast mit der Patina vergangener Tage. Hier wohnte in den 1930er-Jahren schon George Bernard Shaw. Alle Zimmer mit Parkettfußboden, kein WLAN.

Billig und sauber – **Bella Luna Hotel** **9** : 27 Sh. Talaat Harb, Tel. 02 23 96 10 20, www.hotellunacairo.com. Erst 2011 eröffnetes einfaches Hotel mit ruhigen Zimmern nach hinten raus und zum Innenhof. Tipp: das ägyptische Frühstück mit Falafel und Foul! DZ mit Bad 290 LE. Angeschlossen ist ein billigeres, aber schon recht verwohntes Hostel mit Gemeinschaftsbädern.

Einfach und gut – **Pension Roma** **10** : 169 Sharia Muhammad Farid, Eingang im Nebenhof der Straße, 3. Stock, Tel. 02 23 91 10 88, Fax 02 25 79 62 43, www.pensionroma.com.eg. 15 Min. Fußweg bis zum Midan Tahrir, eine der besten preiswerten Unterkünfte Kairos mit dem Charme vergangener orientalischer Pracht. DZ ab 140 LE (mit Gemeinschaftsbad), neuere Zimmer mit Bad 285 LE.

Freundliche Billigunterkunft – **Travelers House Hostel** **11** : 43 Sharia Sherif, 4. Stock, Tel. 02 23 96 43 62, travelershousehotel@yahoo.com. Saubere, freundliche und sichere Backpacker-Unterkunft in einem heruntergekommenen Haus. In der Umgebung gibt es zahlreiche Restaurants und Läden. DZ mit Bad um 20 €.

Essen & Trinken

In allen großen internationalen Hotels findet man gute Restaurants mit internationalen und ägyptischen Gerichten, wobei die Preise sich auf mitteleuropäischem Niveau bewegen.

Unser Tipp

Der Buchladen der AUC **4**
Gleich am Tahrir-Platz befindet sich der Campus der American University of Cairo (AUC). In einem der historischen Gebäude ist ein moderner zweistöckiger Buchladen untergebracht, der neben Eigenpublikationen der AUC so ziemlich alles führt, was auf Englisch über Ägypten geschrieben wird, von wissenschaftlichen Schriften über Romane bis zu Bildbänden und Kochbüchern. Ein wunderbarer Ort zum Stöbern und Schmökern! Sheikh Rihan St., Sa–Do 10–18 Uhr, Tel. 02 27 97 59 29.

Exklusiv an Bord – **Le Tarbouche Akl Zaman** **3** : Sharia Saray El Gezira, Tel. 02 735 67 30, tgl. 13–24 Uhr, www. lepacha.com, eher teurer. Ausgezeichnete ägyptische Küche in orientalischem Ambiente. Das Le Tarbouche ist eins von elf Restaurants auf dem Schiff »Le Pacha«, dem ältesten Restaurantschiff an der Insel Gezira. Besonders lecker sind die frischen Taamiya.

Orientalisch verraucht – **Abou El Sid** **4** : Sh. 26 July 157, Tel. 02 27 35 96 40, www.abouelsid.com. Vom Ambiente her ist das Abou El Sid eher eine Kneipe, aber mit sehr leckerem ägyptischem und libanesischem Essen (Hauptgerichte um 50 LE). Mittlerweile gibt es mehrere Filialen in Kairo und seit Kurzem auch eine in Alexandria.

Eine Institution – **Café Riche** **5** : 17 Sharia Talat Harb, Tel. 02 23 92 97 93, 30–60 LE. Café, Restaurant, Bar – hier diskutierten die panarabischen Sozialisten der 1960er-Jahre nächtelang, ihre Fotos schmücken die Wände. Einfache ägyptische und internationale Gerichte.

Kairo und Umgebung

Unser Tipp

Unter Goldschmieden
In einem der vielen Goldschmiedegeschäfte im **Basar Khan el Khalili** 26 kann man sogenannte Kartuschen, ein länglich ovales Schnursiegel aus Gold mit dem Namen seiner Wahl in Hieroglyphen gießen lassen und dann als Anhänger tragen. Beim Kauf von Kartuschen muss ausnahmsweise einmal nicht gehandelt werden, denn der Goldpreis ist vom Staat festgelegt. In eine Kartusche schrieben die alten Ägypter einst die Namen ihrer Pharaonen.

Tafeln inmitten von Kunst – **Arabesque** 6 : 6 Sharia Qasr el Nil, Tel. 02 574 78 98, 50–110 LE. Französisch inspirierte libanesische Küche, mit Galerie zeitgenössischer einheimischer Künstler, bietet dieses seit Jahrzehnten sehr beliebte Restaurant.

Einfach und preiswert – **Felfela** 7 : 15 Sharia Hoda Sharawi, off Sharia Talat Harb, Tel. 02 23 92 27 51. Sehr großes, aber bei den Kairinern wie auch bei den Besuchern beliebtes Restaurant, das sowohl traditionelle ägyptische Speisen als auch internationale Gerichte wie etwa Spaghetti Bolognese oder Schnitzel im Angebot hat. Rechnung genau prüfen. Ca. 10–50 LE. Schnellimbiss um die Ecke an der Sharia Talat Harb.

Tradition – **Groppi Garden** 8 : 2 Abdel Khalek Sarwat, gegenüber der Tourist Information, Tee 5–15 LE. Gartencafé mit Speiseeis, Kuchen, Pralinen. Im Haupthaus des Groppi-Cafés 9 am Midan Talat Harb las viele Jahre lang wöchentlich der Nobelpreisträger Nagib Machfus; heute wirkt es etwas trist und vernachlässigt.

Einkaufen

Die beiden Hauptgeschäftsstraßen im modernen Kairo sind die Talat Harb und die Qasr el Nil. Hier gibt es vor allem **Bekleidungs- und Schuhgeschäfte,** wobei Bekleidung und Schuhe für Männer nur auf der Talat Harb, für Frauen nur auf der Qasr el Nil angeboten werden. Außerdem gibt es hier **Juwelierläden.**

Der große **Basar Khan el Khalili** 26 (s. oben) bietet von *gallabiyas* über Leder-, Holz- und Metallwaren, Gold- und Silberprodukte bis hin zu Teppichen, pharaonischen Statuen und bemalten Papyri sowie Gewürzen und Spezereien alles, was das Touristenherz höher schlagen lässt.

Wohnaccessoires – **Home and Beyond** 1 , **Sami Amin Accessories** 2 , **Gallery Balady** 3 : siehe Unser Tipp S. 137
Englischsprachige Fundgrube – **Buchladen AUC** 4 : siehe Unser Tipp S. 159
Bücher und mehr – **Diwan** 5 : Zamalek, Sh. 26th of July 159, www.diwanegypt.com, Tel. 02 27 36 25 82, tgl. 9–23.30 Uhr. Neben Büchern (auch auf Deutsch) gibt es eine gute CD-Auswahl, auch zum Reinhören, und ausgesuchte Schreibwaren. Ein Café und ein Schwarzes Brett für Veranstaltungen vervollständigen das Angebot.

Abends & Nachts

Afrikanisch – **MAKAN, Center for Culture and Art** 1 : Sh. Mansur/Saad Zaghloul, www.egyptmusic.org, Di, Mi, Sa, So ab 21 Uhr. Sudanesische, nubische und arabische Livemusik. Interessant sind die mythischen Zar-Rituale (Trancetanz), die von Frauen ausgeführt werden.
Arabische Folklore – **Beit Suheimi** 25 : Sonntagabend finden hier kostenlose Folkoreveranstaltungen statt (Sommer 19, Winter 18.30 Uhr, s. S. 153).

Kairo: Adressen

Live – **Cairo Jazz Club** `2`: 197 Sh 26th July Agouza, in der Nähe von Midan Sphinx, Tel. 02 33 45 99 39, www.cairo jazzclub.com. Obwohl kommerzieller und teurer als in der Anfangszeit, immer noch einer der besten Orte in Kairo, um ägyptischen Live-Jazz zu hören. Hier treten täglich namhafte Musiker auf.

Sphinx beleuchtet – **Sound & Light Show** `3`: tgl. 18.30, 19.30, 20.30, im Sommer 1 Std. später, 75 LE. Die erste Sound & Light Show Ägyptens spielt seit 1961 (mit regelmäßigen Überarbeitungen) und lohnt auf jeden Fall einen Besuch.

Tanzen – Viele internationale Hotels haben Discos, z. B. das **Mena House** `3`, Sharia Ahram, Tel. 02 33 77 32 22, bei den Pyramiden. Weitere Clubs sind v. a. in der El Ahram Rd. in Giza.

Beste Bar – **Pub 28** `4`: in 28 Sharia Shagarat ad Dur, Zamalak, Tel. 02 27 35 92 00. Beliebte Bar, von den Bewohnern der umliegenden Gegend sowie in Ägypten arbeitenden Ausländern gerne und oft besucht.

Bauchtanz – **Haroun el Raschid:** Nachtclub des Semiramis Intercontinental `4`, Corniche el Nil, Tel. 02 27 95 71 71. Donnerstagnacht (allerdings sehr teuer) zum Drei-Gänge-Menü Bauchtanzvorführungen bekannter Künstlerinnen. Ähnlich teure Shows gibt es in den Nachtclubs in Giza (s. o.).

Klassischer Gesang – **Kairoer Oper** `2`: Süden der Nilinsel Gezira, Stadtviertel Zamalek, Sharia El Burg Gezira, Tickets unter Tel. 02 27 37 06 03, www.cairo opera.org. Abendveranstaltungen mit klassischer und arabischer Musik, gelegentlich Gastspiele.

Infos & Termine

Innerstädtischer Verkehr

Metro: Die Metro verbindet den aus Süden kommenden Vorortzug von Helwan mit der nach Norden führen-

den (roten) El Marq-Linie. Von Süden führt die Strecke kurz vor der Station Saad Zaghloul (nahe Sharia el Aini/Parlament) unter die Erde. Die folgende Station Sadat liegt unter dem Midan Tahrir; die Station Gamal Abd el Nasser an der Sharia 26th July/Sharia Ramses, die Station Ahmed Orabi an der Sharia Orabi/Sharia Ramses, dann folgt die Station Shohada (ehemals Mubarak) unter dem Hauptbahnhof.

Eine zweite (gelbe) Linie führt ebenfalls von Nord nach Süd, von Shubra über Ataba, den Tahrir-Platz/Sadat, die Südspitze von Gezira und dann weiter über die Kairo-Universität nach Giza. Von der dritten (grünen) Linie, die zum Flughafen führen soll, sind bisher vier Stationen zwischen Midan Ataba und Abbasia fertiggestellt, die Station El Geish liegt günstig für Erkundungen des islamischen Kairo.

Runde Schilder mit einem achteckigen Stern und einem ›M‹ weisen auf die Stationen hin. Die Bahnen fahren im Minutentakt, während der Hauptverkehrszeit zwischen 8 und 10 bzw. 15 und 16.30 Uhr sind die Züge überfüllt. Ein Waggon der U-Bahn, manchmal auch mehrere, ist für Frauen reserviert. Tickets (1 LE) gibt es an den Schaltern der U-Bahn-Stationen.

Busse: Der zentrale Busbahnhof am Midan Abd el Monien Riyad für den innerstädtischen Verkehr liegt hinter dem Ägyptischen Museum unter den Brücken der Hochstraßen. Von hier fahren die Flughafen-Shuttlebusse. Mit etlichen Bussen, darunter Nr. 370 und 997, kommt man zu den Pyramiden von Giza (»Al-Ahram«).

Minibusse: Auf festen Routen und auf den Strecken, die von Bussen befahren werden, pendeln Kleinbusse; die Preise sind unwesentlich höher als bei den Bussen. Angehalten wird auf Handzeichen oder wenn jemand aussteigen möchte.

Kairo und Umgebung

Taxis: Die Tarife in Kairo sind relativ niedrig, doch werden Ausländer von den Fahrern oft übervorteilt. Nur neuere Taxis haben Taxameter, die aber selten neu geeicht werden, so dass sich die Fahrer – auch wegen der Inflation – oft weigern, per Taxameter zu den alten Preisen zu fahren. Dann muss man Festpreise aushandeln oder einen Aufschlag anbieten (Preisbeispiele im Hotel, bei Bekannten oder im Internet erfragen).

Feste

Alljährlich findet im Dezember ein großes internationales **Filmfestival**

Weit über vier Jahrtausende wacht die Sphinx am Eingang des Totenreichs

statt, zu dem auch bekannte ausländische Regisseure und Filmschauspieler anreisen. Die Filme der Gastbeiträge laufen in sämtlichen Kairoer Kinos. Die ausländischen Beiträge werden im Original mit Untertiteln in Arabisch gezeigt, viele Filme aus arabischen Ländern sind auf Englisch untertitelt.

Die Pyramiden von Giza

Kairos Umgebung

Die Pyramiden von Giza! ▶ D 4

Tgl. 9–16 Uhr, 60 LE für das Plateau (Zusatzgebühren für Innenbesichtigungen)

Die Pyramiden von Giza, die schon zu den Sieben Weltwundern der Antike gehörten, sind Kairos bedeutendste Sehenswürdigkeit. So warten denn auch Scharen von Kamel- und Pferdevermietern sowie Souvenirverkäufer auf die Besucher. Offizielle Preisvorgaben für die Kameltouren gibt es nicht mehr.

Alle drei Großpyramiden von Giza entstanden als pharaonische Grabstätten. Bestattet wurden hier die Herrscher Cheops, Chephren und Mykerinos. Die Grabbauten datieren aus der Zeit der 4. Dynastie (ca. 2575–2465 v. Chr.). Eine Tour hoch zu Ross oder Kamel vermittelt einen guten Eindruck von der Weitläufigkeit des Geländes. Von einem Hügel hat man einen einmaligen Blick über sämtliche Pyramiden des Plateaus.

Cheops-Pyramide
100 LE

Die Cheops-Pyramide, die größte der drei Anlagen, umschließt bei einer Seitenlänge von 227,5 m und einer Höhe von 137,5 m annähernd 2,3 Mio. m³ umbauten Raum. Durch einen Schacht, den einst Grabräuber ins Innere des gewaltigen Bauwerks trieben, kann man die Hohlräume der Pyramide besichtigen. Personen, die unter Herz- und Kreislaufbeschwerden, Klaustrophobie oder Atemnot leiden, sollten wegen der Enge des Tunnels sowie der stickigen Luft von einem Besuch absehen.

Ein nur 1,20 m hoher und 1 m breiter Gang führt zunächst gut 20 m abwärts, dann steigt der Tunnel an, bis

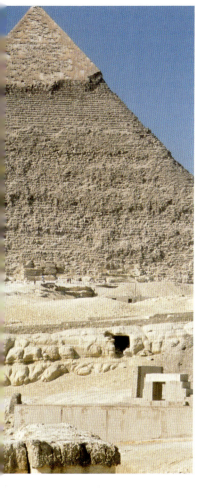

163

Kairo und Umgebung

man nach 40 m in stark gebückter Haltung die 47 m lange und 8,5 m hohe Große Halle erreicht. Ein ebener Gang führt zuvor geradeaus weiter zur Königinnenkammer. Von der Großen Halle gelangt man in die 10,5 x 5,2 m große Grabkammer, in der sich noch ein Steinsarkophag befindet. Die Decke wird von neun gewaltigen Granitriegeln gestützt, über denen sich fünf Entlastungskammern befinden.

Östlich der Cheops-Pyramide gibt es einige kleinere, doch nicht minder sehenswerte Pyramiden, die für die Angehörigen des Pharaos bestimmt waren; südlich schließen sich mehrere Mastabas an, in denen einst staatliche Würdenträger zur letzten Ruhe gebettet wurden.

Sonnenbarken-Museum
50 LE

Im Jenseits wurden die Pharaonen u. a. mit einer Barke ausgestattet, auf der die Toten mit dem Sonnengott Re durch die Unterwelt und über das Firmament gleiten konnten. Eine solche 43 m lange Sonnenbarke wurde bei Grabungen 1954 entdeckt. Das in über 1000 Einzelteile zerlegte Schiff setzten die Archäologen aufwendig wieder zusammen, und heute ist es in einem eigenen Museumsbau südlich der Cheops-Pyramide zu besichtigen.

Chephren-Pyramide
30 LE

Die Pyramide des Chephren ragt etwa 150 m südwestlich des Museums auf. Mit einer Höhe von 135,5 m, einer Kantenlänge von 210,5 m und 1,65 Mio. m³ umbauten Raums erscheint sie, da ihre Basis höher liegt, größer als die Cheops-Pyramide. An der Spitze ist noch ein Teil der ehemaligen Verkleidung aus geschliffenen Kalksteinplatten zu erkennen. Auch hier führt ein enger Gang ins Innere, zu-

nächst schräg abwärts und dann geradeaus in die Grabkammer mit dem Steinsarkophag.

Mykerinos-Pyramide
30 LE

200 m weiter Richtung Südwesten erhebt sich die 62 m hohe und 106 m Seitenlänge messende Mykerinos- oder Menkaure-Pyramide, umgeben von einigen unvollendeten kleineren Pyramiden, die für die Angehörigen der königlichen Familie vorgesehen waren. Das Innere der Pyramide ist derzeit nicht zugänglich.

In den Jahren 1995/96 führten Archäologen Grabungen an den Pyramiden durch und fanden das ehemalige Lager der pharaonischen Bauleute. Rund 36 000 Arbeiter errichteten einst die Pyramiden. Auch der Friedhof wurde gefunden, die Skelette zeigen Knochenauswüchse, wie sie sich bei langer Schwerarbeit bilden. Nur einen Steinwurf weiter südlich der Pyramide des Mykerinos brachten die Ausgrabungen eine 3,5 t schwere unvollendete Statue aus der Zeit Ramses' II. zutage. Es wird vermutet, dass der große Pharao während der Steinmetzarbeiten verstarb und seine Skulptur daraufhin nicht mehr fertiggestellt wurde.

Bis vor 20 Jahren konnte man, begleitet von autorisierten Führern, die Giza-Bauwerke erklimmen. Heute ist dies aus gutem Grund verboten. In den vergangenen 200 Jahren kamen über 1000 Menschen bei einem Aufstiegsversuch ums Leben, etwa 50 Personen stürzten allein in den letzten 50 Jahren zu Tode.

Die Sphinx

Östlich unterhalb der Chephren-Pyramide zieht die 57 m lange Sphinx, eine aus dem anstehenden Fels gemeißelte Löwengestalt mit dem Kopf eines Pharaos, die Aufmerksamkeit auf sich.

Die Pyramiden von Giza

Sandstürme, mutwillige Zerstörungen (unter türkischer Herrschaft nutzten die Kanoniere die Sphinx als Ziel für Artillerieübungen und schossen ihr die Nase ab) und in jüngster Zeit die Erschütterungen durch den Straßenverkehr haben der kolossalen Mensch-Tier-Skulptur arg zugesetzt. Auch der Smog über Kairo sorgt für rapiden Verfall.

Im Jahre 1987 löste sich ein 300 kg schweres Steinstück aus der Schulter der Sphinx, seitdem diskutiert man Möglichkeiten der Restaurierung. Eine Expertenkommission fahndete nach Baustoffen, mit denen man die berühmte Figur dauerhaft konservieren kann. Der Kalkstein, den die einstigen Handwerker bearbeiteten, ist von schlechter Qualität, überall zeigen sich Risse und Sprünge. Auch das Gestein im Innern der Sphinx ist völlig zersplittert. Alle Versuche, die Risse und Sprünge mit Gestein auszubessern oder auch mit Beton auszugießen, sind bisher fehlgeschlagen.

Das Plateau

Das gesamte Gelände des Pyramidenplateaus ist als Freilichtmuseum abgesperrt. Daneben soll dereinst das neue Ägyptische Museum entstehen. Außerdem vermuten Archäologen unter dem Dorf, das sich östlich des Geländes unterhalb der Sphinx befindet, noch den Taltempel des Cheops sowie eine pharaonische Siedlung.

Dass der Boden rund um die Pyramiden und die Sphinx noch immer Geheimnisse birgt, zeigte sich wieder vor einigen Jahren. Eine amerikanische Touristin brach mit ihrem Pferd in ein bisher unbekanntes Grab ein. Archäologen fanden in der letzten Ruhestätte eines Arbeitsaufsehers eine 4400 Jahre alte, gut erhaltene kleine Statue. Auch entdeckten sie zahlreiche weitere Gräber.

Pyramiden südlich von Kairo

Im Jahr 2000 machten Wissenschaftler eine unvermutete Entdeckung. Am Aufweg von der Sphinx zur Chephren-Pyramide fanden sie einen Einstieg, der in eine Vorhalle und in eine Kammer mit zwei ungeschmückten leeren Sarkophagen führte. Die Archäologen datierten die Särge auf etwa 500 v. Chr. Offensichtlich waren die Verstorbenen begüterte Leute, die Wert darauf legten, sich in der sakralen Umgebung des Pyramidenplateaus begraben zu lassen. Doch die unterirdische Anlage ist viel älter. In einer winzigen Nische fanden die Forscher ein weiteres Loch im Boden, und dieses führte in eine weitere Grabkammer, die mit Grundwasser vollgelaufen war. Nachdem Pumpen den

165

Kairo und Umgebung

Schlamm abgesaugt hatten, konnten sich die Wissenschaftler in die 29 m unter der Erdoberfläche liegende Gruft abseilen, entdeckten einen weiteren leeren Sarkophag, zerschlagene Vasen und Knochen. Die Rekonstruktion ergab, dass der Totenschrein einst auf einem kleinen Plateau stand, das flach von Wasser umspült wurde.

Diese Grabkammer datierten die Wissenschaftler um 1550 v. Chr. Der griechische Historiker Herodot (490–425 v. Chr.) berichtet, dass Pharao Chephren auf einer künstlichen Insel, umgeben von einem See, zur letzten Ruhe gebettet wurde. Lag in dieser Grabkammer also einmal der Leichnam des Königs? Eigentlich kann das nicht sein, denn Chephren verstarb um 2528 v. Chr. Die Kammer könnte auch ein symbolisches Grab des Osiris sein.

Memphis ► E 5

Tgl. 8–16 Uhr, 35 LE

»Die Priester erzählten mir«, so heißt es bei Herodot, »daß Mennes, der erste König Ägyptens, das Gebiet von Memphis mit Dämmen sicherte (und) nachdem das Gebiet trocken geworden war, die Stadt Memphis gründete.« Noch die arabischen Reisenden des 12. und 13. Jh. staunten über die eindrucksvollen Ruinen der einstigen Metropole. So berichtete der Schriftsteller Abd el Latif (1162–1231), dass eine Beschreibung von Memphis auch dem sprachgewandtesten Menschen unmöglich sei, da die Zeugnisse dieser Stadt alle Fassungskraft überstiegen.

Nach der Reichseinigung von Unter- und Oberägypten wurde die Siedlung um 3000 v. Chr. mit dem Bau einer Festung begründet. 200 Jahre später erhielt der Ort den Beinamen »Waage der beiden Länder« und stieg zur Reichskapitale auf. Hier regierten die Herrscher des Alten Reiches, aber auch im Mittleren und Neuen Reich war Memphis eine der bedeutendsten Städte Ägyptens und wirtschaftliches Zentrum des Landes.

Selbst als im Neuen Reich Theben den Rang der Hauptstadt einnahm, blieb der größte Teil der Armee einschließlich der adligen Befehlshaber in Memphis stationiert. Viele Könige residierten nur formell in Theben – lag Memphis doch strategisch bedeutend günstiger. Der Niedergang des Pharaonenreiches konnte die Bedeutung der Stadt zunächst nicht schmälern. Noch in der griechisch-römischen Ära galt Memphis als Zentrum des religiösen Lebens. Mit der Gründung von Fustat durch die islamischen Eroberer war das Schicksal der Stadt dann aber endgültig besiegelt.

Die **Kolossalstatue von Ramses II.** liegt, von einem Schutzhaus umgeben, südlich des einstigen Ptah-Tempels; ursprünglich hat sie wohl vor dem Eingang des Heiligtums gestanden. Die Kalksteinfigur misst heute 10,3 m, ihre ursprüngliche Höhe betrug wahrscheinlich 13,5 m.

Im Jahre 1912 wurde die über 80 t schwere und 8 m lange Alabaster-Sphinx gefunden. Nahe dem Fabeltier aus der Zeit Amenophis' II. befindet sich der Dekretstein des Herrschers Apries (26. Dynastie). Die eingravierten Texte sprechen über landwirtschaftliche Nutzflächen und über die Arbeitskräfte, die dem Ptah-Tempel zur Verfügung standen. Daneben umfassen sie aber auch einen Erlass, durch den die Bauern von der Steuerabgabe befreit wurden.

In der südwestlichen Ecke des ehemaligen Ptah-Heiligtums lag das Balsamierungshaus für die Apis-Stiere. Einer der Balsamierungstische besteht aus einem einzigen, 5,4 x 1,2 m messenden Alabasterblock.

Saqqara

Die monumentale Ramses-Statue in Memphis ragte einst über 13 m in die Höhe

Saqqara (Nord) ▶ D 5

Sommer 8–17, Winter 8–16 Uhr, 60 LE
Westlich von Memphis erstreckt sich über rund 7 km in nordsüdlicher Richtung die Nekropole von Saqqara – die Begräbnisstätte von Memphis. Hauptsächlich während des Alten Reiches wurden hier die Herrscher und hohen Würdenträger zu Grabe getragen. Die wissenschaftlichen Untersuchungen auf diesem Areal dauern seit Jahrzehnten an. Dabei sind auch etliche sehr schön erhaltene Gräber aus dem Neuen Reich gefunden und für Besucher zugänglich gemacht worden (gute Online-Dokumentation unter www.saqqara.nl).

Imhotep-Museum

Das neue Museumsgebäude am Eingang unterhalb des Pyramidenplateaus zeigt in sechs Räumen eine schöne Ausstellung mit Funden aus den Grabstätten und Erläuterungen zur Architektur von Djosers begnadetem Architekten Imhotep. Besonders sehenswert sind die gesprenkelten Steinvasen aus dem Alten Reich, viele davon Erbstücke aus der 1. und 2. Dynastie, die von Djoser wiederverwendet wurden. Ausgestellt sind auch die farbigen Fliesen aus den Grabkammern unterhalb von Djosers Pyramide, die Schilfmatten nachempfunden waren, und originale Architekturelemente der Scheingebäude, die mit ihren klaren Linien ganz modern aussehen. Auch Imhoteps Holzsarg wurde gefunden, allerdings leer. Der Architekt Imhotep war zugleich auch Arzt und wurde bis in die Ptolemäerzeit hinein als heilender Gott verehrt und von den Ptolemäern mit dem griechischen Asklepios gleichgesetzt. Die medizinischen Instrumente in Saal 2 stammen aber bereits aus der 5. Dynastie. Ein Priesterrelief aus dem Neuen Reich, ebenfalls in Saal 2, weist einen besonders schönen Faltenwurf auf.

Kairo und Umgebung

Stufenpyramide des Djoser

Das Wahrzeichen der Nekropole von Saqqara ist die Stufenpyramide des Djoser (2640–2575 v. Chr.). Dieser erste große Steinbau Ägyptens entstand unter dem Baumeister Imhotep, der für diese gigantische Titanenleistung später, während der Zeit der 26. Dynastie, für göttlich erklärt wurde. Noch die Griechen verklärten den visionären Baumeister und setzten ihn ihrem Asklepios gleich, denn auch als Arzt sowie als Schriftsteller kannten ihn seine Zeitgenossen und behielten ihn über die Jahrtausende in ihrem kollektiven Gedächtnis. Ursprünglich hatte Imhotep eine nur 8 m hohe Mastaba über dem Grab seines Pharaos geplant, entschloss sich dann aber zum Bau einer vierstufigen Pyramide, änderte seine Pläne nochmals und errichtete schließlich die sechsstufige, 61 m hohe Pyramide.

Eine (ursprünglich) 10,5 m hohe Umfassungsmauer, gegliedert durch schmale Nischen und 14 Scheintore, umgibt den 544 m langen und 277 m breiten Grabbezirk; der einzige Eingang in den sakralen Bereich befindet sich im Südosten der Umwallung. Nachdem man ihn passiert hat, durchschreitet man einen Kolonnadengang (mit einem modernen Schutzdach versehen und von Holzgerüsten gestützt), der rechts und links mit Halbsäulen flankiert ist, die Schilfbündel symbolisieren. Dann steht der Besucher sogleich im großen Innenhof mit Blick auf das gewaltige Steingebirge, das von den Arbeitern mit reiner Muskelkraft und ohne jegliche baulichen Vorkenntnisse in den ägyptischen Sand gesetzt wurde. Das Monumentalwerk ist aus Kalksteinquadern zusammengesetzt. Als einzige hat diese Pyramide einen rechteckigen Grundriss von 110 x 121 m, jede Stufe ist um rund 2 m hinter die andere zurückversetzt, ihre Höhen schwanken zwischen 8,4 und 10,5 m.

Die umgebenden Gebäude

Hinter der Pyramide, an der Nordseite, schließen sich unmittelbar die Reste des **Totentempels** an; darin befindet sich der *serdab,* der Statuenraum, mit einer Figur des Herrschers (Kopie, Original im Ägyptischen Museum). Zwei kleine Löcher in der Wand solltem dem Abbild des Verstorbenen die Möglichkeit geben, die kultischen Handlungen zu verfolgen, die im Vorraum stattfanden. Vom Totentempel aus konnte man in früherer Zeit in die 32 m tief im Boden gelegenen unterirdischen Grabräume gelangen, die aus einem Labyrinth von Gängen, Kammern und Schächten bestanden.

Östlich vom Totentempel finden sich die Reste vom **Haus des Nordens** und vom **Haus des Südens** mit je einem Hof davor; diese beiden Scheingebäude symbolisierten die Verwaltungsbauten, in denen sich die Herrschaft des Djoser über Ober- und Unterägypten manifestierte. Die Fassaden der beiden Scheingebäude sind mit kannelierten Halbpfeilern und Halbsäulen geschmückt, die in fein gearbeiteten Kapitellen enden. Um 1300 v. Chr. hat einer der ersten Touristen am »Eingang« des Südhauses ein hieratisches Graffitti hinterlassen: »Oh, all ihr Götter des Westens von Memphis, schenkt mir eine schöne Lebenszeit, damit ich euch dienen kann, und dass ich nach einem hohen Alter ein schönes Begräbnis bekomme, im Westen von Memphis.«

Südlich von diesen beiden Scheingebäuden gelangt man in den langen und schmalen **Sed-Hof** mit den sogenannten Heb-Sed-Kapellen, die ebenfalls Scheingebäude sind; gut erkennbar sind hier die steinernen Nachbildungen von Zäunen sowie ein Unterbau mit Stufen, auf dem einmal der königliche Thron gestanden haben könnte. Dieses Gebäude sowie der Hof diente dem Sed-Fest. Das festliche Ritual wird auch als Dreißig-

Saqqara

Übersichtsplan der Pyramiden von Saqqara

jahrfeier bezeichnet. Es sollte die Kraft des Königs, die sich nach so vielen Regierungsjahren teilweise verbraucht hatte, neu beleben und kräftigen. Zu Beginn der Feierlichkeiten stand eine Prozession, dann empfing der Herrscher Abgesandte seines Volkes, besuchte danach die Kapellen verschiedener Götter, um deren Statuen abzuholen. Mit diesen Abbildern der Götter unternahm der alternde König dann angetan mit einem Lendenschurz, an dem ein Tierschwanz befestigt war, den rituellen Sed-Lauf, bei dem er symbolisch von Ober- nach Unterägypten springen musste. Daran schlossen sich die Vorführung von Vieh und die Übergabe der Tiere an die Götter an. Schließlich besuchte der Herrscher in einer Sänfte die Reichsheiligtümer und beging dort verschiedene rituelle Handlungen, um sich den Göttern nun als neu gestärkter König zu präsentieren.

An der Südseite des großen Hofes finden wir schließlich die Reste eines zweiten Grabes, einer ehemaligen Mastaba mit gewölbtem Dach, dessen 28 m tief unten gelegenen Kammern als die letzte Ruhestätte vom Ka (= der Seele) des Djoser gilt.

Der Schreiber Ahmose fand »den Tempel des Djoser, wie wenn der Himmel darin wäre, die Sonne darin aufginge, möchte doch der Himmel fri-

169

Saqqara

schen Weihrauch regnen lassen, damit der Ka des Djoser mit Wohlgerüchen übergossen würde.«

Pyramide des Unas

Die 44 m hohe Pyramide des Unas, des letzten Herrschers der 5. Dynastie (2465–2325 v. Chr.), wurde 1881 geöffnet. Heute ist sie für Besucher nicht zugänglich. Bemerkenswert sind die sogenannten Pyramidentexte, blau ausgemalte Hieroglyphen, auf den Wänden des Vorraums und der Grabkammer. Die mehr als 200 Sprüche beziehen sich auf das Leben nach dem Tode und wurden wohl zur Bestattung rezitiert. Die Zitatensammlung zählt zu den ältesten Überlieferungen Ägyptens. An der südlichen Außenwand der Pyramide unterrichtet eine Inschrift Chaemwesets, Hohepriester in Memphis, darüber, dass er hier Restaurierungsarbeiten vorgenommen hat.

Pyramide des Sechemchet

Der Pyramidenkomplex des Sechemchet im Südwesten der Nekropole blieb unvollendet. Sechemchet, Nachfolger des Djoser, verstarb zu früh für umfangreiche Baumaßnahmen.

Gräber der Perserzeit

Südlich der Unas-Pyramide liegen drei 25 m tiefe Gräber aus der Perserzeit, in die eine Wendeltreppe hinabführt. Hieroglyphen schmücken Decken und Wände. Entlang des rund 700 m langen Aufwegs vom Taltempel zur Unas-Pyramide ließen sich einstmals zahlreiche Beamte der 5. Dynastie Gräber anlegen. Davon sind jeweils nur einige geöffnet.

Die Mastaba des Mereruka in Saqqara gehört zu den schönsten privaten Grabanlagen des Alten Reiches

Kairo und Umgebung

Mastabas des Alten Reichs

Südlich der Umfassungsmauer liegen die Mastaba des Mechu, einst Wesir während der 6. Dynastie, und die Mastaba der Prinzessin Seschseschet, auch Idut genannt. Fünf Räume zeigen Reliefs: die ersten beiden Szenen auf dem Wasser, die hinteren drei Darbringung von Opfergaben. Auch das Doppelgrab der Nebet und Chenut, Gemahlinnen des Königs Unas, ist mit Darstellungen der Fahrt durch die Papyrussümpfe, der Beibringung von Speisen und Weinkrügen und anderen Alltagsszenen geschmückt. Im Inefert-Grab sind viele Tiere, von Gänsen bis hin zu Krokodilen und Fröschen, dargestellt.

Jeremias-Kloster

Südöstlich der Djoser-Pyramide befinden sich die Ruinen des Jeremias-Klosters, das im 4./5. Jh. errichtet und um 960 von Beduinen zerstört wurde. Die erhaltenen Kapitelle und Reliefs sind im Koptischen Museum in Kairo ausgestellt.

Gräber des Neuen Reiches

Westlich des Klosters entdeckten Archäologen seit 1975 mehr als ein Dutzend Gräber von bedeutenden Persönlichkeiten des Neuen Reiches, darunter das Grab des Haremhab, zuerst oberster Befehlshaber unter Echnaton und Tutanchamun, dann letzter Pharao der 18. Dynastie (1551–1306 v. Chr.). Nach seiner Herrschaftsübernahme gab er die ursprünglich vorgesehene Ruhestätte in Saqqara auf und ließ sich im Tal der Könige ein neues Grab errichten. Mehrere Gräber sind zu besichtigen und wegen des guten Erhaltungszustands absolut sehenswert.

Serapeum

Im Serapeum wurden die heiligen Apis-Stiere bestattet. Schon während der Zeit der 1. und 2. Dynastie verehr-

te man diese Tiere und sah in ihnen ein Symbol der Fruchtbarkeit. Im Ptah-Tempel von Memphis hielten die Priester den Stier in einem heiligen Stall; wenn er verendet war, wurde er feierlich mumifiziert und zur letzten Ruhe gebettet. Danach ging man auf die Suche nach dem ›auferstandenen Apis‹, erkennbar an weißen Flecken auf Stirn, Hals und Rücken. Chaemweset, Sohn Ramses II. und Hohepriester in Memphis, ließ einen 200 m langen unterirdischen Korridor anlegen, an dem rechts und links riesige Sarkophage für die Stierleichname eingemauert wurden; ein unvollendeter Sarg steht noch heute mitten im Gang. Psammetich I. vergrößerte die Anlage beträchtlich und noch in der Ptolemäerzeit baute man das Serapeum weiter aus.

Mastaba des Ti und weitere Grabanlagen

Die Mastaba des Ti, die wie auch die beiden folgenden Grabanlagen unbedingt einen Besuch lohnt, entstand während der 5. Dynastie, ungefähr um 2340 v. Chr. Ti konnte sich als reicher Großgrundbesitzer und hoher Beamter der königlichen Administration eine herausragende, königliche Pracht nacheifernde Ausstattung seiner letzten Ruhestätte leisten.

Ebenfalls aus der Zeit der 5. Dynastie, aber etwa 30 Jahre jünger, ist die Grabanlage des Wesirs Achethotep und seines Sohnes **Ptahhotep**. Da die Relieffolgen im Opferraum des Ptahotep von außerordentlicher Qualität und besser erhalten sind, ist die Mastaba nach ihm benannt. Die Wandbilder demonstrieren die anspruchsvolle Lebenshaltung der pharaonischen Führungsschicht.

Aus der Zeit der 6. Dynastie, etwa um das Jahr 2280 v. Chr., datiert die **Mastaba des Mereruka**, Wesir und Schwiegersohn von Pharao Teti. Mit einer Länge von 40 m und einer Breite von 24 m, zudem ausgestattet mit insgesamt 32 Räumen und Gängen, zählt diese private Grabanlage zu den größten und schönsten des Alten Reiches. Sie dokumentiert eine weitere Steigerung des repräsentativen Aufwands, wie sie für die Spätzeit des Alten Reichs bezeichnend ist. Neben Mereruka, der für sich allein 24 Kammern reservieren ließ, wurden hier seine Frau Watetchet-hor (drei Räume) und sein Sohn Meri-Teti (fünf Räume) bestattet. Die Grabstatue steht nicht mehr in einem verschlossenen Figurenraum (serdab), sondern ist den Blicken frei zugänglich. Die Bildausstattung der Mereruka-Mastaba umfasst Darstellungen des Wesirs, teils im Kreis seiner Familie, teils als Gebieter, sowie Jagd- und Tierszenen, Handwerker, Tänzer und Bauern.

Sehenswert ist auch das **Grab des Anchmahor** (Wesir, 6. Dynastie), das wegen der Wandbilder (Beschneidung, Zehenoperation) auch als das ›Ärztegrab‹ bezeichnet wird.

Pyramiden des Teti und Userkaf
Die Pyramide des Teti, des ersten Herrschers der 6. Dynastie, ist im oberen Teil stark zerstört. Auch hier bieten die unterirdischen Kammern sog. Pyramidentexte. Die Pyramide des Userkaf, des ersten Herrschers der 5. Dynastie, ist völlig zusammengestürzt.

Dahshur ▶ D 5

Tgl. 9–17 Uhr, 25 LE
Wenige Kilometer südlich von Saqqara können die Pyramiden von Dahshur besichtigt werden. Von den elf Bauten der pharaonischen Frühzeit sind vor allem die Rote und die Knickpyramide interessant. Sie gehen auf Pharao Snofru zurück, den Vater des legendären Pyramidenbauers Cheops,

der um 2600 v. Chr. herrschte. Beide sind mit etwa 95 m nach der Cheops und Chephren-Pyramide von Giza die höchsten der insgesamt 97 ägyptischen Pyramiden.

In beiden Bauwerken wurde der Übergang von der Stufenpyramide des Djoser hin zur Form der echten Pyramide entwickelt. Vor allem die Knickpyramide war ein wichtiges Experimentierfeld für die Architekten: Der anfänglich zu steil angelegte Böschungswinkel hätte zum Einsturz führen können; also änderten sie die Vorgaben auf halber Höhe und führten den Bau dann mit einem wesentlich flacheren Winkel zu Ende. Dass diese Vorgehensweise richtig war, zeigt die Tatsache, dass die Knickpyramide nach rund 5000 Jahren noch immer dem Zahn der Zeit trotzt.

Das Innere der Roten Pyramide ist zu besichtigen, ein schmaler Gang führt hinunter zu drei Grabkammern. Taschenlampe mitnehmen, da die Beleuchtung manchmal kaputt ist.

Infos

Anreise
Mit öffentlichen Verkehrsmitteln sind Memphis, Saqqara und Dahshur nur umständlich zu erreichen. Man kann mit dem Zug vom Ramses-Hauptbahnhof in Kairo nach El Badrachen fahren (nicht alle Züge halten!) und mit einem Taxi weiterfahren. Die Taxifahrer in El Badrachen verlangen jedoch exorbitant hohe Preise, da man von ihnen abhängig ist. Am besten mietet man in Kairo ein Auto mit Fahrer für den ganzen Tag (ab etwa 300 LE).

Jedes Reisebüro in Kairo vermittelt Touren zu den archäologischen Stätten, allerdings sind diese kaum preisgünstiger als die Anfahrt mit dem Taxi, das zudem mehr zeitliche Bewegungsfreiheit bietet.

Lieblingsort

Zeitreise
Eine Bahnfahrt von Kairo in Richtung Süden präsentiert sich dem Besucher wie ein epischer Film. Der Zug fährt die gesamte Zeit durch das Fruchtland, man sieht die Fellachen auf ihren Feldern arbeiten, säen, ernten, beim gemeinsamen Mittagsmahl unter einer Palme sitzen; Kinder reiten auf vollbepackten Eseln heimwärts, in den kleinen Dörfern nimmt man am Marktalltag teil, man sieht, wie Zuckerrohr geschlagen und auf Schmalspurbahnen geladen wird, und fährt durch ausgedehnte Bananenplantagen. Da vergisst man sogar die speckigen Sitze und den allgemein eher ramponierten Zustand der meisten Züge.

Auf Entdeckungstour: In die Oase Fayum

Streng genommen ist das 100 km südwestlich von Kairo gelegene Fayum keine Oase, denn es verfügt nicht über eine Quelle oder einen artesischen Brunnen, sondern wird durch einen Nilkanal bewässert. Das tut der Faszination der Kairiner für diesen Ort keinen Abbruch, und so wird Fayum auch der Garten Kairos genannt.

Reisekarte: ▶ D 6

Planung: Reisebüros in Kairo bieten unterschiedliche Tagesausflüge nach Fayum an, z. B. Memphistours, www.memphistours.com (um 100 €). Wer selbst anreist, basiert sich am besten entweder in Medinet Fayum oder beschaulicher im Dorf Tunis. Innerhalb der Oase wird der öffentliche Nahverkehr mit Chevrolet-Pickups abgewickelt, nach Quasr Quarun oder Tunis muss man in Abshaway umsteigen.

Unterkunft in Tunis: Sobek Lodge, Tunis, 01 06 88 85 423, DZ ab 250 LE. Insgesamt 4 Häuser mit unterschiedlichsten Zimmern, auch kleine Ferienwohnungen im beschaulichen Töpferdorf Tunis. Kleiner Pool und schöner Seeblick.

Fayum ist ein von 2 Mio. Menschen bewohnter, eigener Verwaltungsbezirk mit der Hauptstadt Medinat Fayum, die 500 000 Einwohner zählt; die restliche Bevölkerung lebt in vier weiteren Städten, 163 Dörfern und 1620 kleinen Siedlungen. Medinat Fayum ist genauso laut, chaotisch und hektisch wie Kairo, die Umgebung aber bietet einiges Sehenswertes.

Birket Qarun

Der 215 km² **Qarun-See** im Norden wird von einem Kanal gespeist, der schon in vorgeschichtlicher Zeit vom Nil her durchbrach und von den Pharaonen nur erweitert wurde. Das Gewässer liegt 45 m unter NN. Die Wörter »Qarun« und »Fayum« stammen von dem koptischen Wort »*payom*« (See) ab. Die heutigen Bewohner nennen ihn el Birka, was so viel wie Teich heißt. Seit Generationen strömen die Bewohner Kairos an Sonn- und Feiertagen ins Fayum, um einen kurzen Badeurlaub einzulegen. Ägyptens Könige ließen sich am Ufer ein Jagdschlösschen bauen, heute heißt dieses Auberge du Lac und ist ein Hotel. 1945 diskutierte hier Winston Churchill mit Ibn Saud, dem Begründer der noch heute regierenden Dynastie in Saudi-Arabien, über die Zukunft des Mittleren Ostens.

Hunderttausende von Vögeln, im Winter sind es mit den Zugvögeln Millionen, dient der See als Nahrungsquelle, 88 verschiedene Arten haben die Ornithologen gezählt, dazu gehört auch eine große Flamingo-Population, die auf der Qorn genannten Seeinsel ein Refugium für die Brutsaison gefunden hat. Früher wurden hier vor allem Falken gejagt, die nach Saudi-Arabien und in die Golfstaaten verkauft wurden, seit einigen Jahren ist das Areal unter Schutz gestellt.

Am westlichen Ende des Qarun-Sees findet sich 45 km von Medinat Fayum entfernt die Ruinenstätte **Qasr Qarun** aus der Ptolemäerzeit (tgl. 8–16 Uhr, 25 LE). Dies sind die Reste der einstigen ptolemäisch-römischen Stadt Dionysias. Eine Festung mit den beachtlichen Ausmaßen von 94 x 81 m zeigt noch immer vier Eck- und fünf Mitteltürme; erbaut wurde sie unter Diokletian zum Schutz gegen die aus Nubien immer wieder gen Norden eindringenden Blemyer. Der schlichte Tempel war dem Krokodilgott Sobek geweiht, dessen Relief das besterhaltene des Tempels ist. Unter dem Allerheiligsten befanden sich eine Krypta und ein Orakelraum. Über eine Treppe gelangt man in den ersten Stock mit weiteren Kulträumen und auf das Dach.

Nahebei liegt das kleine Dorf **Tunis,** in dem in den 1970er-Jahren die Schweizer Künstlerin Evelyne Porrett eine Töpferschule für die Kinder des Dorfes gründete. Aus dieser Initiative heraus gibt es heute eine ganze Reihe von Töpferstudios, in denen man individuell gefertigte Tonwaren kaufen kann. Mit ein bisschen Glück gelangt man auch in die Schule und schaut sich den Unterricht an.

30 km nordwestlich von Medinat Fayum erstreckt sich am Ostufer des Qarun-Sees die antike ptolemäisch-römische Siedlung **Karanis,** heute **Kôm Aushim** genannt (tgl. 8–16 Uhr, 25 LE).

Auf dem Ruinengelände erkennt man noch deutlich die Anlage des Ortes, der in ptolemäischer Zeit gegründet wurde, zwei Tempel sind besser erhalten, der nördliche wurde erst während der Regierungszeit des Nero fertiggestellt und dann auf Geheiß des Commodus rund 130 Jahre später restauriert.

Fayums Pyramiden

Das Fayum ist bekannt für seine vier Pyramidenareale, von denen zwei, Hawara und Lahun, nahe am Fruchtland liegen und problemlos besichtigt werden können.

8 km südlich von Medinat Fayum liegt die **Hawara-Pyramide** (tgl. 8–16 Uhr, 25 LE), die in der 12. Dynastie von Amenemhet III. (reg. 1926–1892) in Auftrag gegeben wurde. Der Herrscher hatte ganz besonders die Erschließung des Fayum vorangetrieben und so wollte er hier wohl auch seine letzte Ruhestätte finden. Das Grabgebirge hat eine Kantenlänge von 106 m und ragt noch 54 m hoch auf. Den inneren Kern bildet ein 12 m hoher natürlicher Fels, um den herum Nilschlammziegel gemauert wurden, die mit Kalksteinplatten ummantelt waren. Diese brach man jedoch schon in der Antike für den Häuserbau in der Umgebung, sodass die Pyramide sich heute als Lehmziegelbauwerk präsentiert.

Der einstige Eingang liegt an der Südseite, kann jedoch wegen des gestiegenen Grundwassers nicht begangen werden. Zu Zeiten des Herrschers war der Gang zur Grabkammer durch einen mächtigen Versiegelungsstein verschlossen, der, wie wir es aus Filmen kennen, auf einem Sandbett ruhte; diesen Sand ließ man nach der Bestattung abfließen, wodurch sich der mächtige Sperrstein senkte und schließlich den Korridor vollständig versiegelte. Das schützte die Mumie des Königs jedoch nicht vor Grabräubern. Als Sir Flinders Petrie, der »Vater« der archäologischen Wissenschaft, die Pyramide Ende des 19. Jh. untersuchte, fand er nur den leeren Sarkophag. Doch auf dem ptolemäisch-römischen Friedhof nördlich der Pyramide legte Petrie 146 Fayum-Mumienporträts frei. 1956 schließlich wurde das nahe gelegene Grab der Königstochter Nofru-Ptah intakt und mit Grabbeigaben gefunden. Beispiellos in der altägyptischen Architektur ist der südlich angrenzende

Totentempel des Herrschers, ein schon im Altertum berühmtes Labyrinth, das jedoch in römischer Zeit als Steinbruch genutzt wurde, weshalb diese großartige Anlage weitgehend verschwunden ist. Strabon, Herodot und Plinius haben uns Beschreibungen hinterlassen, nach Herodot zählte der Tempel über 3000 Räume und Strabo schrieb, »kein Fremder könne in die Säulengänge hinein- oder wieder hinausfinden« und »die Anlage sei großartiger als alle griechischen Bauwerke zusammen«. Im Innern wurde die Steinstatue von Amenemhet gefunden, die sich heute im Ägyptischen Museum befindet.

Wenige Kilometer entfernt steht die **Lahun-Pyramide** (tgl. 8–16 Uhr, 25 LE), die auf die Initiative von Sesostris II. (reg. 1892–1878) zurückgeht. Auch dieses Bauwerk war aus Nilschlammziegeln errichtet und mit Kalksteinplatten verblendet, die schon vor Jahrtausenden für den Hausbau verwendet wurden. Entsprechend erodiert zeigt sich die Pyramide. Petrie fand immerhin den geplünderten Sarkophag.

Nördlich des Grabmals befinden sich acht Felsengräber sowie die Pyramide der Königin, südlich entdeckten die Archäologen vier Schachtgräber, in denen Verwandte des Herrscherpaars beigesetzt wurden; Petrie und sein Kollege Guy Brunton fanden in einem davon den Goldschmuck der Prinzessin Sit-Hathor, der heute zu gleichen Teilen im Ägyptischen Museum und im New Yorker Metropolitan Museum liegt.

Herrlich entspannen lässt es sich im Fayum am Birket Qarun

Das Beste auf einen Blick

Von Kairo über Minya nach Luxor

Auf Entdeckungstour

Die Tempel von Abydos und Dendera: Diese beiden einst bedeutendsten Heiligtümer des Alten Reichs liegen zwar nicht auf der Route vieler Touristen, lohnen den Besuch aber wegen ihrer gut erhaltenen Götterreliefs. S. 188

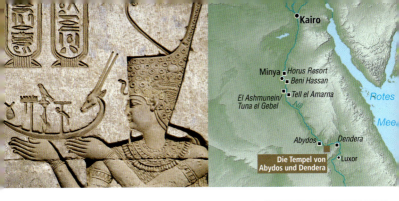

Kultur & Sehenswertes

Minya: Eigentlich nur ein Sprungbrett für Besuche in Tell el Amarna, Beni Hassan, El Ashmunein und Tuna el Gebel, war die Universitätsstadt jahrelang für Einzelreisende praktisch unzugänglich. Dabei ist Minya eine der reizendsten und grünsten Städte auf der Touristenroute, und die noch seltenen Touristen werden allenthalben begeistert begrüßt. S. 182

Beni Hassan: Auf jeden Fall sollte man die wunderbar mit Alltagsszenen ausgemalten Gräber von Gaufürsten des Mittleren Reichs in Beni Hassan besuchen. S. 183

Tell el Amarna: Die von Echnaton komplett neu angelegte Stadt überdauerte seine Regierungszeit nicht, die meisten Bauten wurden anschließend zerstört. Die riesige, kaum ausgegrabene Stadtfläche fasziniert vor allem durch das Wissen, dass hier die erste monotheistische Religion der Welt entwickelt wurde. S. 185

Genießen & Atmosphäre

Basar in Minya: Beim Basarbummel werden Sie keine anderen Touristen sehen, allerdings auch keine Pyramidenbriefbeschwerer, Nofreteteköpfe oder Papyrusrollen, sondern ganz normale Alltagsgegenstände. Anschließend geht es zum Leutegucken auf einen Tee ins Café Rusina am Hauptplatz. Am besten holen Sie sich dazu ein Croissant aus der kleinen Bäckerei gegenüber. S. 182

Restaurant des Horus Resort: Auch von feiernden Ägyptern wird das Restaurant in Minya wegen des guten Essens gerne gebucht. Von den Tischen draußen auf der Terrasse hat man sogar Nilblick. S. 183

Durch Mittelägypten

Zwischen Kairo und Minya gibt es außer der Oase Fayum (s. S. 176) kaum Attraktionen. Über Giza geht die Fahrt mit dem Zug durch das Fruchtland des Nils. Minya ist nach ca. 4 Std. erreicht.

Minya ▶ C 9

Die kleine, gut 200 000 Einwohner zählende Provinzhauptstadt und Universitätsstadt, mit vergangenem mediterranem Flair im Ortszentrum und entlang der Flaniermeile am Nil, liegt etwa 250 km südlich von Kairo und ist Zentrum eines landwirtschaftlich intensiv genutzten Einzugsgebietes. Im Umland von Minya werden Baumwolle, Sojabohnen, Weizen, Kartoffeln, Mais und Zuckerrohr angebaut. Montag ist Markttag in der Stadt, aus allen Himmelsrichtungen strömen dann Fellachen herbei und bieten ihre Waren an. Eine Brücke verbindet Minya mit der am Ostufer erbauten Retortenstadt El Minya el Gedida.

Jahrelang war Minya, von wo aus islamistische Gruppierungen gegen die Regierung operierten, aus Sicherheitsgründen für Touristen praktisch nicht zugänglich, deshalb ist die touristische Infrastruktur nicht sehr ausgeprägt. Inzwischen gilt die Region (in der übrigens auch sehr viele Kopten leben) längst als beruhigt, aber die behördliche Nervosität tritt immer noch zutage. So ist die Polizeipräsenz hoch, der Verkehr wird durch Bremsschwellen verlangsamt, Hotels werden gesondert bewacht und Individualtouristen nach ihren Besichtigungsplänen befragt. Sie müssen aber nicht mehr grundsätzlich mit Polizei-Eskorte reisen; stattdessen werden vorab die Polizeistellen unterwegs und an den Zielorten informiert.

Beni Hassan ist von Minya leicht in einem Halbtagesausflug zu erreichen. Da die Straße auf dem Ostufer sehr schlecht ist, verbindet man den Besuch von Tell el Amarna besser (in einem sehr langen Tag) mit Tuna el Gebel und Al Ashmunein.

Übernachten

Geschmackvoll – **Grand Aton Hotel:** Corniche el Nil, Tel. 0101 859 49 20,

---

Infobox

Tourist Information
Corniche el Nil, drei Blocks nördlich des Hotels Akhenaton. Selten geöffnet (theoretisch 9–17 Uhr); es spricht allerdings auch niemand Englisch und es gibt keinerlei Infomaterial. Auskunftsfreudiger und mit Glück kundiger sind die Hotelrezeptionen.

Verkehr
Die Sehenswürdigkeiten südlich von Minya sind nur mit dem Auto zu erreichen. Hotelrezeptionen helfen bei der Vermittlung eines Autos mit Fahrer (25–30 LE pro Stunde).

An- und Weiterreise
Mit dem Zug vom Kairoer Hauptbahnhof Mahatet Ramsis nach Minya. Von Minya weiter durch das Niltal bis Luxor, ebenfalls mit dem Zug. Busse nach Kairo und weiter in Richtung Süden nach Luxor verkehren vom Busbahnhof an der Sharia Saad Zaghloul ca. 300 m südlich vom Bahnhof.

grandaton@hotmail.com, DZ 85–95 US-$. Das kürzlich komplett renovierte Hotel nördlich der Stadt bietet solide Bungalows mit Nil- oder Gartenblick, Pool und Lounge am Nil.
Für Gruppen – **Horus Resort:** Corniche el Nil, Tel. 086 231 66 60 /61, www. horusresortmenia.com, DZ 80 US-$. Sauberes Hotel mit Nilblick von allen Zimmern, Pool und 24-Std.-Restaurant. Nördlich außerhalb.
Zentral am Strom – **Akhenaton Hotel:** Corniche el Nil, Tel. 086 236 59 17/8, www.kingakhenaton.8m.com, DZ 197 LE. 50 Zimmer mit Bad und Klimaanlage, 5 Familienzimmer, Satelliten-TV, vom Dachrestaurant im sechsten Stock hat man gute Blicke über die Stadt und den Strom, ein ordentliches Haus mit passablem Preis-Leistungs-Verhältnis.
Schlicht – **Beach Hotel:** Gumhurriya St. (nahe der Corniche im gleichen Block wie das Akhenaton Hotel), Tel. 086 236 23 07, DZ 90 LE (ohne Fr.). Recht einfaches, aber sauberes und ordentliches koptisches Hotel an der belebten Hauptstraße.
Bestes Preis-Leistungs-Verhältnis – **Omar El Khayyam:** 3 Damran St. (im Block hinter dem Akhenaton Hotel), Tel. 086 236 56 66, DZ 85 LE (ohne Fr.). Sauber und ruhig, aber oft lange im Voraus ausgebucht.

Essen & Trinken

Die teureren Hotels haben Restaurants; außerdem gibt es an der Corniche zwischen den nördlichen Hotels und der Innenstadt mehrere moderne Fast-Food-Restaurants für die studentische Elite (KFC, eine Pizzeria und ägyptisches Fast-Food); im Zentrum einfache Lokale und Cafés.
Kushari – **El Nagwa:** Gumhurriya St. (in Bahnhofsnähe), 2–6 LE. Das einfache Lokal serviert nur das Nudel-Reis-Linsen-Gericht Kushari – das aber gut.

Auf dem Fluss – **Mermaid:** Bootsrestaurant, im Ortszentrum an der Corniche vertäut, 30–60 LE. Einfache ägyptische Küche, aber auch gegrillte Fisch- und Fleischgerichte.

Infos

Innerstädtischer Verkehr: Die Innenstadt lässt sich gut zu Fuß erschließen; es gibt aber auch einige Taxis und Pferdedroschken.

Felsengräber von Beni Hassan ▶ D 9

Tgl. 8–17 Uhr, 30 LE
In den 39 Felsengräbern von Beni Hassan, gut 20 km südlich von Minya am östlichen Ufer des Nils, bettete man während des Mittleren Reiches (2040–1650 v. Chr.) die Gaufürsten der Region zur letzten Ruhe. Im Verlauf der vergangenen Jahrhunderte waren die Gräber bewohnt, wodurch die farbigen Zeichnungen arg in Mitleidenschaft gezogen wurden. Anfang der 1980er-Jahre nahm man eine umfangreiche Renovierung vor, die Szenenfolgen erstrahlen heute wieder in altem Glanz. Eine Besonderheit sind die Darstellung von sportlichen Aktivitäten, aber auch das Alltagsleben der damaligen Zeit ist gut dokumentiert.
Vier Gräber sind geöffnet, von der Treppe aus links Nr. 17, 15, 3 und 2. Am schönsten ist Nr. 17, für Khety, Sohn des Baket, Gaufürst während der 11. Dynastie: Hinten sind Ringerszenen und Kampfübungen der Miliz abgebildet – Ägypten war gerade erst nach einem langen Bürgerkrieg befriedet worden! Links sieht man auf einem Halbpfeiler Khetys Hochzeit mit mehreren Schreibern und Zeugen, und Khety und seine Frau, die Alltagsszenen überwachen. Rechts neben der

Von Kairo über Minya nach Luxor

Tür zeigen Schiffe die Wallfahrt seiner Mumie nach Abydos.

Grab 15 für Khetys Vater Baket ist ganz ähnlich und zeigt u. a. rechts eine Bestrafungsszene. Die koptischen Graffiti auf der linken Seite stammen aus einer späteren Zeit. In Nr. 3, für den Gaufürsten Khnumhotep unter Sesostris II. (12. Dyn.), sind nur einzelne Szenen sehr schön zu erkennen, etwa links die (ganz offensichtlich) fremdländischen Delegationen, die Störche und Antilopen bringen. Im Grab von dessen Vater Amenemhat (Nr. 2) sind die Schiffe nach Abydos hinten abgebildet, rechts von der Tür sieht man die klassische Weinherstellung mit den Füßen in einer Wanne.

Von der Höhe der Gräberterrasse hat man einen weiten Blick auf den fruchtbaren Uferstreifen und den Nil.

Etwa 2 km südöstlich von Beni Hassan liegt am Eingang eines Wadi der von den Griechen »Speos Artemidos« genannte Felsentempel, der während der Regierungszeit von Hatschepsut und Thutmosis III. (1490–1436 v. Chr.) für die löwenköpfige Göttin Pachet angelegt wurde. Nach dem Tod von Hatschepsut ließ Thutmosis Namen und Bilder seiner verhassten Mitregentin zerstören, Sethos I. verewigte sich später auf den getilgten Stellen. Durch eine Vorhalle mit acht Pfeilern und einen kurzen Gang erreicht man das quadratische Sanktuarium mit einer Nische für das einstige Kultbild an der hinteren Wand.

Der Eintritt ist frei, doch der Wächter mit dem Schlüssel, den man manchmal erst suchen muss, freut sich über ein kleines Bakschisch.

Ruinen von Nofretetes Nordpalast zeugen in ihren Dimensionen von der einstigen Pracht

Tell el Amarna ▶ D 10

Tgl. 8–15.30 Uhr (letzter Einlass), 25 LE
Tell el Amarna oder einfach nur Amarna nennt man das Gebiet 50 km südlich von Minya auf der östlichen Nilseite, auf dem einst Echnaton seine neue Residenz Achet-Aton errichten ließ. In großer Eile wurde die Stadt geplant, ihre Mauern hochgezogen. Nach dem Tod des ›Ketzerkönigs‹ verfiel sie rasch, zudem ließ Haremhab, Befehlshaber der Truppen und später selbst Pharao, die dem Aton geweihten Tempel sowie die Paläste abtragen. Inzwischen haben Archäologen immerhin den Grundriss der Stadt rekonstruiert und die Grundmauern einiger Gebäude im Zentrum freigelegt. Im Kleinen Aton-Tempel wurden zwei Säulen rekonstruiert, um die Dimensionen zu veranschaulichen.

In der Nähe gibt es eine Aussichtsplattform, und von der Seite www.amarnaproject.com kann man sich einen ausführlich dokumentierten Rundgang durch das Ruinenfeld herunterladen.

Anfang 1990 fanden britische Archäologen in Tell el Amarna die 3300 Jahre alte Hofbrauerei Echnatons. Malz, Getreide und Datteln hatten in den Gärbottichen die Jahrtausende gut überstanden und ermöglichten den Forschern, das Bier (altägypt.: *henket*), Lieblingsgetränk der Ägypter, nachzubrauen. Schmackhaft und bekömmlich fand man das Gebräu allerdings nicht. In pharaonischen Zeiten war das *henket* derart beliebt, dass es bis nach Syrien und Mesopotamien exportiert wurde. Damit der Gerstensaft die lange Reise gut überstand, reicherten die Brauer, angesehene Hofbeamte, das Bier mit Dattelzucker an und erhöhten so die Alkoholkonzentration.

Eine Besichtigung lohnen Amarnas Felsengräber, besonders die der Nordgruppe. Von den sechs Gräbern liegen Nr. 1, 2 und 6 etwas weiter abseits, so dass man Überzeugungskraft braucht, um Grabwächter und Polizei-Eskorte zum Besuch zu bewegen. Alle Gräber haben elektrische Beleuchtung, die Dekoration ist aber z. T. nur spärlich erhalten (am schönsten in Grab 4, für den Aton-Hohepriester Merire I.).

In den farbig gefassten Reliefs ist sehr deutlich der neue Stil der Amarna-Zeit zu beobachten. Insbesondere König Echnaton wird in wirklichkeitsnahen Körperproportionen – einem lang gezogenen Kopf mit fliehender Stirn, Hängebauch und spindeldürren Beinen – gezeigt. Auguste Mariette, erster Direktor des Ägyptischen Museums in Kairo, stellte aufgrund dieses deformierten Körperbaus die These auf, dass der Herrscher ein Eunuch gewesen sei. Medizinhistoriker haben die Vermutung geäußert, dass der Pharao einen

Von Kairo über Minya nach Luxor

Wasserkopf (Hydrozephalus) hatte und an dem sogenannten Fröhlich-Syndrom litt. Die männlichen Genitalien sind bei dieser Krankheit unterentwickelt, Fettpolster verteilen sich auf Bauch, Oberschenkeln und Gesäß, während die unteren Extremitäten abgemagert erscheinen. Ob die Darstellung aber tatsächlich realistisch war oder nur ein anderes, neuartiges Körperideal darstellte, ist ungeklärt, da Echnatons Mumie nicht sicher identifiziert ist.

Etwa 4 km südlich der Nordgruppe wurden weitere Würdenträger begraben (sogenannte Südgruppe). Das für Echnaton erstellte Grab befindet sich etwa 12 km östlich der Nordgruppe in einem abgeschiedenen Wadi. Es war wegen Restaurierung längere Zeit geschlossen, kann jetzt aber wieder besichtigt werden. Nach wie vor ist unklar, ob das Grab je benutzt wurde.

Echnaton und der erste Monotheismus

Um 1390 v. Chr. wird der einzige Sohn von Amenophis III. geboren. Wie in der 18. Dynastie üblich, erhält auch er den Namen Amenophis. Nach dem Tode des Pharao besteigt der vierte Amenophis den Thron, einige Jahre zuvor hatte er Nofretete (altägypt.: die Schöne ist gekommen) geheiratet.

Zwar lässt sich der neue Herrscher noch am Opfergebet vor dem Reichsgott Amun darstellen, doch betreibt Amenophis nach seiner Amtsübernahme eine konsequent auf den Sonnengott Aton ausgerichtete Religionspolitik, ändert seinen Namen um in Echnaton (Strahl des Aton), erhebt Aton zum alleinigen Gott und begründet damit den ersten Monotheismus der Menschheitsgeschichte.

Es kommt zu schweren Zerwürfnissen mit der Priesterschaft und der radikale Herrscher schließt kurzerhand den Amun-Tempel in Theben. Auch revolutioniert er die bildende Kunst. Statt der bisher ›geschönten‹, hierarchisch genormten Bilder und Reliefs bevorzugt Echnaton eine Bildsprache, die dem konventionellen ästhetischen Empfinden entgegensteht. Auch lässt er sich mit seiner Frau Nofretete und den gemeinsamen Töchtern in bislang ungewohnter Weise bei privaten Handlungen darstellen.

Nach und nach wechselt der König die gesamte Beamtenschaft aus und umgibt sich mit getreuen Anhängern aus den unteren Volksschichten. Schließlich beschließt Echnaton den Bau einer neuen Hauptstadt. Zwischen Memphis und Theben entsteht die neue Residenz Achet-Aton. Nachdem die ersten Paläste, Tempel, Verwaltungsgebäude und Wohnhäuser fertiggestellt sind, siedelt der Hof nach Achet-Aton über und Echnaton lässt im gesamten Reich den Namen des Gottes Amun tilgen. Dagegen vernachlässigt Echnaton die Sicherheit des Reiches. Fremdvölker dringen in Palästina ein, in Syrien schüren die anatolischen Hethiter Aufstände gegen die ägyptische Vorherrschaft. Hilferufe loyaler Vasallen verklingen ungehört. Im 17. Regierungsjahr stirbt der König – ob eines natürlichen oder eines gewaltsamen Todes, ist bislang noch ungeklärt. Sein Nachfolger ist Tut-anch-Aton, der sich in Tutanchamun umbenennt und zur Orthodoxie zurückkehrt.

Al Ashmunein und Tuna el Gebel ▶ C 9

Al Ashmunein ist immer zugänglich, Tuna el Gebel tgl. 8–16 Uhr, 20 LE
Al Ashmunein war unter dem Namen Schmunu einst Hauptstadt des 15. oberägyptischen Gaus. Im Alten, Mittleren und im Neuen Reich sowie wäh-

Al Ashmunein und Tuna el Gebel

Pharao Echnaton betet die Sonnenscheibe Aton an (Relief aus Tell el Amarna)

rend der hellenistisch-ägyptischen Ära gehörte der Ort zu den bedeutendsten Siedlungen des Nillandes; nach altägyptischem Glauben ist Al Ashmunein die ›Wiege der Welt‹.

Auf dem ausgedehnten Ruinenfeld lohnt vor allem die Besichtigung der frühchristlichen Basilika, deren von Archäologen wieder aufgerichtete Säulen der Blickfang des in Trümmern liegenden Areals sind. In der näheren Umgebung findet man überall Reste von Säulen und Kolossalstatuen sowie die Ruinen des Tempels von Philippos Arridaios, einem Halbbruder von Alexander dem Großen, und die Reste eines Thoth-Tempels aus der Ära Ramses' II. An der Zufahrtsstraße sind vor einem ehemaligen Museumsbau als Überrest des früheren Freilichtmuseums zwei Pavianstatuen des Gottes Thoth aufgestellt.

Tuna el Gebel, die Nekropole von Al Ashmunein, liegt etwa 10 km weiter Richtung Westen. Interessant ist hier der um 300 v. Chr. errichtete Grabtempel des Petosiris, der zu jener Zeit Hohepriester des Gottes Thoth war. In der Eingangshalle dokumentieren Reliefs im hellenistisch-ägyptischen Mischstil das Alltagsleben der damaligen Zeit, im Innern sieht man die pharaonischen Götter in traditioneller Darstellung. Ein tiefer Grabschacht führt in die Bestattungskammer. Im Grab der Isidora befindet sich nur die Mumie eines griechischen Mädchens, das um die Zeitenwende im Nil ertrunken sein soll.

Ferner findet man auf dem Areal eine Katakombenanlage, in der Abertausende von Vögeln und Affen bestattet wurden, sowie die älteste *sakiya* Ägyptens. Das Schöpfwerk datiert aus der ptolemäischen Ära.

Auf Entdeckungstour:
Die Tempel von Abydos und Dendera

Die beiden gut erhaltenen Anlagen liegen nicht auf der touristischen Hauptroute. Individualreisende kommen so in den Genuss, die Tempel fast allein zu durchschreiten.

Reisekarte: ▶ F 13 und G 13

Öffnungszeiten: Abydos tgl. 7–17 Uhr, 30 LE; Dendera tgl. 7–17 Uhr, 35 LE.

Planung: Abydos liegt 150 km nordwestlich von Luxor, Dendera ca. 65 km nördlich von Luxor und 8 km westlich von Qena (Straßenentfernungen). Organisierte Touren von Luxor aus nach Abydos und Dendera bieten die Reisebüros des Ortes an. Wer die beiden Tempel individuell besuchen möchte, sollte sich schon am Vortag mit einem Fahrer einigen, falls noch Genehmigungen eingeholt werden müssen.

Abydos gehörte einst zu den heiligsten Orten des Nillandes. Hier wurde der Totengott Chenti Amentui (erster Bewohner des Westreichs) verehrt, der im Alten Reich mit dem Gott Osiris gleichgesetzt wurde. Nach dem Glauben der Alten Ägypter ist hier Osiris von den Toten auferstanden – ein wichtiger Grund für Könige und Würdenträger, sich an diesem Ort zur letzten Ruhe betten zu lassen. Wer in Abydos begraben lag oder dort einen Kenotaph oder eine Gedenkstele errichten ließ, konnte der Auferstehung des Gottes teilhaftig werden. Auch eine Wallfahrt der Mumie nach Abydos (aus Kostengründen notfalls virtuell als Zeichnung im Grab) erhöhte die Auferstehungschancen. Alljährlich wurden in Abydos in einem Mysterienspiel der Tod des Osiris und seine Rückkehr zu den Lebenden dargestellt.

Tempel Sethos' I.

Die bedeutendste Sehenswürdigkeit ist der im 11. Jh. v. Chr. errichtete Tempel von Sethos I., den Ramses II. vervollständigen ließ. Der **Eingangspylon** und der erste Pylon sind heute nicht mehr vorhanden. Im **ersten Hof** kann man an der linken Umfassungsmauer Reliefszenen aus dem Krieg von Ramses II. gegen die Hethiter erkennen.

Vom **zweiten Hof** führt eine Rampe zum heutigen **Tempeleingang**. Ursprünglich öffneten sich in der Fassade, vor der sich zwölf Pfeiler erheben, sieben Tore, die einst – nach Passage zweier Säulensäle – zu den sieben Götterkapellen im hinteren Teil des Tempels führten. Bis auf die mittlere Tür ließ Ramses alle Durchgänge zumauern. Links vom Eingangstor fasst eine lange Inschrift die Baugeschichte des Heiligtums zusammen.

Der erste **Säulensaal** misst 52 x 11 m und 24 Papyrussäulen tragen das Dach. Auf der rechten Seitenwand zeigen gut erhaltene Reliefs Ramses II. vor verschiedenen Gottheiten. Wiederum sieben Durchlässe führen in die zweite Halle mit 36 Säulen in drei quer gelagerten Reihen. Auch hier sind die Darstellungen auf der rechten Seitenwand am interessantesten. Von rechts nach links sind zu sehen: Sethos I., der Osiris und Horus Opfergaben darbringt, indem er aus drei blumengeschmückten Gefäßen Wasser vor den Göttern ausgießt; das folgende Bild zeigt den Pharao, wie er mit einer Räucherpfan-

Abydos

- **A** Eingangspylon
- **B** Erster Hof
- **C** Zweiter Pylon
- **D** Zweiter Hof
- **E** Haupteingang
- **F** Erster Säulensaal
- **G** Zweiter Säulensaal
- **H** Kenotaph
- **I** Königsgalerie
- **J** Magazine

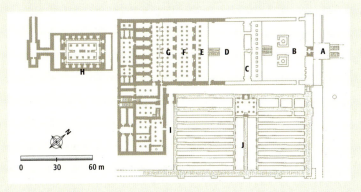

ne vor der Osiris-Kapelle opfert; links bringt Sethos die Maat – die Göttin der Wahrheit, die auf seiner Handfläche ›thront‹ – der Göttertrias Osiris, Isis und Horus dar.

Quer zur Tempelachse liegen sieben Kapellen, die früher mit Türen verschlossen waren. Im hinteren Teil eines jeden dieser Heiligtümer stand das Kultbild des Gottes, im vorderen Bereich der heilige Barke. Die linke Kapelle war Sethos I. geweiht: Hier sieht man ihn als Jugendlichen mit Haartolle und Tigerfellgewand. Daran schließen die Kammern für die Götter Ptah, Harachte, Amun, Osiris, Isis und Horus an.

Vom **zweiten Säulensaal** gelangt man nach links in die sogenannte **Königsgalerie.** An der rechten Wand des Raumes befindet sich die Herrscherliste von Abydos, die nahezu alle ägyptischen Pharaonen von Menes bis zu Sethos I. aufführt. Vor den Inschriften huldigen Sethos I. und der noch jugendliche Ramses II., der eine Papyrusrolle in den Händen hält, ihren großen Vorbildern.

Der von der Königsgalerie mit einem Treppenhaus nach rechts abgehende Raum zeigt an den Wänden, wie Bauern sich im Vogelfang üben.

Hinter dem Tempel befindet sich das Osireion, das Scheingrab von Sethos I. Die Anlage war einst in einen künstlichen Hügel eingetieft; um den zentralen Saal verlief ein Wassergraben, gespeist von einem Nilkanal. Das Wasser symbolisierte den Urozean, der Saal den Urhügel, aus dem die Welt erstand.

Der Hathor-Tempel von Dendera

Bereits im Alten Reich soll an dieser Stelle ein Heiligtum bestanden haben, die derzeitige Anlage geht auf die Ptolemäer zurück; vollendet wurde der Tempel während der Zeit der römischen Herrschaft.

Das heilige Areal ist von den Resten einer 290 m langen und 280 m breiten Mauer umgeben und umfasst neben dem Haupttempel zwei Geburtshäuser (Geburtshaus der Isis und römisches Geburtshaus), ein sogenanntes Sanatorium, die Ruinen einer koptischen Kirche aus der zweiten Hälfte des 5. Jh., einen heiligen See sowie ein kleines Isis-Heiligtum.

Da der Hathor-Tempel weder einen Eingangspylon noch einen säulenbestandenen Vorhof besitzt, blicken Betrachter, wenn sie den Temenos betreten, geradewegs auf die Fassade der **Vorhalle.** Insgesamt 24 Säulen, deren Kapitelle auf allen vier Seiten den Kopf der Göttin Hathor zeigen, schmücken den 42 x 25 m großen Saal. Besonders schön ist die farbige Bemalung der Decke mit Tierkreiszeichen und der Himmelsgöttin Nut mit weiten Schwingen.

Im folgenden Saal zeigen Reliefs die ›Grundsteinlegung‹ des Tempels. Rechts vom Eingangsportal: Mit der unterägyptischen Krone angetan, verlässt der König seinen Palast, ein Priester huldigt ihm. Links daneben lockert der Pharao vor der Göttin Hathor mit einer Hacke den Boden auf, Sinnbild für den ersten ›Spatenstich‹. Links vom Eingang findet sich eine ähnliche Szene, allerdings trägt der König hier die Krone von Oberägypten.

Rechts und links des Saales öffnen sich jeweils drei Kammern, die früher als Labor zur Herstellung von Kultsalben und als Magazine für die Tempelschätze genutzt wurden.

Der Tempelachse folgend, gelangt man durch den Opfersaal (der König opfert der Göttin Hathor) und einen weiteren Vorraum in das Sanktuarium, in dem sich einst die heiligen Barken mit den Götterbildern befanden.

Rund um das **Allerheiligste** verläuft ein Gang, an den sich zwölf Kammern reihen – Speicher zur Aufbewahrung von Kultgegenständen. Aus zweien dieser Räume führen steile und enge Treppenschächte hinunter in die Krypten des Tempels. Die farbigen Reliefs an den Wänden dieser unterirdischen Räume sind noch gut erhalten. Leider sind die Kammern durch steigendes Grundwasser bedroht.

Über zwei Treppen erreicht man vom Opfersaal das Tempeldach, von wo sich ein guter Ausblick über die gesamte archäologische Areal bietet. Beachtung verdienen auf dem Dach zwei Bauten: der kleine Hathor-Kiosk in der Südwestecke sowie die östliche Osiris-Kapelle. Anlässlich des Neujahrfestes trugen Priester das Kultbild der Göttin Hathor in einer Prozession zum Hathor-Kiosk hinauf und boten es den Strahlen der Sonne dar, damit die Göttin neue Energie tanken konnte. Diese Prozessionen sind auf den Wänden der Treppenhäuser dargestellt: Auf der einen Treppe schreiten die kahlgeschorenen Priester mit dem Trageschrein nach oben, auf der anderen nach unten.

In der höhlenartigen Osiris-Kapelle befindet sich im mittleren Raum eine Gipskopie des berühmten Tierkreises von Dendera (Original im Louvre), der einzigen kreisförmig ausgeführten Himmelsdarstellung der Ägypter. Außerdem sind Darstellungen der Himmelsgöttin Nut und Szenen der Osiris-Legende, mit Totenritual und Auferstehung zu sehen.

Dendera

- **A** Osttor
- **B** Tempel
- **C** Isis-Tempel
- **D** Heiliger See
- **E** Allerheiligstes
- **F** Stadt
- **G** Brunnen
- **H** Vorhalle
- **I** Hof
- **J** Sanatorium
- **K** Hathor-Kapelle
- **L** Mammisi Nektanebes I.
- **M** Koptische Kirche
- **N** Römische Mammisi
- **O** Tor
- **P** Römischer Brunnen

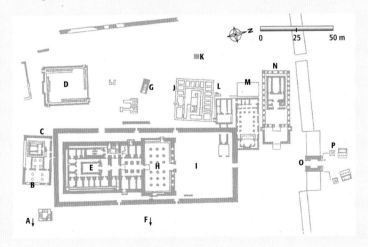

Das Beste auf einen Blick

Von Luxor nach Assuan

Highlights!

Luxor: Mit den beiden großen Tempeln im Stadtgebiet und seinen zwei kleinen, aber ausgezeichneten Museen ist Luxor ein einziges riesiges Freilichtmuseum. S. 194

Theben-West: Hier findet sich mit den Totentempeln und den Gräbern der Pharaonen eine der größten und bedeutendsten archäologischen Stätten der Welt. S. 208

Edfu: Auch dieses altägyptische Vermächtnis ist überwältigend. Der Horus-Tempel ist der heute am besten erhaltene Kultbau Ägyptens. S. 230

Auf Entdeckungstour

Zu Fuß zum Grab des Ay (Eje): Der Ausflug zum Grab des Ay in einem Seitental des Tals der Könige eröffnet Einblicke nicht nur in die spektakuläre Bergwelt des Westufers, sondern auch in die Abgründe pharaonischer Politik. S. 220

Lehmbauarchitektur von Hassan Fathy – Neu-Gurna: Hassan Fathy wollte alles richtig machen, Architektur von Menschen für Menschen, nachhaltig und ästhetisch, individuell und traditionsbewusst. Doch dann wollte niemand einziehen in sein schönes neues Dorf. Erst in letzter Zeit regt sich Interesse an der Architektur aus den 1950er-Jahren. S. 226

Kultur & Sehenswertes

Mumien-Museum in Luxor: Interessante Exponate zu den Techniken der Einbalsamierung der alten Ägypter. S. 198

Luxor-Museum: Ausgesucht schöne Statuen und Reliefs aus der altägyptischen Zeit. S. 198

Zu Fuß & mit dem Rad

Wanderung zum Felsengrab der Hatschepsut: Eine Wüstenwanderung auf jahrtausendealten Pfaden führt auf das Bergplateau am Westufer. S. 212

Über den Berg: Auf dem Weg vom Tal der Könige zum Hatschepsut-Tempel bieten sich grandiose Ausblicke über das Niltal. S. 225

Radtour in Theben-West: Vom Fähranleger geht es durch Dörfer und Felder zu den Grabtempeln der Pharaonen. s. S. 228

Genießen & Atmosphäre

Dampf ablassen: Im Designer-Spa des Hilton Luxor Resort kann man mit Nilblick entspannen. S. 203

Mit Stil: Das 1856 Restaurant in Luxors Old Winter Palace, benannt nach dem Erbauungsjahr des Hotels, bietet abendliche À-la-carte-Menüs in kolonialer Atmosphäre. S. 206

Abends & Nachts

Kitschig und laut: Einmal wenigstens sollte man sich eine Sound & Light Show ansehen. Logistisch am einfachsten zu arrangieren ist das abendliche Spektakel am Karnak-Tempel in Luxor, das vom Leben der Pharaonen in ihrer Hauptstadt erzählt. S. 208

Hauptstadt Altägyptens – Luxor!

Seit 150 Jahren steht Luxor im Zentrum jeder klassischen Ägyptenreise. Wie sonst an keinem anderen Ort im Land am Nil können hier die Besucher auf den Spuren der Pharaonen wandeln. Die Menge der wirklich bedeutenden Sehenswürdigkeiten an beiden Ufern des weltlängsten Stromes ist wahrhaft überwältigend und wer das erste Mal nach Ägypten kommt, wird Mühe haben, seine Reiseeindrücke zu verarbeiten. Mächtige Tempel, errichtet zum Ruhm der Götter ebenso wie zur Unsterblichkeit der Pharao-

Infobox

Reisekarte: ▶ G 14

Touristeninformation
Midan el Mahatet, Tel. 095 237 23 49, gegenüber Bahnhof, tgl. 8–20 Uhr.

Anreise und Weiterkommen
Luxor liegt an der Bahnstrecke Kairo–Assuan. Tickets für die 1.- und 2.-Klasse-Züge sowie für den Schlafwagen kann man reservieren. Da die Züge von Kairo meist etliche Stunden Verspätung haben und sich der Zug in Luxor schon merklich leert, ist es in Richtung Assuan besser, einfach in den nächsten Zug zu steigen und das Ticket im Zug zu kaufen (kleiner Aufschlag). Busse (auch Nachtbusse) fahren über Hurghada nach Kairo. Tickets kauft man in den Busbüros neben dem Bahnhof. Eine Alternative für Nahziele wie Edfu sind die häufiger fahrenden Minibusse.

nen, Grabanlagen von labyrinthischer Größe für die einstigen Herrscher, aber auch winzige Gruften, nicht minder sorgfältig ausgestaltet, von hochspezialisierten Handwerkern, zeugen von dem tiefen Glauben dieses Volkes an die Wiederauferstehung – eine starke spirituelle Triebfeder, die diese Hochkultur erst ermöglicht hat.

Am östlichen Ufer des Nils erstreckt sich heute der moderne Teil der einstigen Pharaonenkapitale mit den beiden gut erhaltenen Tempelanlagen, dem Luxor- und dem Karnak-Heiligtum, deren Besichtigung zu den Höhepunkten einer Ägyptenreise zählt.

Am Strom entlang zieht sich die breite Corniche, die Flaniermeile der fast 500 000 Einwohner zählenden Stadt, die Niluferstraße, auf der man entlangschlendern und den Blick auf den Fluss mit Feluken und Hotelschiffen genießen kann.

Von der Corniche sieht man auf der anderen Nilseite in der Ferne ein rostrotes Sandsteinmassiv, zu dessen Füßen der Totentempel der Königin Hatschepsut liegt. Hier, westlich des Stromes, außerhalb des Fruchtlands, befinden sich mitten in der Wüste die Totentempel der Herrscher und die vielen hundert Grabstätten von Handwerkern, Adligen und Pharaonen.

Geschichte

Die Monumente gehen auf das ›hunderttorige Theben‹ zurück, wie Homer in der ›Ilias‹ die einstige Residenzstadt nannte. Theben (altägypt.: *Weset*) war schon in ägyptischer Frühzeit ein wichtiger Ort. Doch erst als der thebanische

Luxor-Tempel

Provinzfürst Ägypten von der Fremdherrschaft der Hyksos befreien konnte (Mitte des 2. Jt. v. Chr.), stieg die Stadt zum politischen und religiösen Zentrum des Pharaonenreichs auf und löste Memphis als Hauptstadt ab.

Östlich des Nils erhoben sich die königlichen Paläste und die großen Tempelbauten, westlich des Stromes breiteten sich die Nekropolen aus.

In der Zeit des Neuen Reiches (1551–1070 v. Chr.) war Theben eine der glanzvollsten antiken Städte. Um 1300 v. Chr. zählte sie fast 1 Mio. Einwohner. Die 21. Dynastie (1070–945 v. Chr.) verlegte dann den Sitz der Reichskapitale nach Tanis ins Nildelta und die Assyrer plünderten und zerstörten Theben um 666 v. Chr. Unter den Ptolemäern (321–30 v. Chr.) war Theben/Luxor ein unbedeutendes Provinznest; zu Beginn der römischen Herrschaft ließ der Statthalter Cornelius Gallus den Ort zerstören. Erst der Tourismus brachte wieder neue Impulse.

Luxor-Tempel [1]

Tgl. 6–21.30 Uhr, 50 LE
Inmitten des Stadtgebietes von Luxor, und vom Nil nur durch die Corniche

Theatralische Lichtinszenierung: der erste Pylon des Luxor-Tempels

Luxor-Tempel

A Pylon Ramses' II.
B Hof
C Kolonnadengang
D Hof
E Allerheiligstes
F Mammisi

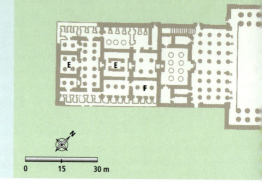

getrennt, erstreckt sich das Heiligtum, der Luxor-Tempel, über 260 m von Nord nach Süd; und der Besucher betritt es wie früher die Priester auch durch den gewaltigen Pylon, den Ramses II. errichten ließ.

Zur Zeit Ramses II. schützten sechs jeweils 14 m hohe Kolossalstauen des Pharaos das heilige Areal, von denen heute noch drei vorhanden sind. Zwei Obelisken ragten ursprünglich ebenfalls vor dem Tempel auf, der fehlende rechte schmückt seit 1836 den Place de la Concorde in Paris – als Geschenk des Vizekönigs Muhammad Ali; im Gegenzug bekam er später die Turmuhr der Alabastermoschee.

Der 65 m breite **Pylon (A)** zeigt Reliefs mit Darstellungen der Schlacht von Qadesh gegen die Hethiter. Auf der linken Turmwand erkennt man das Kampfgetümel, in das Ramses mit seinem Streitwagen hineinsprengt, die Feinde Fersengeld geben lässt und sie in ihre Festung treibt. Links wendet sich Mutawalli, der Hethiterfürst, ebenfalls zur Flucht, treibt die Rosse seines Streitwagens in die Sicherheit von Qadesh und blickt angstvoll über die Schulter nach Ramses zurück. Die rechte Seite zeigt den Herrscher beim Kriegsrat, den Angriff auf das ägyptische Lager und wieder Ramses auf seinem Streitwagen.

Durch Säulenhöfe und Säulengänge ins Allerheiligste

Der große **Säulenhof (B)** hinter dem Pylon misst 57 x 51 m und ist an allen Seiten von Kolonnaden umgeben, insgesamt 74 Papyrussäulen tragen deren Decke. Zwischen den Säulen finden wir überlebensgroße Statuen, die teilweise Amenophis III. zeigen und von Ramses usurpiert wurden. In der Nordwestecke befindet sich die dreigeteilte Kapelle, die Hatschepsut anlegen ließ, deren mittlerer Teil Amun, der rechte und linke seiner Gemahlin Mut und seinem Sohn Chons geweiht war.

Das südliche Hoftor leitet in den 53 m langen **Säulengang (C)** über, den Amenophis III. anlegen ließ, und der 14 paarweise angeordnete, 16 m hohe Papyrusbündelsäulen mit offenen Kapitellen besitzt. Die Wände im Gang waren bis vor wenige Jahrzehnte noch mit Reliefs verziert, die auf Initiative von Tutanchamun angelegt wurden und die Feierlichkeiten des jährlichen Opet-Festes zum Inhalt hatten. Dabei besuchten die Götter des Karnak-Tempels ihre himmlischen Kollegen in Luxor, wurden dabei unter der begeisterten Anteilnahme des Volkes in Nilbarken den Strom heraufgefahren, verblieben einige Tage in dem Schwesterheiligtum und machten sich dann wieder auf die Fahrt nach Hau-

196

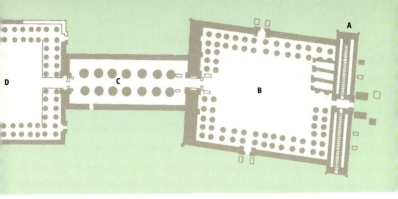

se. Über den daran anschließenden zweiten, 52 x 46 m großen **Säulenhof (D)**, in dem 1989 bei einer Routineuntersuchung gut erhaltene Steinstatuen von Amenophis III., der Göttin Hathor, von Haremhab und von Atum gefunden wurden, gelangt man in die Vorhalle des eigentlichen Heiligtums. Die Decke ist von 32 Papyrusbündelsäulen getragen und die Wände sind mit religiösen Darstellungen geschmückt. Aus dem folgenden Raum entfernten die Römer die acht Säulen und bauten ihn zu einem Heiligtum für den Kaiserkult um, damit die hier auf Geheiß von Diokletian stationierten Legionäre eine Anbetungsstätte hatten. Von den einstigen Malereien sind nur noch Reste zu erkennen. Weiter der Tempelachse folgend, gelangt man in eine Kammer, in der einmal die heilige Barke stand, und erreicht nun das **Allerheiligste (E)**, das Alexander der Große in seine heutige Gestalt umbauen ließ. Es schließen sich ein Opfertischsaal mit zwölf Säulen und der Raum für das Kultbild an.

Der Geburtsraum (Mammisi)

Von großem Interesse ist der **Geburtsraum (F)**, der die späteren Mammisi vorwegnimmt, und deren Reliefs die mythische Vorstellung von der Geburt des Pharaos, hier Amenophis III., an der Westwand zeigt. Leider wurden die Darstellungen auf Geheiß von Echnaton stark beschädigt.

In der unteren Reihe von rechts nach links: Hathor umarmt Königin Mutemweje, die Mutter des zukünftigen Amenophis; Amun und der Pharao, Amun und der ibisköpfige Thoth, Amun und Mutemweje sitzen auf einem Bett im Gespräch mit den Göttinen Selkis und Neith. Chnum erschafft, beobachtet von Hathor, auf der Töpferscheibe zwei kleine Jungen, nämlich Amenophis und seinen Ka.

In der mittlere Reihe (teilweise schwer zu erkennen): Thoth erklärt Mutemweje zur Königsmutter, Hathor und Chnum führen sie in die Geburtshalle, in der Amenophis mit dem Beistand von Hebammen das Licht der Welt erblickt, Amun hält das Neugeborene im Arm, flankiert von Hathor und Mut.

In der obereren Reihe: Mutemweje und eine Göttin sehen zu, wie zwei Ammen den neuen Prinzen und seinen Ka säugen, eine Göttin hält den Jungen und seinen Ka auf dem Arm, Horus übergibt den Prinzen und seinen Ka an Amun, das Kind und sein Ka steht zusammen mit Chnum und Anubis vor Amun, der Prinz und sein Ka vor der Schreibergöttin Seschat (womit die Beschneidung symbolisiert wird).

197

Luxor

Sehenswert
1 Luxor-Tempel
2 Mumien-Museum
3 Luxor-Museum
4 Karnak

Übernachten
1 Old Winter Palace
2 Hilton Luxor Resort
  & Spa

3 Maritim Jollie Ville
  Kings Island
4 Iberotel
5 Villa Nile House
6 Susanna
7 New Pola
8 Boomerang Hotel Luxor

Essen & Trinken
1 1886

2 The King and Thai
3 Sofra
4 King's Head Pub
5 Café Latte
6 Al Uqsur

Einkaufen
1 Touristen-Souq
2 Nefertari
3 Hosny & Refaat

Diese Szenenfolgen finden sich in vielen Tempeln wieder, ihr Ursprung geht bis in die Anfänge der Pharaonenzeit zurück und wenn man sie in unsere Symbolsprache übersetzen wollte, so sehen wir hier nichts anderes als die biblische Weihnachtsgeschichte: Amun erwählt die Königin als Mutter für seinen göttlichen Sohn und schickt Thoth aus, um ihr davon zu berichten; zugleich erhält Chnum den Auftrag, das Kind und seine Seele auf der Töpferscheibe zu formen; unter der Aufsicht der Götter kommt der Knabe zur Welt, wird von Ammen genährt und Amun präsentiert, der ihn als seinen Sohn anerkennt.

Mumien-Museum 2
Tgl. 9–17 Uhr, 50 LE
Ein Stückchen weiter flussaufwärts befindet sich an der Corniche das kleine Mumien-Museum von Luxor, das den Balsamierungskult der alten Ägypter mit wenigen, aber sehr schönen Exponaten und gut erhaltenen Instrumenten verdeutlicht.

Luxor-Museum 3
Tgl. 9–17 Uhr, 80 LE
Auf dem Weg nach Karnak bietet sich ein Besuch im Luxor-Museum an. Hervorragende, übersichtlich angeordnete und mit hilfreichen Erklärungen versehene Exponate – Statuen von Schreibern, die im Schneidersitz arbei-

ten, Würfelhocker, Götter- und Pharaonenskulpturen sowie eine lange Reliefwand aus der Zeit von Echnaton (1364–1347 v. Chr.) ermöglichen Einblicke in die altägyptische Kultur und Kunst und erläutern das pharaonische Weltbild.

In einem gesonderten Raum befinden sich die zierliche Mumie des Ahmose, der bei seinem Tod 33 Jahre alt war und Arthritis hatte, sowie die eines weiteren Pharaos (möglicherweise Ramses I.).

Tempelanlage von Karnak 4

Sommer tgl. 6–18.30, Winter tgl. 6–17.30 Uhr, 65 LE
3 km nördlich des Luxor-Tempels breitet sich, wiederum auf der Ostseite des Nils, die Tempelstadt Karnak mit dem Großen Amun-Heiligtum sowie dem Tempel des Month und der Mut aus. Die Anfänge des Amun-Tempels reichen bis in die 12. Dynastie (1991–1785 v. Chr.) zurück – bis in die Ptolemäerzeit hinein ließ jeder große Herrscher Erweiterungen vornehmen. Jahrhundertelang war Karnak religiöses Zentrum des Pharaonenreiches. »Wie schön ist doch der Tempel des Amun«, heißt es in einer thebanischen Inschrift, »wenn der Tag mit Feiern vergeht«.

Erster Pylon

Entlang einer Allee von widderköpfigen Sphingen – der Widder war eine Verkörperung des Gottes Amun – erreicht man den ersten Pylon, der aus der Ptolemäerzeit (Mitte des 4. Jh. v. Chr.) datiert und unvollendet blieb; mit 43,5 m Höhe, 113 m Breite und einer Mauerstärke von 15 m hat er eindrucksvolle Maße.

Es schließt sich ein offener, um 750 v. Chr. geschaffener Hof an, der

199

Von Luxor nach Assuan

84 m tief und 103 m breit ist. Links, jenseits des Eingangs, erhebt sich auf dem Hof ein kleiner, unter Sethos I. (1304–1290 v. Chr.) erbauter Tempel, der den Göttern Amun, Mut und Chons geweiht ist. Auf der rechten Seite, quer zur Tempelachse, ehrt ein kleines Heiligtum mit 20 Osirispfeilern dieselbe Göttertrias. Diesmal war Ramses III. der Stifter. Auf der Hoffläche steht eine 21 m hohe Säule – eine von ehemals zehn Stützen, mit denen der Pharao Taharqa (690–664 v. Chr.) einen Säulengang ausstattete. Eine aus Rosengranit geschlagene Kolossalstatue von Ramses II. erhebt sich am Hofausgang vor dem zweiten Pylon.

Der Große Säulensaal

Durch den zweiten Pylon gelangt man in den Großen Säulensaal. Auf einer Fläche von 5408 m² ragen in 16 Reihen 134 reich dekorierte Säulen empor – die zwölf höchsten sind um die 21 m hoch. An den Außenwänden der Halle zeigen Reliefs die siegreichen Schlachten von Sethos I. (nördliche Wand) und Ramses II. (südliche Wand) über Gegner aus Palästina und Libyen. Bemerkenswert am äußersten linken Teil der südlichen Außenwand (neben einer Darstellung der Schlacht von Qadesh) ist die Siegesinschrift des Scheschonk, die vom erfolgreichen Feldzug gegen Rehabeam von Juda, Salomons Sohn, kündet.

Mittelhof

Zwischen dem dritten und vierten, von Amenophis III. bzw. Thutmosis I. errichteten Pylon, die beide stark beschädigt sind, weitet sich ein Mittelhof, in dem einst zwei Obelisken von Thutmosis I. (1505–1493 v. Chr.) und ein weiteres Paar von Thutmosis III. (1490–1436 v. Chr.) standen. Nur ein 20 m hoher und rund 130 t schwerer Monolith des ersten Thutmosis blieb erhalten.

Obelisk der Königin Hatschepsut

In der angrenzenden Säulenhalle ragt der Obelisk der Königin Hatschepsut (1490–1468 v. Chr.) auf. Mit einer Höhe von 29,5 m und rund 320 t Gewicht ist er nach dem Lateranobelisken in Rom und dem unvollendeten Monolithen in Assuan der größte unter den altägyptischen Obelisken. Deutlich sieht man die Abarbeitungen im Stein, die Echnatons (1364–1347 v. Chr.) Handwerker geschlagen haben, um den Namen des Gottes Amun zu tilgen.

Durch den fünften Pylon gelangt man in zwei weitere, stark zerstörte Vorhallen, danach in einen Saal mit zwei Granitpfeilern. Der rechte trägt als Emblem eine Lilie, die Wappenpflanze von Oberägypten, der linke einen Papyrus, Symbol Unterägyptens.

Es folgt das Kultzentrum. Auf dem noch vorhandenen Sockel standen einst die heilige Barke und das Götterbild. Das Sanktuarium umschließt der Annalensaal, dessen Wände mit Inschriften bedeckt sind.

Über ein Trümmerfeld mit Resten aus der Zeit des Mittleren Reiches (2040–1650 v. Chr.) erreicht man die Festhalle von Thutmosis III. 20 Säulen und 32 Pfeiler stützen die Decke des insgesamt 44 m langen und 16 m breiten Saales.

Der Tempelachse folgend, geht es weiter zu den Ruinen des unter Thutmosis III. errichteten, unter Ramses II. und Taharqa erweiterten und modifizierten Obeliskentempels, dessen größter, etwa 31 m hoher Monolith heute auf dem Lateran-Gelände in Rom steht. Auf dem Tempelgrund finden sich nur noch zwei Basen vom Obelisken.

Am Ende des Besichtigungsgangs erblickt man das knapp 20 m hohe Osttor der Tempelmauer, das der Pto-

Monumental und bilderreich: der große Säulensaal von Karnak

Von Luxor nach Assuan

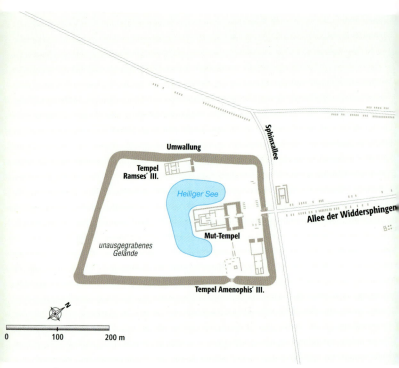

Tempelanlage von Karnak

lemäer Nektanebos I. (378–361 v. Chr.) erbauen ließ – es liegt fast 500 m vom Eingangspylon entfernt.

Nördlich des Großen Amun-Tempels ließ Thutmosis III. dem Ptah, dem Schutzgott von Memphis, ein kleines Heiligtum errichten; in der Ptolemäerzeit wurde es erweitert. Von dem stark zerstörten Tempel des Gottes Month, ein wenig weiter nördlich, sind heute nur noch Teile seiner Grundstruktur zu erkennen.

Tempel der Mut

Zwischen dem dritten und vierten Pylon des Amun-Tempels verläuft Richtung Süden eine Prozessionsstraße mit vier Pylonen sowie einer Sphingenallee in Richtung des Tempels der Mut. Erste Attraktionen bei der Besichtigung sind die Spitze des Hatschepsut-Obelisken und ein Riesenskarabäus aus Granit. Beide liegen am westlichen Ufer des heiligen Sees, der einst für rituelle Bootsfahrten genutzt wurde.

Zwischen dem See und dem Amun-Tempel erhob sich auch das jetzt weitgehend zerstörte Gebäude des Taharqa. Im ›Sonnenhof‹ vor dem siebten Pylon wurden aufsehenerregende Funde gemacht. In der sogenannten Cachette, einer 14 m tiefen Grube, entdeckten die Archäologen fast 18 000 Statuen aus Stein und Bronze, die

Tempelanlage von Karnak

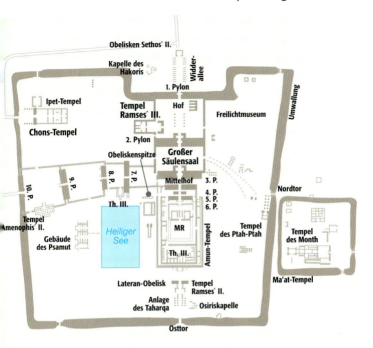

ursprünglich aus dem Amun-Tempel stammten und hier im Zuge einer Tempelreinigung ›begraben‹ wurden.

Den achten Pylon ließ die Königin Hatschepsut errichten, den Neunten Pharao Haremhab. Die Sphingenallee und der Mut-Tempel sind zurzeit nicht zugänglich. Dieses Tempelareal ab dem 7. Pylon ist seit vielen Jahren gesperrt, da es archäologisch noch genauer untersucht werden muss.

Übernachten

Luxor-Stadt hat große Hotelketten, Mittelklassehotels sowie Budget-Unterkünfte. Beschaulicher und günstiger für Besichtigungen in Theben-West wohnt man auf der West Bank, wo immer mehr kleine Hotels mit sehr gutem Preis-Leistungs-Verhältnis öffnen.

Koloniales Flair – **Old Winter Palace** **1** : Corniche el Nil, Tel. 09 52 38 04 22, Fax 09 52 37 40 87, www.sofitel.com, DZ ab 220 €. Hinter dem britischen Kolonialhotel, erbaut 1886, erstreckt sich ein grüner, palmenbestandener Park mit Pool und einem weiteren modernen Hotelgebäude, dem **Sofitel Pavillion Winter** (DZ ab 83 €).

Design direkt am Nil – **Hilton Luxor Resort & Spa** **2** : New Karnak, www.hilton.de, Tel. 095 237 49 33, DZ ab 200 €. Das Designer-Hotel mit großem

Lieblingsort

Infinity Pool des Hilton Spa – Entspannung pur

So eindrucksvoll die Königsgräber und Tempel von Luxor auch sind – manchmal möchte man einfach nur die Seele baumeln lassen. Zuerst ein paar Runden im Pool, der nahtlos in den Nil überzugehen scheint – wer möchte nicht gerne einmal das Gefühl haben, im Nil zu schwimmen, aber mit geprüfter Wasserqualität bitte. Anschließend mit einem kühlen Limonensaft in die Hängematte und den Blick über die spiegelnde Wasseroberfläche bis hin zu den grünen Palmen am Westufer schweifen lassen. Der Sonnenuntergang kann kommen!
Nayara Spa, Hilton Luxor Resort & Spa [2]: Der Infinity Pool ist für Hotel- und Spa-Gäste zugänglich, tgl. 9–22 Uhr, Pool- Zugang bei Spa-Treatment ab 40 US-$ inklusive. Reservierungen per Telefon unter Tel. 095 237 49 33.

Von Luxor nach Assuan

Infinity Pool zum Nil und wunderbarer Spa-Anlage liegt ca. 1 km nördlich des Karnak-Tempels in einem Wohngebiet.

Oase der Ruhe auf der Insel – **Maritim Jollie Ville Kings Island** **3** : Al Awameya Road, Kings Island, www.maritim.de, Tel. 095 227 48 55, DZ ab ca. 110 €, oft günstigere Angebote. Große Bungalowzimmer in einer weitläufigen Grünanlage mit mehreren Pools. Mehrmals täglich Gratis-Shuttle in den Ort.

Pool auf dem Ponton – **Iberotel** **4** : Khaled Ibn El Waled Street, Tel. 095 23 80 925/6, www.iberotel.de, DZ ab ca. 50 € pro Nacht. 189 kleine, aber komfortable Zimmer, Garten und ein Pool auf einem Ponton im Nil. Das Hotel wird gerne von deutschen und holländischen Reiseveranstaltern gebucht.

Voll entspannt im Boutiquehotel – **Villa Nile House** **5** : Gezira, Westbank, Tel. 0100 566 34 68, www.villa-nile house-louxor.com, DZ 36–48 € (Hochsaison). 19 geschmackvolle Zimmer in einem verschachtelten Haus im nubischen Stil. Verschiedene Terrassen

---

Unser Tipp

Hilfe für Kutschpferde
Die britische Non-Profit-Organisation ACE Egypt betreibt am südöstlichen Rand von Luxor eine Tierklinik für Arbeitstiere. Hier werden u. a. die Pferde, die die bei Touristen beliebten »Kalesh« ziehen, kostenlos untersucht und gepflegt. Man kann eine Kutschfahrt zum Tierarzt machen und sich das ACE-Zentrum ansehen, während das Pferd gebadet und entwurmt wird. El Habil Rd, www.ace-egypt.org.uk, Sa–Do 8–12, 13–17 Uhr, Spenden willkommen.

---

und Sitzgruppen garantieren private Ruhe. Kleiner Pool und gutes Essen.

Zentral und freundlich – **Susanna Hotel** **6** : 52 Mabed el Karnak St., 095 236 99 12, www.susannahotelluxor.com, DZ 30 US-$ (ohne Blick) bis 55 US-$ (mit gutem Nilblick). Sehr freundliches und sauberes Mittelklassehotel mit gut ausgestatteten Zimmern und Pool. Frühstück mit Blick gibt's auf der Dachterrasse.

Preiswerter Nilblick – **New Pola Hotel** **7** : Corniche el Nil, Tel. 095 236 50 81, DZ ohne Blick ab ca. 200 LE, mit Nilblick ab etwa dem 4. Stock etwas teurer. Einfaches Hotel an einer belebten Straße, schöne Dachterrasse mit Pool.

Große Sprünge mit kleinem Beutel – **Boomerang Hotel Luxor** **8** : Mohamed Farid Street, Tel. 095 228 09 81, info@boomerangluxor.com, DZ mit Bad 130 LE, Schlafsaal 25 LE. Sehr sauberes Backpackerhotel mit schönen Gemeinschaftsbereichen und gemütlicher Dachterrasse. Ideal für Leute, die Kontakt mit anderen Reisenden suchen. Das üppige Frühstücksbuffet kostet 15 LE extra.

Essen & Trinken

Restaurants mit guter internationaler Küche findet man in und in der Nähe der 4- und 5-Sterne-Hotels; ansonsten zahlreiche einfache und preiswerte Restaurants und Garküchen mit einheimischen Gerichten u. a. am Bahnhofsplatz, an der Mahatet St. und an der Basarstraße.

Stilvoll – **1886** **1** : Restaurant im Old Winter Palace, Corniche el Nil, Tel. 09 52 38 04 22/25, 80–150 LE. Benannt nach dem Erbauungsjahr des Hotels, bietet gute abendliche À-la-carte-Menüs in kolonialer Atmosphäre.

Authentisch thailändisch – **The King and Thai** **2** : St. Joseph St. (Nähe Medina St.), Tel. 0111 342 41 37, 0100 796

Luxor: Adressen

Im Basar von Luxor

82 70. Hauptgerichte 35–80 LE. Würzige, aber nicht zu scharfe Thai-Küche in einem kleinen Lokal im Ausgehviertel.
Gepflegt ägyptisch – **Sofra** 3 : Mohammed Farid St. 90, Tel. 09 52 35 97 52, www.sofra.com.eg, tgl. 11–23 Uhr. Orientalisch eingerichtetes Lokal mit schönen Details wie Mashrabbiya-Holzgittern und sehr guter ägyptischer Küche (auch Alkohol). Reservierung empfohlen. Hauptgerichte 40–80 LE.
Sportlich – **King's Head Pub** 4 : Sharia Khalid Ibn Walid, Tel. 09 52 28 04 89, 20–60 LE. Luxors ältester englischer Pub, mit erschwinglichem typischem Pub-Food, Happy Hour 19–20 Uhr. Darts und Billard kann man selbst spielen, Fußball und anderen Sport am Bildschirm verfolgen.
Modernes Kaffeehaus – **Café Latte** 5 : Sh. Port Said, tgl. 9–2 Uhr. Mehrstöckiges westliches Café im Starbucks-Stil, bei wohlhabenden ägyptischen Familien beliebt. Spielzimmer für Kinder im 2. OG, auf der Dachterrasse ist eine Shisha-Bar. Kaffeespezialitäten 5–20 LE.
Ofenfrisch – **Al Uqsur** 6 : Ecke Sh. Mahatta/Sh. Port Said. Beliebte und sehr leckere Bäckerei (nur Straßenverkauf) mit süßem und pikantem Gebäck, 0,50 bis höchstens 5 LE (arabische Preisliste hängt aus).

Einkaufen

Der **Touristen-Souq** 1 verläuft in der Sharia al-Souq parallel zum Luxor-Tempel zwischen der Bahnhofstraße (Sharia el Mahatta) und der Sharia Mustafa Kamel, die einen normalen Lebensmittelmarkt beherbergt. Weitere Lebensmittelstände und Ge-

207

schäfte finden sich in der Sharia Medina, zwischen Television St. und St. Joseph St. Bei den Touristenattraktionen und in der Nähe des Winter Palace Hotels gibt es ebenfalls zahlreiche Souvenirshops.

Organisch – **Nefertari 2** : Sh. Al Rawda al Sharifa, Sa–Do 11–20.30 Uhr. Naturkosmetik und ägyptische Baumwolle (Handtücher und Bademäntel).

Alkohol – **Hosny & Refaat 3** : Ramsis St./Haret Fared, tgl. 9–23 Uhr. Einer von mehreren koptischen Freeshops in Bahnhofsnähe, in denen man Alkohol kaufen kann.

Abends & Nachts

Nicht erst seit der Revolution gibt es in Oberägypten kaum noch öffentliche Discos oder Bauchtanzshows. Über einzelne Veranstaltungen kann die Touristeninformation Auskunft geben.

Ton und Licht – Die **Sound & Light Show** in Karnak bietet die Gelegenheit, abends bei stimmungsvoller Beleuchtung durch die enorme Säulenhalle zu schreiten; der zweite Teil der Show, ein Vortrag mit Licht- und Soundeffekten, fällt dagegen ab. Jeden Abend finden mindestens drei Shows statt, im Winter beginnend um 18, im Sommer um 19 Uhr. Täglich englisch, 3 x pro Woche deutsch, alle Sprachen auch per Audioguide. 105 LE, www.soundandlight.com.eg.

Infos & Termine

Verkehr

In der Innenstadt verkehren **Pferdedroschken** *(kalesh)* und **Taxis**, zudem pendeln durch das gesamte Stadtgebiet, entlang der Corniche bis zum Karnak-Tempel sowie entlang der Karnak Street, **Minibusse**, die auf Handzeichen halten und deren Preise sich zwischen 50 Piaster und 2 LE bewegen.

Feste

Alljährlich wird in Theben-West ein internationaler **Marathon** ausgetragen, der am Hatschepsut-Tempel Deir el Bahari startet und auch sein Ziel findet (www.egyptianmarathon.com). 6–8 Wochen vor dem Ramadan findet Luxors größte **Moulid** zu Ehren des lokalen Heiligen Abu el Hagag statt, dessen Moschee in den Luxor-Tempel ragt. Der Festtag wird nach dem Mondkalender festgelegt und variiert daher von Jahr zu Jahr (genaue Daten in der Tourist Information).

Theben-West!

Außerhalb des Fruchtlands befinden sich westlich des Nils, mitten in der Wüste auf einem viele Quadratkilometer umfassenden Areal, die einstigen Totentempel der Pharaonen sowie die Gräber der ehemaligen Herrscher des ägyptischen Reiches und der einfachen Handwerker.

Man kann nur staunen über den obsessiven Charakter der alten Ägypter, dem Tod ein Schnippchen schlagen zu wollen, indem sie ihr gesamtes diesseitiges Leben in einen Kult einbanden, der ihr Denken und Handeln vollständig beherrscht haben muss. Nur so kann man sich die wahrhaft grandiosen Monumente und die überreich ausgestatteten letzten Ruhestätten erklären, denen sie einen Großteil ihres Alltags gewidmet haben. Da

Memnon-Kolosse

Die beiden etwa 18 m hohen Sitzstatuen der Memnon-Kolosse, die Amenophis III. darstellen, sind die einzigen Reste seines Totentempels. In der Ptolemäerzeit benannte man die Figuren nach dem mythischen König Memnon, der im Trojanischen Krieg von Achilles getötet wurde. Die Namensgebung ging wahrscheinlich auf die lautliche Ähnlichkeit von Amenophis und Memnon zurück.

Kurz vor der Zeitenwende fügte ein Erdbeben dem nördlichen Koloss schwere Schäden zu, Risse durchzogen den Block, und von Stund an vernahmen die erstaunten Besucher bei Sonnenaufgang einen klagenden Ton.

Dadurch wurden die beiden Statuen zu einer ›Touristenattraktion‹ der Antike, und das allmorgendliche ›Stöhnen‹ ging in die griechische Mythologie ein: Memnon grüßte, so die sagenhafte Erklärung, beim Erwachen seine Mutter Eos, die Göttin der Morgenröte, die tränenreich (in Form des Morgentaus) auf die Klage ihres Sohnes antwortete.

Die Geschichtsschreiber Strabon, Pausanias und Juvenal besuchten die Statuen, viele andere taten es ihnen gleich und hinterließen Graffiti an den Kolossen. Schon lange ist das Klagelied des Memnon verstummt. 199 n. Chr. ließ der Kaiser Septimius Severus die Statue restaurieren, seither bleibt der Gesang aus. Man nimmt an, dass die starken Temperaturunterschiede zwischen Tag und Nacht sowie die Schwankungen der Luftfeuchtigkeit in den Kavernen der Kolossalfigur allmorgendlich Steinpartikel absprengten, wodurch der Ton erzeugt wurde.

Infobox

Reisekarte: ▶ G 14

Alle Sehenswürdigkeiten von Theben-West sind tgl. 7–16.30 Uhr geöffnet. Es gibt vier **Ticketkioske,** die meisten Karten bekommt man am Hauptkiosk ca. 1 km hinter den Memnon-Kolossen. Das Tal der Königinnen, der Hatschepsut-Tempel und das Tal der Könige haben eigene Kioske am Eingang; der Schalter für die Gräber von Tutanchamun und Ramses VI. befindet sich im Tal der Könige. Besuchen sollte man mindestens die Memnon-Kolosse, Medinat Habu, Deir el Medina, das Ramesseum, den Hatschepsut-Tempel und das Tal der Könige. Alle Tickets sind nur für den selben Tag gültig. Am einfachsten setzt man mit der Fähre (1 LE) oder einem Motorboot (5 LE) von Luxor nach Theben West über. Nur die Tourbusse benutzen die Brücke etwa 7 km südlich von Luxor.

Sowohl Taxis als auch Fahrräder können auf der westlichen Nilseite an der Anlegestelle gemietet werden. Fahrräder darf man auch mit auf die Fähre nehmen. Reiseveranstalter und Hotels in Luxor bieten recht vollgepackte, anstrengende Tagestouren zu den wichtigsten Sehenswürdigkeiten in Theben-West an.

Umfangreiche Website zum Tal der Könige: www.thebanmappingproject.com.

Theben-West

Übernachten
1 New Memnon

Einkaufen
1 Theodorus-Kloster

2 Memnon Handicraft

Medinat Habu

30 LE

Medinat Habu, der Toten- und Festungstempel Ramses III. (1184–1153 v. Chr.), ist eine der besterhaltenen antiken Anlagen in Theben-West. Der ungewöhnliche Torbau in der 17 m hohen Umfassungsmauer orientierte sich wohl an syrischen Festungsanlagen. Ein griechisches Graffiti auf etwa 5 m Höhe im Eingang zeigt deutlich, wie hoch der Tempel schon einmal versandet war.

Der erste Pylon des großen Tempels trägt gut erhaltene Reliefs: Der König siegt über die Libyer, weit ausholend schlägt er mit der Keule auf die Feinde ein. Im ersten Hof, der 33 x 42 m misst, sind die Wände reich mit historischen Darstellungen geschmückt. Der Pylon zeigt auf der südlichen Rückseite, wie der Herrscher in seinem Streitwagen die Libyer verfolgt, die sich in heilloser Flucht befinden.

Auf dem nördlichen Pylonteil ist Ramses III. zu sehen, wie er Kriegsgefangene und Haufen von abgeschlagenen Händen und Penissen der Feinde inspiziert. Auf der nördlichen Hofwand erkennt man hinter den Pfeilern von rechts nach links den König bei Gebet und Opfer, bei der Feier anlässlich seines Sieges über die Feinde, beim Sturm mit Pfeil und Bogen auf eine Festung und bei der Rückkehr vom Feldzug, begleitet von einem Kriegslöwen und Gefangenen, die er den Göttern Amun, Mut und Chons zuführt.

Auch auf den Reliefs des zweiten Pylons führt der Herrscher Gefangene vor Amun und Mut. Der zweite Hof wurde in frühchristlicher Zeit zu einer Kirche umgewidmet. Die nördlichen und östlichen Hofmauern dokumentieren im oberen Register von rechts nach links die Feiern für den Erntegott Min, unten die Prozession der heiligen Barken mit der thebanischen Göttertrias.

Durch eine stark zerstörte Säulenhalle gelangt man ins Allerheiligste. Besser erhaltene Magazinräume für die Tempelschätze öffnen sich seitlich der Höfe und Hallen.

Südlich vom ersten Hof befinden sich, nur von außen zugänglich, weil die drei Tore zum Hof heute verschlossen sind, die Reste des Königspalastes mit zahlreichen kleinen Räumen und mehreren Thronpodesten. Die Dekoration des Pylons mit Jagdszenen ist hier eher säkular, da wir uns in den privaten Räumen des Pharaos befinden.

Den kleinen Tempel von Medinat Habu ließ Königin Hatschepsut errichten, Thutmosis III. veränderte, spätere Herrscher modifizierten ihn.

Tal der Königinnen

35 LE

Im Tal der Königinnen (Biban el Harim) befinden sich Gräber von Herrschergemahlinnen und Prinzen, bestehend meist aus Vorraum, Gang, Kultraum und einem Nebenraum mit dem Sarkophag. Einige stammen aus der 17. Dynastie, die meisten aber aus der 19./20. Dynastie. Nicht alle Grabstätten sind für Besucher geöffnet.

Die Reliefs und Wandmalereien in den letzten Ruhestätten der Königinnen und Prinzen sind allerdings wesentlich bescheidener als in den Gräbern im Tal der Könige (vgl. S. 218). Aber auch hier folgen die Szenen den Vorgaben aus dem Amduat-Buch (dem Totenbuch) und dem Pfortenbuch. Besonderes Interesse verdienen die Gräber Nr. 40 (unbekannte Königin), Nr. 43 (Prinz Seth-her-chopeschef, Sohn Ramses' III.), Nr. 44 (Prinz Chaemweset, ebenfalls ein Sohn Ramses' III.), Nr. 52 (Königin Titi), Nr. 55 (Prinz Amun-her-chopeschef, ein weiterer Sohn von Ramses III.). Das berühmte Grab der Königin Nefertari (QV66) ist seit Jahren für die Öffentlichkeit gesperrt.

Unser Tipp

Kloster-Honig

Die Nonnen des **Theodorus-Klosters** [1] (Deir el Muharib) verkaufen wunderbaren Honig aus eigener Herstellung. Abgefüllt in bruchsicheren Plastikgläsern ist er ein tolles Mitbringsel oder erinnert beim Frühstück noch die nächsten Monate lang an den Ägyptenurlaub. Das 500-g-Glas kostet 15 LE.

Theben-West

Zum Felsengrab der Hatschepsut

Wanderung zum Grab der Hatschepsut

Dauer: 3 Std.
Von dem koptischen Theodorus-Kloster (Deir el Muharib) südwestlich von Medinat Habu aus kann man durch eine Felsspalte auf das Wüstenplateau der westlichen Berge aufsteigen (und außenherum zurück). Uralte Pfade führen im Bogen in das dahinterliegende Wadi Sikket Taqet Zaid. An diesem Ort hatte Howard Carter im Jahr 1916 das nie benutzte erste Felsengrab der Königin Hatschepsut gefunden, eine unzugängliche Höhle in einer steilen Felswand. Auf dem Weg sieht man prähistorische und frühchristliche Felsritzungen, Überreste neolithischer Faustkeil-Werkstätten und nebenan ein Areal mit Faustkeilen. Da der Weg nicht leicht zu finden ist und die Wüstentäler Gefahren bergen, empfiehlt es sich, einen ortskundigen Führer mitzunehmen. Informationen bei Ingrid Wecker von der Hilfsorganisation Die kleine Pyramide (www.die-kleine-pyramide.de).

Deir el Medina

30 LE für 2 Gräber und den Tempel; für das Paschedu-Grab weitere 15 LE
Ein etwa halbstündiger Fußweg führt vom Tal der Königinnen zur pharaonischen Arbeitersiedlung Deir el Medina, wo gut erhaltene Fundamente die Dorfanlage erkennen lassen (s. S. 59). Im Norden des Areals befindet sich ein kleiner Tempel aus der Ptolemäerzeit, im Westen liegen die Privatgräber der Elite-Handwerker. Auch hier sind immer nur einige Grabanlagen zur Besichtigung geöffnet, die folgenden Gräber lohnen einen Besuch: Nr. 1 (Sennodjem), Nr. 3 (Paschedu), Nr. 217 (Ipui, Bildhauer unter Ramses II.), Nr. 291 (Nu und Nachtmin, zwei Nekropolenarbeiter unter Ramses II.), Nr. 335 (Nachtamun, Priester in der Zeit der 19. Dynastie), Nr. 340 (Amenemhet, Arbeiter zur Zeit der 18. Dynastie), Nr. 359 (Onuris-cha, Werkmeister unter Ramses III. und IV.).

Die letzten Ruhestätten der Arbeiter zeigen Szenen aus dem Alltagsleben sowie aus dem Totenbuch.

Ramesseum

30 LE
Das Ramesseum, der Totentempel Ramses' II., fungierte im Altertum, wie zahlreiche Papyri beweisen, auch als Lehranstalt für Schreib- und Malschüler.

Der 67 m breite erste Pylon, dessen Außenmauern eingestürzt sind, trägt auf der erhaltenen Innenwand Reliefs, welche die Feldzüge des Herrschers zeigen. Die Szenen in der Mitte des nördlichen Pylonteils, die sich bis zum südlichen Turm erstrecken, erzählen vom Krieg gegen die Hethiter und vom Lagerleben der Soldaten. Auf einem anderen Relief erkennt man

Ramesseum

Ramses II., wie er mit seinen Feldherren Kriegsrat hält, während Gefangene misshandelt werden.

Vor der Westmauer liegen Reste einer Kolossalstatue Ramses' II. Ursprünglich ragte die Figur 18 m hoch; sie wog über 1000 t.

Im zweiten, besser erhaltenen Hof sieht man an der nördlichen Wand noch weitere Darstellungen aus dem Krieg Ramses' II. gegen die Hethiter, etwa wie besiegte Feinde im Orontes ertrinken; auch ist die zinnengekrönte Festung Kadesch gut zu erkennen.

Treppen führen vom Hof in eine Vorhalle, der ein großer Säulensaal und drei weitere Hallen folgen. Die Reste von Speicherräumen umschließen den Komplex. Das Sanktuarium wie die weiteren Tempelkammern sind abgetragen.

Gegenüber vom Ramesseum stapeln sich an einem Hügel die Häuser des Dorfes Qurna, dessen Bewohner im 19. Jh. hauptsächlich vom Grabraub lebten. Heute ist der Tourismus die wichtigste Einnahmequelle: Überall werden Andenken aus ägyptischem Alabaster (einem Kalksinter) angefertigt und verkauft. Fantasievoll sind die weißen Mauern der Häuser mit Darstellungen der Pilgerfahrt nach Mekka bemalt: Mit dem Zug ging es nach Kairo oder Suez, von dort mit dem Flugzeug oder Schiff nach Medina und dann weiter nach Mekka zur siebenmaligen Umrundung der Kaaba.

Farbenprächtige Bildwelten für die Toten: gut erhaltene Wandmalereien in einem kleinen Privatgrab bei Deir el Medina

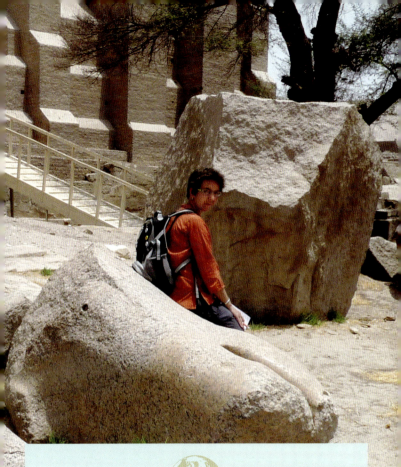

Lieblingsort

Ramesseum in Theben West – Entdeckerfeeling garantiert
Der Totentempel von Ramses II. (S. 212) wird nur selten von Reisegruppen besucht. Früh am Morgen oder in der Mittagszeit hat man den monumentalen »Millionen-Jahr-Tempel« sogar manchmal für sich allein. Zwischen dem verfallenen Pylon und der zerschmettert liegenden Kolossalstatue des mächtigen Ramses stellt sich wohlige barocke Melancholie ein – die Vergänglichkeit irdischer Größe … Und auch wir entdecken immer wieder etwas Neues auf den reich dekorierten alten Mauern.

Theben-West

Terrassentempel der Hatschepsut

Eintritt: 30 LE
Eines der schönsten und zugleich genialsten Bauwerke in Theben-West ist ganz zweifellos **Deir el Bahari**, der Totentempel der Königin Hatschepsut (s. Abb. S. 217). Vor einer 300 m hohen, steil aufragenden rötlich schimmernden Felswand ist an deren Fuße ein dreifach gegliederter Terrassentempel angelegt, der sich nahtlos in die umgebende Natur einfügt, ja fast als Teil von ihr erscheint. Entworfen wurde die postmodern anmutende Anlage von Senenmut, einem hohen Beamten, der sich lange Zeit an der Sonne der königlichen Gunst erfreuen konnte. Nach Hatschepsuts Tod ließ ihr Stiefsohn, der von ihr an der Macht gehinderte Thutmosis III., den Namen seiner verhassten Vorgängerin überall tilgen. Da der Tempel auch Amun geweiht war, kam es unter der Ägide von Echnaton ebenfalls zu erheblichen Zerstörungen, die allerdings von Ramses II. im Zuge einer Restaurierung behoben wurden.

Die Geburtshalle

Von der mittleren Terrasse gelangt man in die nördliche Geburts- und die südliche Punt-Halle. Erstere wird durch 22 Pfeiler gegliedert, an denen man auf allen vier Seiten sieht, wie Amun seine Hände schützend auf die Herrscherin legt. Das Gesicht der Königin ist durch den Vandalenakt ihres Nachfolgers überall getilgt, ihr Name in den Kartuschen wurde durch den von Thutmosis ersetzt.

Die Bildfolgen an den Wänden zeigen die gleichen Szenen, die im Geburtsraum des Luxor-Tempels ausführlich beschrieben worden sind.

Von links beginnend sehen wir Amun und Hatschepsuts Mutter Ahme, die sich gegenübersitzen, wobei sich die Knie der beiden berühren. Die Königin wird in den Geburtsraum geführt, wo die zukünftige Hatschepsut von Chnum zusammen mit ihrem Ka (beide dargestellt als zwei kleine Jungen) auf der Töpferscheibe geformt werden. Ihre Geburt wird von der Mutterschutzgöttin Bes überwacht, weitere heilige Frauen umsorgen die Mutter und das Neugeborene, während Thoth die Geburt für die Nachwelt registriert.

Durch Umweltbelastungen und die Auswirkungen des Tourismus sind die

216

Terrassentempel der Hatschepsut

(inzwischen abgesperrten) Szenen nur noch schwer zu erkennen. Rechts führen Stufen in die Kapelle des Anubis, in deren drei Räumen noch gut erhaltene Darstellungen Hatschepsut oder Thutmosis opfernd vor verschiedenen Gottheiten zeigen.

Die Punt-Halle

Die Bilder der südlichen Punt-Halle schildern ausführlich die von Hatschepsut in Auftrag gegebene Expedition in das sagenhafte Land Punt, das die Archäologen im heutigen Somalia ansiedeln. Die Bildfolgen beginnen an der Südwand, an der man die auf Pfähle gesetzten Rundhütten eines puntischen Dorfes erkennt, das umgeben von Palmen und Myrrhebäumen am Meeresufer steht. Die Bewohner steigen auf Leitern zu ihren Pfahlbauten hinauf. Rechts sieht man den ägyptischen Expeditionsleiter samt Gefolge, den der Herrscher von Punt begrüßt. Darüber ist er noch einmal dargestellt, wie er die Gaben des Landes, Elfenbein, Myrrhe und Gold, empfängt. Die Königin von Punt ist übergewichtig und hat eine schiefe Hüfte. Darüber die Verladung von in Kübel gesetzten Weihrauchbäumen. Interessant sind die detailgetreuen Darstellungen

Grandiose Wirkung: Hatschepsuts Terrassentempel liegt an einer steilen Felswand

Theben-West

Unser Tipp

Theben West von oben
Theben West mit seinen Tempeln und der grandiosen Landschaft ist ein idealer Ort für eine Ballonfahrt im Morgengrauen. Natürlich sollten Seriosität und Sicherheit bei der Wahl des Veranstalters höchste Priorität haben – die Ursache für einen tödlichen Unfall 2013 war wohl ein Wartungsfehler. Zu den ältesten und etabliertesten Anbietern mit sehr hohen Standards gehört **Magic Horizon,** www.visitluxorinhotairballoon.com, Khaled Ibn El Walid St. (ggü. Steigenberger Nile Palace); gute Veranstalter ab ca. 80 €.

der Meeresfische, die es den Wissenschaftlern erlaubt haben, die Lage des Landes zu lokalisieren. Auf der Westwand ist die Beladung der Schiffe dargestellt, Matrosen schleppen die Waren in Krügen und Ballen an und unter Deck, Affen jagen sich in der Takelage, mit geblähten Segeln geht es zurück nach Ägypten. Darüber werden die Hofschranzen gezeigt, wie sie vor Hatschepsut ehrfürchtig auf dem Boden liegen. Rechts davon die Königin als Mann (getilgt) und begleitet von ihrem Ka bei der Weihe der mitgebrachten Waren für Amun. Thoth registriert die Schätze der erfolgreichen Fahrt, die detailliert dargestellt sind: Kisten mit Gold, Metallringe, Stoßzähne von Elefanten, wertvolle Tierfelle, Ebenholz, Straußen.

An der nördlichen Wand sitzt Hatschepsut unter einem Baldachin auf dem Thron – dahinter ihr Ka – und gibt ihren Hofbeamten Anweisungen. An die Punt-Halle schließt sich südlich die aus zwei Sälen bestehende Kapelle der Hathor an, beide mit einer Reihe mehrkantiger Säulen, die teilweise mit dem Hathorkopf bekrönt sind. An den Eingangswänden leckt die Hathorkuh der Königin (nicht zerstört) die Hand. Im zweiten Saal sehen wir gut erhaltene Malereien von festlichen Prozessionen.

Der oberste Tempelbereich

Über die Rampe des mittleren Hofes geht es hoch zu dem oberen Tempelkomplex, in dem eine ganze Reihe von Osirispfeilern rekonstruiert oder wieder aufgerichtet wurden. Ein Tor lässt den Besucher auf die dritte Terrasse, deren Innenhof von Säulen umstanden ist. Rechts schließt sich ein Sonnentempel mit Hof an, in dem ein Altar steht, von dem aus der Sonnengott seine Opfergaben vom Himmel aus ergreifen konnte. Südlich, links, eine Opferhalle, die für die Totenverehrung von Hatschepsut und Thutmosis II. gedacht war und demzufolge Szenen für das Ritual zeigt, wie Schlachten und Zerlegen von Tieren, Darbringen von Gaben und Räucheropfern. Vom zentralen Säulenhof der dritten Terrasse führt ein Tor ins Allerheiligste, das aus drei Räumen besteht und in den Felsen des Berges getrieben ist. Der dritte Raum wurde unter den Ptolemäern zu einem Heiligtum für Imhotep, den genialen Baumeister der Stufenpyramide von Saqqara, und für Amenophis, Sohn des Hapu, und Wesir unter Amenophis III., umgebaut.

Tal der Könige

Tal der Könige, 80 LE für drei Gräber, Grab des Tutanchamun 100 LE, Grab von Ramses V./VI. 50 LE
Das Tal der Könige ist mit 65 Felsgräbern, den letzten Ruhestätten von

Tal der Könige

Pharaonen der 18. bis 20. Dynastie, besetzt. Um die kostbaren Wandmalereien zu schützen, sind stets alternierend nur einige Gräber für Besucher geöffnet. Die Malereien zeigen Szenen aus den Unterweltsbüchern, so aus dem »Amduat«-Band, der die Unterwelt, entsprechend den zwölf Stunden der Nacht, in zwölf Teile gliedert. Immer wieder sieht man den widderköpfigen Sonnengott, wie er in seiner Barke den Fluss befährt und dabei Licht (Leben) spendet. Am Ufer halten Geister und Dämonen, die u. a. als Paviane dargestellt werden, feindliche Ungeheuer fern und jubeln dem Gott zu.

Ähnlich sind die Darstellungen, die sich auf das »Buch der Pforten« beziehen. Auch hier reist die Sonne durch die zwölf Regionen der Unterwelt. Von Schlangen und anderen Reptilien bewachte Tore schließen die Höhlenteile voneinander ab. Der Verstorbene, dargestellt als Horus, musste die Unterwelt durchziehen, um in das Reich seines Vaters, des Osiris, zu gelangen.

Während zu Beginn des Neuen Reiches (Thutmosis I. bis Amenophis III.) die Achse der Königsgräber eine 90-Grad-Abwinklung besitzt, führen alle späteren Gräber geradlinig in den Felsen. Nur die letzte Ruhestätte Ramses' II. macht eine Ausnahme.

Zu den interessantesten Gräbern gehören Nr. 6 (Ramses IX.), Nr. 8 (Merenptah), Nr. 9 (Ramses V./VI.), Nr. 11 (Ramses III.), Nr. 16 (Ramses I.), Nr. 17 (Sethos I.), Nr. 34 (Thutmosis III.), Nr. 35 (Amenophis II.), Nr. 57 (Haremhab) und Nr. 62, das Grab des Tutanchamun (s. S. 130).

Gefahr für die Altertümer

Hunderttausende von Besuchern haben in den vergangenen Jahrzehnten die letzten Ruhestätten der Pharao-nen besichtigt und schwere Schäden angerichtet. Das extrem trockene Klima des Nillandes konservierte die pharaonischen Bauwerke und Malereien über Jahrtausende. Seit einigen Dekaden jedoch verfallen die Tempel, Gräber und Bildwerke Ägyptens sichtlich. Verantwortlich für diesen Prozess sind einerseits der Nasser-Stausee, der die Luft- und Bodenfeuchtigkeit erhöht hat, andererseits die Bevölkerungsexplosion und die Industrialisierung Ägyptens. Archäologen können nur noch dokumentieren, was in wenigen Jahren unwiederbringlich verloren sein wird.

Doch trägt auch der Tourismus wesentlich zum Verfall der Kulturdenkmäler bei. Atem und Schweiß der Besucher befeuchten die Wände der Grabanlagen und begünstigen damit Algen- und Schimmelbildung; diese wiederum zerstören Malereien. Man sollte deshalb keinesfalls die Monumente berühren oder sich, schweißgebadet, gegen Pfeiler oder Wände lehnen. Messungen im Grab des Tutanchamun ergaben in den frühen Morgenstunden vor dem Touristenandrang eine für die Reliefs verträgliche Luftfeuchtigkeit von 5 %; am späten Nachmittag, nach dem Durchzug Tausender, jedoch 75 %. So mehren sich die Stimmen ägyptischer Archäologen, welche die Gräber für eine Besichtigung schließen möchten. Erkennbare Fotoapparate müssen heute am Eingang des Tales abgegeben werden, da das Blitzlicht schädlich für die Wandmalereien ist. Auch das Angebot mancher Wächter, gegen ein Bakschisch zu fotografieren, sollte man ablehnen.

Neue Funde im Tal der Könige

Wer geglaubt hatte, dass es im Tal der Könige nichts mehr zu entdecken gibt, sollte sich getäuscht ▷ S. 223

219

Auf Entdeckungstour:
Zu Fuß zum Grab des Ay (Eje)

Der alte Ay, der nur vier Jahre Pharao war und in einem kaum besuchten Seitental bestattet ist, ist sicher nicht einer der bekanntesten Herrscher Ägyptens. Auf dem einsamen Weg zu seinem Grab eröffnen sich aber Einblicke nicht nur in die spektakuläre Bergwelt des Westufers, sondern auch in die Abgründe pharaonischer Politik.

Öffnungszeiten: Tgl. 6–16.30 Uhr, 80 LE (für 3 Gräber im gesamten Tal der Könige)
Länge: 3,5 km, 1,5 Std. einschl. Besichtigung

Das Grab des Ay (auch Eje geschrieben) liegt in einem westlichen Seitental des Tals der Könige. Deshalb verbindet man die Entdeckungstour am besten mit dem Besuch anderer Gräber. Wer mit einer Gruppe unterwegs ist und das Tal der Könige schon kennt, kann das Ay-Grab gut als Alternative allein besichtigen und die Gruppe anschließend wiedertreffen. Der Zugang liegt etwas rechts hinter dem Kartenkiosk am Besucherzentrum und ist ausgeschildert.

Statt vom Ticket-Büro des Tals der Könige mit dem kleinen Touristenbähnchen geradeaus zu den wichtigsten Gräbern zu fahren, wenden Sie sich für die Wanderung nach rechts und zurück Richtung Parkplatz. Dort weist ein Schild zum Grab des Ay in einen breiten sandigen Fahrweg. Nach etwa 350 m passiert man rechter Hand das kleine Häuschen des Grabwächters – der sollte die Besucher bemerken und sich auf sein Motorrad schwingen, denn er hat den Schlüssel.

Der Weg wendet sich nun nach Südwesten und folgt dem trockenen Seitental zwischen zunehmend beeindruckenden Felswänden. So hatten es die Pharaonen sicher geplant: die letzte Ruhestätte in einem einsamen, schwer zugänglichen Gebirgstal. Schwer zugänglich ist das Tal heute zwar nicht mehr, aber meistens doch so einsam, dass das geschäftige Tal der Könige und der Touristenrummel ganz weit weg scheinen.

Links zweigt nach weiteren 600 m ein Weg zum Grab von Amenophis III. ab, das derzeit restauriert wird. Der Vater von Echnaton war nicht nur ein früher Förderer des von diesem absolut gesetzten Sonnenkultes, sondern auch ein gigantomanischer Bauherr. Von ihm stammt der Luxor-Tempel. Und die Memnon-Kolosse sind nur die letzten Zeitzeugen seines riesigen Totentempels dahinter: des größten, der jemals in Ägypten gebaut wurde.

Nun geht es noch eine Viertelstunde durch die Schlucht, und der inzwischen vorbeigefahrene Grabwärter braust mit wehender Galabiya auf einen Holzunterstand zu. Darunter verbirgt sich der Eingang zum Grab des Ay (KV 23).

Ay, der Aufsteiger

Ay regierte doch nur vier Jahre, von 1325 bis 1321 v. Chr. – ein unbedeutender Übergangs-Pharao am Ende der 18. Dynastie, denkt manch einer. Doch tatsächlich war Ay zeit seines Lebens einflussreich, machthungrig und ein gewissenloser Politiker. Seine Eltern waren wahrscheinlich die Schwiegereltern von Amenophis III., Yuya und Tuya, die als einfache Adlige ein Grab im Tal der Könige haben durften. Ay machte wie sein Vater Yuya beim Militär Karriere und stieg unter den Pharaonen Amenophis III. und Echnaton bis zum Wesir auf, dem wichtigsten politischen Posten im Staat.

Echnaton heiratete sogar Ays Tochter Nofretete (die mit der berühmten Büste!). Damit war Ay, der Soldat und Politiker, gleichzeitig Onkel und Schwiegervater des Pharao. Und weil Echnaton so mit dem Aufbau seines Sonnenkultes beschäftigt war, dürfte Ay die praktischen Regierungsgeschäfte bestimmt haben.

Verwickelte Familienverhältnisse

Bald nach Echnatons Tod wurde der junge Tutanchaton unter dem Namen Tutanchamun zum Pharao gemacht. Tutanchamun war vielleicht Echnatons Sohn, auf jeden Fall aber der Gatte von Echnatons Tochter Anchesenamun (die übrigens schon von ihrem Vater Echnaton ein Kind hatte). Ay, der einzige ältere Verwandte, obendrein mit Rückhalt im Militär, blieb weiterhin der Drahtzieher im Hintergrund und war de facto Regent für Tutanchamun. Tutanchamun starb früh, mit 17, vermuten die Archäologen. Und wer ist in Tutanchamuns Grab als Pharao bei den Bestattungsfeierlichkeiten dargestellt, gerade zwei Monate nach dessen Tod? Der alte General Ay, der offensichtlich inzwischen die Pharaonenwitwe Anchesenamun geheiratet hat.

Das ist an sich nichts Ungewöhnliches, nicht nur bei den Pharaonen wurden Königinnen aus Machtinteresse geheiratet. Allerdings war Anchesenamun ja Nofretetes Tochter und mithin die Enkelin des inzwischen schon recht betagten Ay. Ob die begeistert war, nach dem Vater nun auch noch den Großvater zu heiraten? Sie hat sogar noch einen eiligen Brief an den Hethiterkönig geschickt, mit der Bitte, doch einen passenden Prinzen zwecks Zusammenführung der beiden Großreiche zu schicken. Der Prinz kam allerdings auf dem Weg nach Ägypten ums Leben.

Das zweite Grab

Ay hatte sich, wie damals üblich, schon zu Echnatons Herrschaftszeit ein prächtiges Grab errichten lassen, als er Wesir in dessen Hauptstadt Achetaton, dem heutigen Amarna, war. Es ist eins der sehenswerteren Felsengräber in Amarna, aber nur halbfertig und nie benutzt. Nach dem Tod Echnatons wurde Achetaton aufgegeben und Tutanchamun kehrte nach Theben zurück. Ay konnte sich bald, selbst Pharao, ein Grab im Tal der Könige leisten. Vielleicht war das Grab auch zunächst für Tutanchamun gedacht, und Ay ließ es für sich selbst umwidmen, nachdem er den Thron bestiegen hatte – für den Jungen fand sich eine andere Kammer. Immerhin war die Zeit ja knapp für den alten Herrn. So ging es übrigens einigen

Herrschern, die sich schon frühzeitig um ein angemessenes Privatgrab gekümmert hatten und mit dem Karrieresprung auf den Thron noch einmal von vorn mit der Ausgestaltung einer angemessenen Grabstätte anfangen mussten. So gibt es zusätzlich zum Königsgrab dann noch ein zweites unbenutztes Grab von ihnen – von Haremhab (s. S. 219) etwa oder auch von Hatschepsut (s. S. 212).

Ays Königsgrab ist nicht besonders groß und besteht nur aus mehreren langen Gängen und drei Kammern, insgesamt etwa 60 m tief in den Fels gegraben. Nur die eigentliche Grabkammer mit dem Sarkophag ist dekoriert. Die gemalten Szenen sind aber sehr hübsch und erinnern noch an den eigenwilligen Amarna-Stil. Ungewöhnlich ist eine Jagdszene, die den König in den Sümpfen des Nildeltas mit auffliegenden Enten zeigt. Sonst war das nur in den Gräbern der Adligen üblich, nicht in Königsgräbern, wo es mehr um spirituelle Verpflichtungen und den Dienst an den Göttern ging als ums persönliche Vergnügen. Königliche Snobs mochten darüber die Nase rümpfen – Ay war ja schließlich ein Bürgerlicher. Nicht der letzte allerdings: Nach ihm folgte der General Haremhab und dann die ganze Militär-Dynastie der Ramessiden.

Der Grabwächter wird für seine Mühen ein Bakschisch erwarten, und vielleicht schließt sich noch der ein oder andere »Chef« dieser Bitte an. Sicher ist der Wächter mit dem Motorrad auch bereit, eilige oder fußlahme, jedenfalls aber zahlungswillige Besucher auf dem Rücksitz mit zurückzunehmen. Ansonsten geht man nach der Besichtigung den gleichen Weg zurück, den man gekommen ist, diesmal mit anderen Ausblicken in die Berglandschaft.

Tal der Könige

sehen. In den letzen zwei Jahrzehnten sind hier wieder mehrere Funde gemacht worden.

1995 fing es an, mit der schon bekannten, unscheinbaren Grabanlage KV5, die der englische Amateur-Archäologe James Burton hier 1820 entdeckt, aber nicht weiter beachtet hatte. Howard Carter ließ gar den Aushub seines Tutanchamun-Grabes über den Eingang zu dieser scheinbar unwichtigen letzten Ruhestätte kippen. Erst der amerikanische Archäologe Kent Weeks begann nach der Lektüre von James Burtons Reisetagebuch mit Grabungen, um sich diese wenig bekannte Gruft genauer anzuschauen. Er fand eine riesige Grabanlage: Auf einem T-förmigen Grundriss reihen sich Dutzende Grabkammern. Bisher wurden schon 121 Flure und Kammern ausgegraben. Die Archäologen nehmen an, dass der langlebige Ramses II. die unterirdische Nekropole für seine zahlreichen Kinder anlegen ließ.

2006 fanden Archäologen dann zufällig direkt neben Tutanchamuns Grab eine ganz neue und offensichtlich unversehrte Grabkammer aus der 18. Dynastie, KV63. Statt der erhofften Mumie – womöglich von Tutanchamuns Mutter oder seiner Frau – waren allerdings nur leere Särge und Einbalsamierungsmaterialien darin.

Der vorläufig letzte Fund ist das kleine Grab KV64, das ein Schweizer Team erst 2011 entdeckte. Die eigentliche Grabkammer stammt wohl auch aus der 18. Dynastie, der dort gefundene Sarkophag gehörte allerdings einer etwa 400 Jahre später gestorbenen Amun-Priesterin namens Nehmes Bastet, die wohl gar keinen Bezug zur Königsfamilie hatte.

Radiologische Untersuchungen geben überdies zu Spekulationen Anlass, dass z. B. unter dem Hauptplatz im Tal der Könige noch ein weiteres bisher ungeöffnetes Grab liegen könnte.

Grabräuber im Tal der Könige

Alle uns bisher bekannten Gräber mit Ausnahme des Tutanchamun-Grabs wurden geplündert. Schauen wir uns einmal an, wie die Diebe vorgingen.

Während der Regierungszeit von Ramses III. (1184–1153 v. Chr.) verfiel die Macht des Neuen Reiches immer stärker. Armut und Elend breiteten sich im Lande aus, Korruption herrschte in der Verwaltung und die sonst hochbezahlten Facharbeiter von Deir el Medina organisierten den ersten Streik der Geschichte. Sie wussten auch von den Schätzen in den Pharaonengräbern, und so bereitete manch einer seinem Elend ein Ende, indem er zum Grabräuber wurde.

Zwar waren im Alten wie im Mittleren Reich schon einzelne Ruhestätten geplündert worden, doch nun war kein Grab mehr sicher. Zunächst brachen die Räuber allerdings nur in Privatgräber ein, denn noch war der Respekt vor einem verstorbenen Pharao zu groß, als dass man sich in seine letzte Ruhestätte gewagt hätte.

Unter Ramses IX. nahm eine Untersuchungskommission die Arbeit auf. Von zehn Königsgräbern fanden die Inspektoren zwar neun unversehrt, doch in fast allen Privatgräbern waren Plünderer am Werk gewesen. Als die privaten Grabkammern nichts mehr hergaben, wandten sich die Räuber schließlich doch den Königsgräbern zu.

Aus Gerichtsprotokollen ist überliefert, dass die Ruhestätten von Amenophis III., Sethos I. und Ramses II. ausgeraubt wurden.

Howard Carter, der gemeinsam mit seinem Mäzen Lord Carnavon das Grab von Tutanchamun entdeckte, beschreibt die Raubzüge im Tal der Könige ausführlich: »Seltsames muß

Theben-West

das Tal gesehen haben, und verwegen waren die Abenteuer, die sich dort abspielten. Man kann sich das tagelange Pläneschmieden vorstellen, die heimlichen nächtlichen Zusammenkünfte auf dem Felsen, das Bestechen oder Betäuben der Friedhofswächter und dann das verwegene Graben im Dunkeln, das Eindringen durch ein kleines Loch bis in die Grabkammer, das fieberhafte Suchen bei schwachem Lichtschimmer nach tragbaren Schätzen und die Rückkehr im Morgengrauen, mit Beute beladen. Dies alles können wir uns vorstellen – und uns gleichzeitig vergegenwärtigen, wie unvermeidlich es war. Indem ein König für seine Mumie eine sorgfältige und kostbare Ausstattung vorsah, die er seiner Würde entsprechend fand, trug er selber zu ihrer Zerstörung bei. Die Versuchung war zu groß. Reichtum, der habsüchtige Träume noch überstieg, lag dort für den bereit, der Mittel fand, ihn zu gewinnen, und früher oder später musste der Grabräuber zum Ziel gelangen.« (Howard Carter, Das Grab des Tut Ench Amun, F.A. Brockhaus Verlag).

Die meisten Grabräuber entkamen unerkannt, da sie ihre Raubzüge gut vorbereiteten und wohl auch mit Priestern, Polizisten, Nekropolenarbeitern und kleinen Beamten verbündet waren. Einige aber konnten gefasst werden, wie etwa die acht Plünderer, die in das Grab des Königs Sebekemsaf (17. Dynastie, um 1600 v. Chr.) eingedrungen waren.

Ein Grabräuber-Prozess

Die Akten der Gerichtsverhandlung und die Verhörprotokolle blieben erhalten. Der Bildhauer Hapi, der Handwerker Iramun, der Bauer Amenemheb, der Wasserträger Kemwese und der Sklave Ehenufer sagten vor dem Gericht Folgendes aus: »Wir sind in den Gräbern gewesen, um nach unserer Gewohnheit zu stehlen, und fanden das Pyramidengrab des Königs Sebekemsaf. Dies war ganz und gar nicht wie die Pyramidengräber oder die Beamtengräber, die wir sonst geplündert haben (…) Wir öffneten die äußeren Sarkophage und die inneren Särge (…) und fanden die ehrwürdige Mumie des Königs, mit einem Sichelschwert ausgerüstet. Zahlreiche Amulette und Schmuck aus Gold lagen um seinen Hals. Seine Goldmaske bedeckte ihn. (…) Wir rissen das Gold ab, das wir an der ehrwürdigen Mumie des Gottes fanden, gleichzeitig das der Amulette und des Schmuckes, die um seinen Hals lagen, und das der Särge, in denen er ruhte. Die Königin fanden wir in der gleichen Weise ausgestattet, und wir rissen ebenso alles ab, was wir an ihr fanden, und legten zuletzt Feuer an ihre Särge. Wir nahmen auch die Beigaben, die wir bei ihnen fanden, d. h. die Dinge aus Gold, Silber und Bronze. Dann teilten wir zwischen uns acht Dieben (…). An jeden von uns wurden 20 Deben [1 Deben = 91 g] Gold verteilt (…). Dann sind wir über den Nil gesetzt in die Stadt Theben« (Emma Brunner-Traut, »Die Alten Ägypter. Verborgenes Leben unter Pharaonen«, Stuttgart u. a. 1987).

Im zehnten Regierungsjahr des Königs Siamun (21. Dynastie) versuchte man, da die Grabschändungen mittlerweile überhandgenommen hatten, wenigstens die Mumien der Pharaonen dem räuberischen Zugriff zu entziehen. Die sterblichen Überreste von Ahmosis I., Thutmosis II. und Thutmosis III., Sethos I. sowie Ramses II. und Ramses III. wurden in das versteckte Gewölbe der Königin Inhapi bei Deir el Bahari nahe dem Felsentempel der Königin Hatschepsut in Theben-West überführt, wo sie fast 3000 Jahre unangetastet ruhen sollten.

Tal der Könige

Altägyptische Motive und Kaaba in Mekka an einem Haus in Theben-West

Bergung und Überführung

Im Jahre 1875 fand ein gewisser Abd ar Rasul die versteckte Grabkammer mit den Mumien der Pharaonen. Sechs Jahre lang behielt er jedoch das Geheimnis für sich. Wann immer er oder ein Mitglied seiner weit verzweigten Sippe Geld benötigte, stieg Abd ar Rasul hinab in den Schacht, nahm eine kleine Statue oder brach eine Malerei aus der Wand heraus und verkaufte die Stücke auf dem äußerst lukrativen und in Luxor wahrlich blühenden Schwarzmarkt – unermesslich wertvolle Grabbeigaben fanden so über Mittelsmänner ihren Weg in europäische Privatsammlungen.

Nach seiner Verhaftung 1881 führte Abd ar Rasul die Archäologen in die Grabkammer, die er über die Jahre immer wieder geplündert hatte. Die Mumien der Könige wurden geborgen und nach Kairo in das Ägyptische Museum gebracht. Unter lauten Klagegesängen folgten am Ufer des Nil die Frauen der Fellachen dem Boot, Männer schossen als letzten Salut mit ihren Gewehren und ehrten so die vor tausenden von Jahren verstorbenen Könige. Als das Boot schließlich in Kairo eintraf, fand der Zollbeamte in seinem Verzeichnis keine Angaben über Mumien, also setzte er den Tarif für Trockenfisch an.

Vom Tal der Könige zum Hatschepsut-Tempel

Dauer 1 Std. Festes Schuhwerk und ausreichend Wasser sind notwendig.
Neben dem Grab von Sethos I. führt ein Pfad auf die Hügelkette, die das Tal der Könige vom Niltal trennt. Man geht rechts um die gut sichtbaren Sandsteinklippen herum, nach Osten zum ▷ S. 228

Auf Entdeckungstour: Lehmbauarchitektur von Hassan Fathy – Neu-Gurna

Hassan Fathy wollte alles richtig machen: Architektur von Menschen für Menschen, nachhaltig und ästhetisch, individuell und traditionsbewusst. Doch dann wollte niemand einziehen in sein schönes neues Dorf. Die Lehmhäuser verfallen, und erst jetzt regt sich Interesse an der Architektur aus den 1950er-Jahren.

Planung: Neu-Gurna liegt direkt an der Straße vom Fähranleger zum zentralen Ticketschalter. Jeder Minibus fährt dort vorbei. Zu Fuß sind es vom Fähranleger aus etwa 1,5 km.
Die Moschee ist tagsüber außer zu Gebetszeiten geöffnet. Eintritt frei; Frauen sollten ein Kopftuch tragen. Ahmed Abdelrady hat in seinem Haus ein Museum eingerichtet, geöffnet ist, wenn jemand von der Familie da ist. Eintritt gratis, aber eine kleine Spende ist angebracht.

Vom Fähranleger am Westufer gibt es nur eine Hauptstraße, die geradeaus nach Westen führt, auf die Memnon-Kolosse und den zentralen Ticketschalter zu. Nach gut 1 km kreuzt sie die Westuferstraße zur Nilbrücke, die einzige größere Kreuzung weit und breit. 350 m weiter geht nach rechts eine breite Straße mit einem verwahrlosten Grünstreifen in der Mitte ab. Gegenüber der Abzweigung steht ein verbogenes Schild »Mohandes H Fathy Street«, und am Ende der Sichtachse erhebt sich unübersehbar eine **Lehmmoschee** 1 . Die Kuppel ist 15 m hoch, der schräge Innenhof, der die Abweichung zwischen dem Straßenplan und der Ausrichtung nach Mekka ausgleicht, wirkt gepflegt. Freitags sei die Moschee immer voll, sagt Ahmed Abdelrady, der ein **Lehmhaus** 2 am Anfang der Straße bewohnt. Aber die Moschee ist das einzige Gebäude von Hassan Fathy, das von der Bevölkerung angenommen wurde.

Fathys Vision

Der revolutionäre Architekt Hassan Fathy (1900–1989) war ein Idealist. Beeinflusst von moderner Architektur in Europa – Le Corbusier, Bauhaus – hatte er schon 1942 preiswerte Wohneinheiten entworfen, die aber nicht über das Planungsstadium hinausgelangten. Fathy hatte nicht mit dem Widerstand der Bauindustrie gerechnet, die ihre Margen schwinden sah.

In Luxor wurde er 1945 damit beauftragt, ein neues Dorf für die Bewohner von Gurna zu entwerfen, die die darunterliegenden Gräber der Nobeln plünderten. Neu-Gurna sollte also attraktiv genug sein, um die Grabräuberfamilien wegzulocken. Fathy plante mit Verve: neben der Moschee unterschiedlich große Häuser, je nach Familienbedürfnissen; einen Hauptplatz mit Markt und direktem Zugang zur Touristenstraße, denn die Dorfbewohner sollten auf Souvenirverkauf umsteigen; mehrere Schulen und Fachschulen; ein Theater; eine Teichlandschaft für die Luftzirkulation. Die Architektur orientierte sich sowohl an traditionellen Stadthäusern in Kairo als auch an nubischen Landhäusern. Die Lehmbauten sollten atmen, im Sommer kühl bleiben und einfach herzustellen sein, so dass die Dorfbewohner preiswert auch selbst nach Bedarf An- und Umbauten und Reparaturen vornehmen könnten.

Leider ging Fathys Plan nicht auf und Alt-Gurna gibt es heute noch. Die wenigsten Dörfler wollten überhaupt umziehen, und wenn, gefiel ihnen die Anlage der Häuser nicht, und sie hatten schon gar keine Lust, die Lehmarchitektur ständig zu pflegen und zu reparieren. Lieber Beton! Während der nächsten Jahrzehnte wohnten nur die Ärmsten in den Fathy-Häusern.

Das **Theater** 3 , auf der linken Seite, wenn Sie auf die Moschee zugehen, ist seit Jahren baufällig und geschlossen, ebenso der **Markt** 4 ge-

genüber der Moschee. In den Arkaden sieht man die tiefen Risse, die Schäden von steigendem Grundwasser.

Seit einigen Jahren bemüht sich Abdelrady, die Fathy-Architektur wiederzubeleben. Sein Haus, eins der ersten, die hier gebaut wurden, zeigt er gern Besuchern, und am Ostrand von Neu-Gurna baut er neu im Stil von Hassan Fathy. Wenn die Touristen wiederkommen, soll hier ein **Lehmbau-Hotel** 5 entstehen. Auf dem Weg dorthin, auf der Hauptstraße von Neu-Gurna und am ehemaligen **Hauptquartier** 6 von Fathy selbst, kann man aber zwischen neueren Betonhäusern noch die echten Fathy-Häuser sehen. Fast alle sind inzwischen unbewohnte Ruinen.

Theben-West

Wanderung vom Tal der Könige zum Hatschepsut-Tempel

Grat und folgt dann bei einem würfelförmigen Wachhäuschen dem nun breiteren Weg in Richtung Ebene. Erst jetzt kommt rechts unter dem Steilabbruch die Terrasse des Hatschepsut-Tempels (Deir el Bahari) in den Blick. Der Weg endet am Besucherparkplatz.

Radtour in Theben-West

Radtour in Theben-West

Dauer 1/2–1 Tag. Am Fähranleger vermieten mehrere Läden Fahrräder. Besonders im Winterhalbjahr ist das Fahrrad ein geeignetes Mittel, um die verstreuten archäologischen Stätten am Westufer zu erkunden. Man kann im eigenen Tempo von Station zu Station pendeln und gleichzeitig ländliches Ägypten erleben.

Vom Fähranleger geht es geradeaus nach Westen, vorbei an Neu-Gurna (s. S. 226) und den Memnon-Kolossen zum zentralen Ticket-Schalter. Dann je nach Interesse und Zeit nach Medinat Habu, vielleicht auch Deir el Medina oder ins Tal der Königinnen, oder gleich nach rechts zum Ramesseum, den Gräbern der Nobeln und Carters Haus. Sportliche fahren von hier ins Tal der Könige; ansonsten kann man gleich im Bogen zur Fähre zurückkehren.

Übernachten

Blick ins Grüne – **New Memnon Hotel 1**: West Bank, Tel. 095 20 60 984, www.newmemnon.com, DZ 250 LE. Ganz in der Nähe der Memnonkolosse gelegen, bietet dieses erst 2012 eröffnete Hotel mit Blick auf die umliegenden Felder ein sehr gutes Preis-Leistungs-Verhältnis.

Einkaufen

Selbstgemacht – **Memnon Handicraft 2**: An den Memnon-Kolossen, tgl. 6–15 Uhr. Geschmackvolle Holzschnitzarbeiten, Keramik und Textilien von mehreren lokalen Hilfsorganisationen (u. a. Baladi, Die kleine Pyramide), die armen Frauen aus den Dörfern auf dem Westufer von Luxor eine kleine Verdienstmöglichkeit geben.

Südlich von Luxor

Esna ▶ G 15

Die einzige Attraktion der etwa 70 000 Einwohner zählenden Marktstadt 60 km südlich von Luxor ist der in ptolemäischer Zeit (332–30 v. Chr.) für den Gott Chnum errichtete Tempel. Unter römischer Herrschaft wurde er noch im 2. Jh. n. Chr. aufwendig im alten Stil ausgebaut. Esna war in der Pharaonen-Ära ein bedeutender Handelsort, der den Namen Tesnet trug. Heute lebt dort eine große koptische Gemeinde.

Chnum-Tempel
Tgl. 7–16.30 Uhr, 20 LE
Mitten im Ort liegt rund 10 m unter dem derzeitigen Straßenniveau – so viel fruchtbarer Nilschlamm lagerte sich in den vergangenen 2000 Jahren hier ab – das Heiligtum des Chnum, des widderköpfigen Schutzgottes von Tesnet. Drei Viertel der Tempelanlage sind noch gar nicht ausgegraben. Den Ptolemäern, die für die Errichtung verantwortlich zeichneten, folgten die Römer. Deren Kaiser ließen – um Legitimität und Unsterblichkeit bemüht – viele Reliefs sowie Inschriften anbringen und verewigten sich hier in Habitus und Ornat der Pharaonen.

Auf der 37 m breiten und 15 m hohen Eingangsfassade sieht man in der Hohlkehle rechts und links der geflügelten Sonnen die Namen von Claudius (41–54 n. Chr.) und Vespasian (69–79 n. Chr.). 24 Säulen gliedern die Vorhalle, die 11 m hohen Säulen mit Kompositkapitellen tragen die Decke, die mit astronomischen Darstellungen geschmückt ist. An den Wänden sind die römischen Kaiser als altägypti-sche Pharaonen dargestellt, wie sie kultische Handlungen und Opferungen vor den Göttern verrichten. Die Nordwand zeigt den falkenköpfigen Horus, Gott Chnum und den römischen Kaiser Commodus (180–192 n. Chr.), wie sie ein Netz voller Fische und Vögel – Symbol für die Feinde Ägyptens – zuziehen. Auch auf den Außenwänden ließen sich die römischen Herrscher abbilden, der letzte der hier dargestellten Kaiser ist Decius (249–251).

An der Südwand sieht man Domitian (81–96), wie er in traditioneller Weise vor Chnum mit der Keule die Feinde Ägyptens niederschlägt, an der Nordwand tut es ihm Trajan (98–117) gleich und bekommt dafür als Belohnung vom Tempelgott das Sichelschwert überreicht.

Infobox

Die Tempel von Esna, Edfu und Kôm Ombo liegen alle an der Strecke zwischen Luxor und Assuan. Mit dem **Taxi** lässt sich die Besichtigung an einem Tag bewerkstelligen. Mit öffentlichen Verkehrsmitteln wird es logistisch schwieriger, weil die Bahnhöfe und Busbahnhöfe auf dem östlichen Nilufer liegen, die Tempel von Esna und Edfu aber auf dem westlichen. Auch in Kôm Ombo ist der Tempel einige Kilometer vom Bahnhof entfernt; er kann aber gut in einem Tagesausflug von Assuan besichtigt werden. Die meisten Nilkreuzfahrten besichtigen unterwegs mindestens zwei der drei Tempel.

Südlich von Luxor

Dort wo vom hoch gelegenen Straßenniveau die Treppe hinunter zum Tempel führt, bieten Souvenirhändler ihre Waren und Andenken feil.

Edfu! ▶ H 16

Edfu war in pharaonischer Zeit Hauptstadt des zweiten oberägyptischen Gaus. Heute ist der fast 130 000 Einwohner zählende Ort Zentrum eines ausgedehnten landwirtschaftlichen Einzugsgebiets und besitzt eine große Zuckerfabrik. Eine Brücke verbindet das Westufer mit dem Ostufer des Nils. Da Edfu über keine Hotels westlichen Standards verfügt, besuchen die meisten Touristen den Tempel im Zuge eines Tagesausflugs von Assuan oder Luxor.

Unser Tipp

Nilkreuzfahrt mit dem Segelboot
Ohne Bootsfahrt ist eine Nilreise nicht komplett – ob auf einem großen Nilkreuzfahrtschiff oder einer kleinen Feluke. Die goldene Mitte ist eine Dahabeya, ein komfortables Segelschiff für 10 bis 20 Personen. Verschiedene Veranstalter bieten etwa einwöchige Dahabeya-Fahrten mit meist etwas individuellerem und exklusiverem Programm als auf den großen Schiffen an. Richtig stilvoll wird es mit historischen Schiffen wie der Dongola, die seit weit über 100 Jahren auf dem Nil fahren.
Deutsche Anbieter von Dahabeya-Touren: Phoenix-Reisen (www.phoenixreisen.com), Oft-Reisen (www.oft-reisen.de), Orientaltours (http://orientaltours.de, Touren mit der Dongola).

Horus-Heiligtum
Tgl. 7.30–20 Uhr, 50 LE
Das zwischen 237 und 257 v. Chr. von den Ptolemäern errichtete und gut erhaltene Horus-Heiligtum ist nach Norden ausgerichtet. Eine Ziegelmauer umschließt das Areal. Der über 70 m breite und 36 m hohe Eingangspylon (nur der erste Pylon von Karnak ist höher, vgl. S. 199) zeigt die typischen Reliefs: Der Pharao ordnet das Chaos und sorgt für die ›heile‹ ägyptische Welt, indem er die Feinde am Schopfe packt und unter den Augen der Götter auf sie einschlägt. Zwei große Falken aus schwarzem Granit flankieren den Pylon-Durchgang.

Den **Hof (A)**, auf den Besucher hinaustreten, säumen Kolonnaden mit 32 Säulen, deren Kapitelle Palmblätter und -blüten darstellen. Links am Tor, zur nördlich anschließenden **Vorhalle (B)**, hat eine Falkenskulptur die vergangenen 2000 Jahre unbeschadet überstanden. Die Szenen an den Wänden der Vorhalle zeigen Kulthandlungen. Über dem Eingang zum Säulensaal ist eine Darstellung der Sonnenbarke zu sehen, die von Ptolemaios IX. mit den Göttern verehrt wird.

Im **Säulensaal (C)** befindet sich linker Hand der Eingang zu einem kleinen Raum, der einst als Labor genutzt wurde; an den Wänden wurden Rezepte für Parfüme und Salben eingemeißelt, auf ›Hieroglyphisch‹ natürlich! Rechter Hand führt eine Treppe auf das Dach. Die Stiege diente einst einem besonderen Kult. Einmal im Jahr, zum Neujahrsfest, wurde ein Abbild des Gottes Horus in einer Treppenprozession auf das Dach getragen und dort den ersten Sonnenstrahlen dargeboten. Das Dach ist zwar nicht zugänglich, wohl aber die Treppe, an deren Wänden diese Prozession abgebildet ist.

Edfu: Horus-Tempel

A Hof
B Vorhalle
C Säulensaal
D Allerheiligstes
E Brunnen
F Innerer Umgang

Durch zwei weitere Säle gelangt man ins **Allerheiligste (D)** mit einem Relief des Pharaos, der vor seinen Eltern und der Göttin Hathor Opfer bringt, und der Nachbildung einer Prozessionsbarke.

Sehenswert sind auch die Darstellungen im **inneren Umgang (F)** um das Sanktuarium. Ein Relief der Westmauer zeigt Horus im Kampf gegen seine Feinde, dargestellt durch Krokodile und Nilpferde. Beachtung verdienen die löwenköpfigen Wasserspeier.

Bevor man zum Tempel gelangt, passiert man einen Basar-Bereich mit Textilien und Andenkenhändlern. Jeden Abend findet eine Sound & Light-Show in verschiedenen Sprachen statt (20, 21, 22 Uhr, 75 LE).

Kôm Ombo ▸ H 17

Die etwa 70 000 Einwohner zählende Stadt 40 km nördlich von Assuan ist Zentrum der oberägyptischen Zuckerproduktion und zentraler Marktflecken für die in der Umgebung angesiedelten Nubier. Die Stadt erweckt den Eindruck eines aus den Fugen geratenen Dorfes und so herrscht trotz der hohen Einwohnerzahl eine ländliche Atmosphäre vor.

Nach dem Bau des Assuan-Hochdamms siedelte man zwischen 1963 und 1965 in 34 Dörfern rund um Kôm Ombo 60 000 Nubier an, die den ansteigenden Fluten des Nasser-Sees weichen mussten.

Heiligtum von Kôm Ombo
Tgl. 7–20 Uhr, 30 LE

Da es wie in Edfu am Ort keine akzeptablen Unterkünfte gibt, besucht man den Tempel von Kôm Ombo am besten im Rahmen eines Tagesausflugs von Assuan. Das Heiligtum von Kôm Ombo liegt einige Kilometer südlich des Ortes am Ufer des Nils.

Schon zu Zeiten von Amenophis I., Thutmosis III. und Ramses III. erhoben sich am Platz des erhaltenen Heiligtums Sakralbauten. Die Anlage, so wie sie sich heute zeigt, ist allerdings

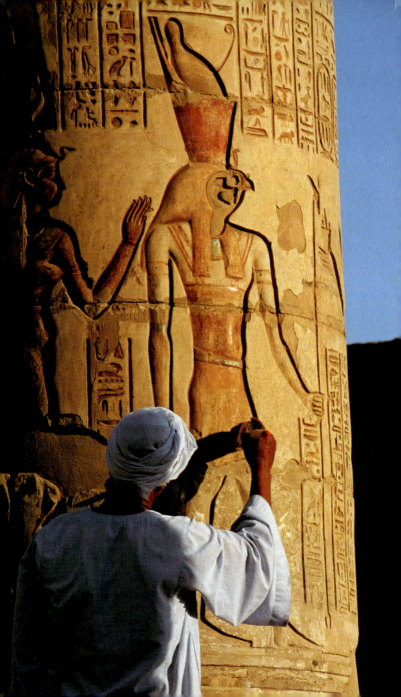

Kôm Ombo

eine ptolemäische Gründung aus dem 2. Jh. v. Chr. Sie war dem Krokodilgott Sobek und dem falkenköpfigen Haroeris (Horus als Sohn des Re) geweiht. Da die beiden Götter in unterschiedlichen Riten verehrt wurden, konstruierten die ptolemäischen Baumeister einen Doppeltempel mit zwei symmetrischen Hälften – die rechte für Sobek, die linke für Haroeris. Beide Hälften sind als Einheit konzipiert, haben jedoch eigene Eingänge.

Der Eingangspylon ist zerstört, auch die Hofkolonnaden haben in den beiden vergangenen Jahrtausenden mitunter stark gelitten. In der Mitte des gepflasterten Hofes stand einst ein Altar. Die Wände der sich anschließenden Vorhalle, in der sich zehn Säulen mit Palmenkapitellen erheben, zeigen verschiedene Kultszenen. Zwei Tore – eines für jede Gottheit – führen in den nächsten Saal. In der Südostecke findet sich eine Darstellung des Gottes Haroeris, der dem König Euergetes II. ein Sichelschwert überreicht. Hinter dem Herrscher stehen seine Schwester und seine Gemahlin, beide mit dem Namen Kleopatra.

Auch in die drei säulenlosen Vorsäle der beiden Sanktuarien gelangt man jeweils durch zwei Türen. Im dritten Saal beachte man an der hinteren Wand zwischen den beiden Durchgängen vor allem die Darstellung von Philometer und Kleopatra vor dem Mondgott Chons; dieser prophezeit dem Herrscher eine lange Regierungszeit, symbolisiert dadurch, dass er den Namen des Königs in einen Palmzweig ritzt.

Hinter der Mondgottheit haben Haroeris und Sobek Aufstellung genommen. Von den beiden Sanktuarien sind heute nur noch Fundamente

Unser Tipp

Kamelmarkt

Im Dorf Daraw, rund 8 km südlich von Kôm Ombo, findet täglich, am umtriebigsten und damit am eindrücklichsten sonntags, Ägyptens größter Kamelmarkt (suq el gamal) statt. Die Beshari-Beduinen kaufen im Sudan große Kamelherden auf und treiben diese nach Ägypten, wo die Tiere nördlich von Abu Simbel dann auf Lastwagen verladen und nach Daraw gebracht werden. Dort verhandelt man dann über den Preis der Kamele. Wer den Zuschlag erhält, verlädt die Tiere erneut auf Lastwagen und bringt sie schließlich nach Kairo, wo sie in den Schlachthöfen landen.

erhalten, dazu die Granitsockel für die Sonnenbarken.

Zwischen dem Säulensaal und der Umfassungsmauer hielt man einst in einem Becken das heilige Krokodil. Starb es, bestattete man das Tier mit allen Ehren auf einem Friedhof, der 1 km vom Tempel entfernt lag. Heute zeigt ein neues kleines Museum am Ausgang mehrere Krokodilmumien.

An dem heute weitgehend zerstörten Geburtshaus (mammisi) von Kôm Ombo befindet sich ein Relief, das Euergetes II. zeigt, wie er, begleitet von zwei Göttern, auf einem Boot durch vogelreiche Papyrussümpfe fährt und dabei an den Schilfhalmen zupft.

Auf dem Rückweg lohnt noch ein Abstecher in den schmalen Korridor auf der linken Seite des Tempels. Ganz hinten sind medizinische Geräte wie Skalpelle, Knochensägen und Saugglocken zu sehen. Man nimmt an, dass einige der Priester auch Ärzte waren.

Kôm Ombo: beim vorsichtigen Reinigen eines Säulenreliefs

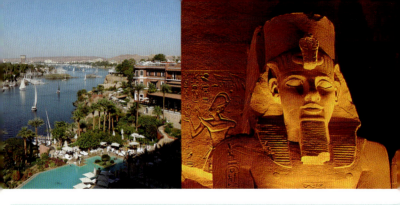

Das Beste auf einen Blick

Assuan und Umgebung

Highlights!

Assuan: Ägyptens südlichste Metropole wird wegen des milden und trockenen Klimas gern als Winterkurort aufgesucht und hält für den Besucher eine ganze Reihe von herausragenden Sehenswürdigkeiten bereit. S. 236

Hochdamm Sadd al Ali: Der Hochdamm des Assuan-Stausees ist eine äußerst beeindruckende technische Meisterleistung. S. 249

Der Felsentempel von Abu Simbel: Das bauliche Meisterstück von Ramses II. ist eines der großartigsten Bauwerke aus dem alten Ägypten. S. 258

Auf Entdeckungstour

Auf dem Nil von Assuan nach Esna: Auf einer Feluke zwei oder drei Tage von Assuan nach Kôm Ombo, Edfu oder Esna zu segeln ist ein unvergessliches Erlebnis. S. 252

Kultur & Sehenswertes

Elephantine-Freilichtmuseum: Im südlichen Teil der Nilinsel Elephantine sind bis zu 5000 Jahre alte Funde zu besichtigen. S. 237

Nubisches Museum in Assuan: Über die Geschichte und den Alltag der oberägyptischen Nubier, die beim Bau des Assuan-Hochdammes umgesiedelt werden mussten, informieren die vielen Exponate dieses interessanten Ausstellungsgebäudes. S. 240

Zu Fuß unterwegs

Wanderung zum Simeons-Kloster: Durch ein Wüstental führt eine Mini-Expedition zu Fuß oder per Kamel zum frühchristlichen Kloster. S. 244

Spaziergang auf der Insel Elephantine: Zwischen antiken Ruinen und moderner Hotelanlage kann man noch waschechte nubische Dörfer entdecken. S. 244

Genießen & Atmosphäre

Limonensaft mit Agatha Christie: Auf der Terrasse des Old Cataract mit einem Krimi und einem Drink den Sonnenuntergang genießen. S. 243

Folklore beim Tafeln: El Dokka Restaurant auf der kleinen Insel Issa, einen Steinwurf südlich von Elephantine, mit abendlichen nubischen Folklore-Darbietungen. S. 246

Abends & Nachts

Sound & Light Show: Eine Ton- und Lichtschau findet allabendlich in den Tempelanlagen auf der Insel Philae oder im Felsentempel von Abu Simbel statt. S. 251, 258

Im Land der Nubier

Assuan, Ägyptens südlichste Metropole, zieht sich am östlichen Ufer des Nils entlang; die große Insel Elephantine und viele kleinere Eilande liegen im Strom. Die mit Lateinersegeln auf dem Nil kreuzenden Feluken und die hohen Sanddünen am westlichen Ufer mit dem Mausoleum des Aga Khan sind beliebte Fotomotive.

Assuan! ▸ H 18

Die sympathische, etwa 270 000 Einwohner zählende Stadt 750 km südlich von Kairo am ersten Nilkatarakt wird wegen ihres ausgeglichenen und trockenen Klimas gern als Winterkurort aufgesucht.

In altägyptischer Zeit hieß die Region um Assuan herum Jebu (Elefantenland) – vielleicht, weil die Ägypter hier erstmals die Dickhäuter sahen. Der Ort lag strategisch sehr günstig, da am ersten Katarakt der Flussverkehr zwischen Ägypten und Nubien kontrolliert werden konnte. Zudem endete hier eine Karawanenstraße aus dem Sudan, auf der sich Handelsexpeditionen, aber auch Heerzüge bewegten. In den nahegelegenen Rosengranit-Steinbrüchen brachen Arbeiter jahrtausendelang die großen Blöcke für die pharaonischen Denkmäler.

Ursprünglich lag das pharaonische Jebu im südlichen Teil der Insel Elephantine, das östliche Ufer wurde erst später besiedelt und erhielt von den Griechen den Namen Syene. In Assuan gab es einen Brunnen, in den während der Sommersonnenwende die Strahlen der Sonne senkrecht einfielen. Der griechische Gelehrte Eratosthenes (um 282 bis um 202 v. Chr.), seit 246 v. Chr. Direktor der Bibliothek von Alexandria, erhielt davon Kunde, reiste nach Assuan und berechnete aufgrund dieses Vorgangs und eines Referenzpunktes, den er zuvor in Alexandria festgestellt hatte, den Erdumfang. In den nachchristlichen Jahrhunderten versetzten räuberische Beduinen die Bevölkerung immer wieder in Angst und Schrecken, bis der osmanische Sultan Selim II. im 16. Jh. eine Garnison nach Assuan legte.

Infobox

Touristeninformation
Midan el Mahatet, in einem Kuppelgebäude am Bahnhof, Tel. 09 72 31 28 11, Sommer 8–15 und 19–21, Winter 8–15, 18–20 Uhr.

Anreise und Weiterkommen
Assuan ist mit dem Zug von Kairo und Luxor erreichbar, von Hurghada oder Marsa Alam mit dem Bus. Der Bahnhof befindet sich im Stadtgebiet, der Busbahnhof liegt am nördlichen Stadtrand an der Corniche. Assuans Flughafen befindet sich ca. 20 km südlich des Zentrums; von hier Flüge nach Abu Simbel, Luxor und Kairo.

Für die Besichtigung des unvollendeten Obelisken, des Alten und Neuen Damms, des Kalabsha-Tempels sowie der Insel Philae sollte man einen ganzen Tag einplanen und sich dazu in Assuan ein Taxi mieten.

Elephantine

Auf der 2 km langen und 500 m breiten Nilinsel Elephantine liegen neben

Assuan

dem Mövenpick Resort zwei kleine, von nubischen Fellachen bewohnte Dörfer. Zwei Fähren setzen von der Corniche auf die Insel über.

Elephantine-Freilichtmuseum [1]
Tgl. 7–16 Uhr, 30 LE
Nach wenigen Minuten Fußweg ist das kleine Museum in der ehemaligen Villa von Sir William Willcox, dem Ingenieur des ersten Staudamms, erreicht. Das in der Villa untergebrachte Assuan-Museum ist auf unbestimmte Zeit wegen Renovierung geschlossen. Das eigentliche Highlight ist aber ohnehin das Freilichtgelände dahinter: Elephantine war seit der frühdynastischen Zeit ein Grenzposten des Pharaonenreichs, und einige der Ausgrabungen hier gehören zu den ältesten in ganz Ägypten. So sind die Mauern von Wohnhäusern aus dem Alten Reich zu sehen, aber auch ein teilrekonstruierter Satet-Tempel aus dem Neuen Reich.

Von einem Weg unterhalb des Museumsgebäudes führt am Ufer des Nils eine Treppe in das Nilometer, in dem seit pharaonischer Zeit – zum Zweck der Steuererhebung – die Wasserstandsschwankungen des Flusses gemessen wurden. Die am besten erkennbaren Messskalen stammen allerdings aus der arabischen Zeit.

Der griechische Geograf Strabon (um 64 v. Chr.–23 n. Chr.) beschrieb im 17. Buch seiner »Geographika« das Nilometer auf Elephantine ausführlich: »Der Nilmesser ist ein am Ufer des Nils aus gleichmäßigen Quadern erbauter Brunnen, in dem man die Anschwellungen des Stromes bezeichnet, sowohl die größten wie die kleinen und mittleren; denn das Wasser des Brunnens steigt und fällt mit dem Strome. An der Wand des Brunnens sind Merkzeichen, die Maßangaben der für die Bewässerung ausreichenden und der anderen Wasserhöhen. Diese beachtet man und macht sie allen bekannt zur Nachricht. Dies ist auch den Bauern wegen der Verwaltung des Wassers, der Dämme, der Kanäle usw. nützlich sowie den Beamten wegen der Steuern. Denn das höhere Steigen bedeutet auch höhere Steuern.« Plinius hingegen beschrieb die Messskalen wesentlich nüchterner: »Bei 12 Ellen Hunger, bei 13 Ellen Genüge, bei 14 Ellen Freude, bei 15 Ellen Sicherheit und bei 16 Ellen Überfluss«.

Lord Kitchener Island [2]
Tgl. 7–16 Uhr, 10 LE
Von der Corniche in Assuan aus kann man sich mit einer Feluke auf Lord Kitchener Island übersetzen lassen. Die einstige Privatinsel des britischen Feldmarschalls (1850–1916), der Ende des 19. Jh. den religiös motivierten Mahdi-Aufstand im Sudan niederschlug, wurde zu einem Botanischen Garten umgestaltet und ist, wenn keine Gruppen da sind, ein Quell der Ruhe. Ein kleines Café serviert Tee, Kaffee und Softdrinks.

Mausoleum des Aga Khan [3]
An der westlichen Flussseite reicht die Wüste bis ans Ufer. Hoch auf einem Plateau überragt das Mausoleum des Aga Khan den Nil. Das Oberhaupt der Hodscha-Sekte der Ismailiten (1887–1957) lebte viele Jahre in Assuan, wo er während des Winters sein Rheumaleiden kurierte. In dem Kuppelbau befindet sich der Sarkophag, der täglich mit einer frisch geschnittenen Rose geschmückt wird. Unterhalb des Grabmals liegt die Villa der Begum, der Ehefrau des Aga Khan, die im Jahr 2000 verstorben und neben ihrem Mann beigesetzt wurde. Seitdem ist das Mausoleum geschlossen. Erreichbar ist es nur per Feluke oder Motorboot.

Lieblingsort

Nubischer Kaffee am Nil
Bei Safwat und seiner Familie sitzt man unter alten Bäumen und genießt den Nilblick und den nubischen Gewürzkaffee, zubereitet auf dem Holzkohlenfeuer. Mit Vorbestellung (Atif Abdu Hassan 01 00 84 88 135, begrenzt Englisch) sind auch Mittag- und Abendessen möglich, ansonsten nur Kaffee, Tee, Shisha und nubische Musik. In das kleine Dorf Berber gelangt man am besten per Boot, bei der Organisation von Transport und Essensbestellung ist auch die Deutsche Janine El-Saghir vom Hausboot Nile Dream (s. S. 246) behilflich.

Assuan

Sehenswert
1. Elephantine-Freilichtmuseum
2. Lord Kitchener Island
3. Mausoleum des Aga Khan
4. Simeonskloster
5. Gräberterrasse und Scheich-Grab Qubbet el Huwwa
6. Nubisches Museum

Übernachten
1. Old Cataract
2. Mövenpick Elephantine Island Resort
3. Basma
4. Isis Island
5. Philae
6. Pyramisa Isis
7. Marhaba Palace
8. New Abu Simbel
9. Nuba Nile
10. Hathor
11. El Salam
12. Onaty Guesthouse
13. Nile Dream
s. auch Karte S. 251

Essen & Trinken
1. 1902
2. Salah el Din
3. Aswan Moon
4. Emy
5. Al Shati
6. Panorama
7. El Shawesh
8. El Dokka

Simeonskloster 4
Tgl. 7–16 Uhr, 25 LE
Ein zehnminütiger Fußweg führt vom Mausoleum Richtung Norden zu den Ruinen des Simeonsklosters. Das einst größte koptische Bauwerk Ägyptens wurde vermutlich im 7. Jh. gegründet, 300 Jahre später stark restauriert und erweitert, aber im 13. Jh. wieder aufgegeben. Da die Anlage keinen Brunnen besaß, konnten die Mönche langen Belagerungen durch räuberische Beduinen nicht standhalten. In der recht gut erhaltenen Basilika und ihren Nebenkammern sind noch Wand- und Deckenfresken zu sehen, dahinter lädt das mehrstöckige Hauptgebäude zum Erkunden verschachtelter Gänge und Kammern ein. Südlich schließen sich weitläufige Wirtschaftsgebäude an.

Gräberterrasse und Scheich-Grab Qubbet el Huwwa 5
Tgl. 7–16 Uhr, 30 LE
Nördlich von Elephantine sieht man am westlichen Nilufer die Gräber der Noblen im Berghang. Überragt von dem Scheich-Grab Qubbet el Huwwa reihen sich hier auf Terrassen Grabstätten aus dem Alten und Mittleren Reich. Vom Fähranleger führen zwei Rampen, auf denen die Sarkophage nach oben gezogen wurden, zu den Grabstellen.

Viele Grab-Eingänge sind (trotz Eintritt) mit Eisengittern verschlossen, doch patrouilliert zumeist ein Schlüsselwärter in Erwartung einer Bakschisch-Zahlung die Gräberterrasse entlang. Am sehenswertesten sind die Gräber Nr. 31 (Sarenput II.) und 36 (Sarenput I.). Erwähnt seien außerdem die Gräber Nr. 25 (Grab des Mechu, 6. Dyn.), Nr. 26 (Sabui I., Sohn von Mechu), Nr. 28 (Hakaib I.), Nr. 30 (Fürst Sarenput II., 12. Dyn.), Nr. 32 (Aku), Nr. 34 h (Chunes, 6. Dyn.), Nr. 35 (Pepinacht, 6. Dyn.), Nr. 34 n (Chuef-hor, 6. Dyn.), Nr. 35 d (Hakaib II.) und nördlich davon (ohne Nummer) das Grab des Kakemet (Zeit Amenophis' III.). Diese letzten Ruhestätten sind aus dem Felsen geschlagen, wobei man, je nach Größe des Grabes, einfache Stützsäulen hat stehen lassen. Reliefs oder farbige Szenen sind kaum mehr vorhanden.

Von den Gräberterrassen hat man einen guten Blick auf die Inseln im Strom und die Stadt Assuan, noch besser ist die Aussicht vom Scheich-Grab Qubbet el Huwwa (Stern der Lüfte) auf dem Kamm einer Sanddüne oberhalb der Gräber.

Nubisches Museum 6
Tgl. 9–21 Uhr, 50 LE
Südlich des Zentrums, gegenüber vom Basma Hotel, informiert das Nubische

Museum über diese oberägyptische Bevölkerungsgruppe.

Der Verlust der Heimat durch die Flutung des Nasser-Stausees war für viele Nubier ein Schock. Zudem dürfen sie bis heute (wohl wegen der dortigen Bodenschätze) nicht zurück an die Ufer des Sees ziehen, und auch bei der gesellschaftlichen Integration und politischen Gleichstellung bleiben Probleme. Andererseits haben viele nubische Jugendliche heute bessere Ausbildungschancen, und ein nicht unwesentlicher Teil des Personals in der Tourismusindustrie wird inzwischen von Nubiern gestellt.

Das mit dem Aga-Khan-Award für Architektur ausgezeichnete Gebäude des Nubischen Museums bietet u. a. einen Garten und ein Freilichtgelände mit Petroglyphen und Bereiche für nubische Community-Programme. Das Museum selbst zeigt prähistorische Funde und Keramiken aus der nubischen C-Gruppen- und Kerma-Kultur (parallel zum ägyptischen Alten Reich).

Da Nubien lange Zeit ins Pharaonenreich eingegliedert war, sind auch viele klassische ägyptische Stücke ausgestellt – u. a. eine 8 m hohe Skulptur von Ramses II. – sowie Objekte aus der nubischen Meroe-Kultur (8.–4. Jh. v. Chr. im heutigen Sudan), die das pharaonische Kulturideal noch hochhielt, als Ägypten selbst schon im Niedergang war. Dazu kommen eine anschauliche Ausstellung über nubische Alltagskultur sowie Informationen über den Bau des Nasser-Staudamms und die Umsetzung der antiken Bauten im Bereich des heutigen Nasser-Sees.

Lieblingsort

Terrasse des Old Cataract [1] – auf Agatha Christies Spuren

Dies ist nun wirklich einer der schönsten Plätze von ganz Ägypten. Von der Terrasse schweift der Blick über die Nilinsel Elephantine, hält sich fest an dem Mausoleum des Aga Khan im indisch-muslimischen Stil am anderen Ufer, entdeckt die Ruinen des Simeonsklosters in der Wüste und eilt dann hoch zur Spitze einer mächtigen Düne, die gekrönt ist vom Scheichgrab Qubbet el Huwwa, dem ›Stern der Lüfte‹. Zugang zu der legendären Terrasse haben nur Hotelgäste oder Gäste mit einer Abendessenreservierung. An den Tischen links und rechts neben der Terrasse ist jeder willkommen.

Assuan und Umgebung

Wanderung zum Simeonskloster

Wanderung zum Simeonskloster
Dauer 2 Std. Die Strecke von etwa 3,5 km Länge ist von beiden Seiten aus auch als Kamelritt möglich, ggf. auch teilweise: ca. 30–40 LE pro Stunde.
Auf dem Westufer des Nils in der Nähe der Gräber der Adligen 5 führt von der Personenfähre aus ein deutlich erkennbarer Weg schräg rechts auf die Dünen und dann im Bogen nach links um den Qubbet al Huwwa-Hügel herum. In einem Wüstenhochtal läuft man dahinter parallel zum Nil nach Süden und direkt auf das alte Simeonskloster (4, s. S. 240) zu, das nach 15–20 Minuten in Sicht kommt. Vom Kloster aus kann man noch einen Abstecher zum (für die Öffentlichkeit nicht zugänglichen) Aga Khan-Mausoleum 3 machen und dann zum Nil hinuntergehen, wo Andenkenhändler und Kamelführer warten, die auch einen privaten Bootstransfer zur Insel Elephantine oder zurück in die Stadt organisieren können.

Nubischer Spaziergang auf der Insel Elephantine
Dauer 1–2 Std. Der Spaziergang lässt sich mit der Wanderung zum Simeonskloster (s. o.) kombinieren – dann steigt man auf der Westseite von Elephantine in der Nähe der Moschee in ein Boot zum anderen Nilufer.
Zwei Fähren verbinden die Insel Elephantine mit Assuan. Vom Anleger

Männerrunde im Saftladen

der südlichen führt ein Uferweg zum Museum und zum archäologischen Freilichtgelände, wo er in die Gassen des nubischen Dorfes Kuti abbiegt. Vorbei am Haus von Hamada Abd el Malek mit bunten Malereien und einer Dachterrasse mit kleiner Bewirtung (Getränke und Snacks) führt der Hauptweg im Bogen über einen erdigen Platz (etwa 100 m hinter dem Museumseingang). Auf diesem Weg, der eher intuitiv als etwas breiter erkennbar ist als die übrigen Gassen, geht es dann weiter nach Norden zu einer kleinen Moschee, einer einfachen Teestube, Obstgärten und einem Kiosk. Nach links lassen sich die Gassen des Ortes erkunden, nach rechts führt kurz vor der Moschee ein Weg zurück zum Fähranleger.

Nubischer Spaziergang auf Elephantine

Übernachten

Im Vergleich zu Luxor gibt es in Assuan relativ wenige Hotels. Das macht sich vor allem im Bereich der Mittelklassehotels bemerkbar. Einfachere Hotels bieten schlechtere Standards als sonst üblich bei gleichzeitig höheren Preisen.

Retro, aber richtig – **Old Cataract Hotel 1**: Abdal Tahrir St., Tel. 09 72 31 60 00, www.sofitel.com. DZ o. F. ab 240 €. Das Old Cataract ist der Inbegriff von britischem kolonialem Luxus am Nil (heute aber französisch). Agatha Christie schrieb hier Teile ihres Klassikers »Tod auf dem Nil«, allerdings nicht auf der berühmten Terrasse mit dem tollen Blick, sondern auf ihrem Privatbalkon ein Stockwerk höher. Das Haus und der Neubau nebenan aus der Zeit des Staudammbaus wurden bis 2012 komplett entkernt und saniert, und zwar ganz unterschiedlich: Im Altbau beneidet man die Kolonialherren um Stil und Luxus, den sie wahrscheinlich gar nicht hatten; im Neubau, mit todschickem Spa-Bereich, fühlt man sich in einen James-Bond-Film der 1960er-Jahre zurückversetzt.

Insellage – **Mövenpick Elephantine Island Resort 2**: Unübersehbar im nördlichen Teil der Nilinsel Elephantine, Tel. 09 72 30 34 55, www.moevenpick-hotels.com, DZ m. Fr. ab 120 US $. Auf der Insel Elephantine liegt das 5-Sterne-Hotel in absolut ruhiger Lage und bietet große Zimmer mit allem Komfort und gutem Blick auf die Skyline von Assuan; 2006 umfassend renoviert.

Solide – **Basma Hotel 3**: Gegenüber vom Nubischen Museum, Tel. 09 72 31 09 01, www.basmahotel.com, DZ 165 US-$. Etwas außerhalb gelegenes nachhaltiges Gruppenhotel mit großen Zimmern und gutem Blick.

Insel im Strom – **Isis Island Hotel 4**: Eigene Insel, mit Shuttle von der Corniche, Tel. 09 72 31 74 00, www.pyramisaegypt.com, DZ ab 100 €. Resort-Hotel mit Kuranlagen und eigenem organi-

Assuan und Umgebung

Unser Tipp

Nubisches Leben
Nubischen Alltag erlebt man besser abseits der Stadt, v. a. am Westufer. Sowohl im schmucken kleinen **Onaty Guesthouse** 12 in Gharb Sahel mit den typischen Kuppeldächern als auch auf dem Hausboot **Nile Dream** 13 in der Nähe findet man ländliches Leben, nubischen Familienanschluss, authentisches nubisches Essen und Ausflugsoptionen jenseits der Touristenströme. Für eine nubische Kostprobe kann man auch zum Restaurant **El Dokka** 8 auf einer Insel südlich von Elephantine fahren, wo es zum nubisch-arabischen Menü oft auch Folkloreshows gibt (aber keinen Alkohol).
Onaty 12: Gharb Sahel, Tel. 012 26 41 26 41, http://onatyguesthouse.word press.com/, DZ m. Fr. 25 €.
Nile Dream 13: Sahel, Tel. 011 15 36 25 56 (deutsch), www.niledream.de, DZ m. Fr. 39 €.
El Dokka 8: Issa Island (Bootsanleger an der Corniche ggü. Egypt Air), Tel. 09 79 10 80 00, Menü 80 LE.

schen Anbau. Große Zimmer sowohl in einem zentralen Wohnblock als auch in kleinen Bungalows, umgeben von einem geschützten Naturgebiet, in dem noch viele ursprüngliche nilotische Pflanzen wachsen.
Geschmackvoll renoviert – **Philae Hotel** 5: 79, Cornish El Nil St., 09 72 31 20 90, www.philae-hotel.com. DZ m. Fr. 100 US-$. Sehr sauberes, zentral gelegenes Hotel an der Corniche von Assuan. Kleine, aber durchaus schöne Zimmer mit orientalischen Details und oftmals Nilblick.

Ganz dicht am Nil – **Pyramisa Isis** 6: Corniche El Nile Street, Tel. 09 72 31 51 00. DZ m. Fr. 90 US-$. Zentral gelegenes Hotel für Tourgruppen, kleine, aber passable Bungalowzimmer.
Beste Mittelklasse – **Marhaba Palace Hotel** 7: Corniche el Nil, Tel. 09 72 33 01 02/3/4, www.marhaba-aswan.com, DZ 90 US-$. Gutes Mittelklassehotel in zentraler Lage, 2 Min. vom Bahnhof. Kleine, aber ordentlich eingerichtete Zimmer mit Blick über den Nil und die Insel Elephantine. Attraktive Dachterrasse, auf der allerdings kein Alkohol ausgeschenkt wird.
Billig am Bahnhof – **New Abu Simbel Hotel** 8: Abtal el Tahrir St., Tel. 09 72 30 60 96, DZ m. Fr. 120 LE. Einfaches, farbenfrohes Hotel in netter untouristischer Nachbarschaft, das beste im Budget-Segment. Das **Nuba Nile Hotel** 9 direkt neben dem Bahnhof (Tel. 097 231 35 53, www.nubanilehotel.com, DZ 180 LE) ist ähnlich, versucht aber noch mehr, den Anschein eines Mittelklassehotels aufrechtzuhalten.
Billig am Nil – **Hathor Hotel** 10: Corniche el Nil, Tel. 09 72 31 45 80, DZ m. Fr. 125 LE. Guter Blick auf die Nilinsel Elephantine und den Fluss, das Haus hat schon bessere Tage gesehen. Das **El Salam Hotel** 11 direkt daneben (130 LE) hat immerhin eine schöne Frühstücksterrasse.

Essen & Trinken

Gute Restaurants mit internationaler Küche findet man in den teuren Hotels, einfache an der Basarstraße. In den Kaffeestuben in der Bahnhofstraße sitzt man zwar ganz nett, muss sich aber stoisch gegen absurde Preisforderungen wappnen.
Edel – **1902 Restaurant** 1: Old Cataract Hotel, Abdal Tahrir St., Tel. 09 72 31 60 00, um 200 LE. Benannt nach dem Erbauungsjahr des Hotels, sehr gute

franzözische Küche, abends Dresscode (Jacketts zum Ausleihen).

Flussrestaurants – Entlang der Corniche gibt es fünf einfache Lokale mit ägyptischen und internationalen Speisen. Beim Essen hat man einen guten Blick auf die vielen Feluken im Strom. Von Nord nach Süd: **Salah el Din** `2`, **Aswan Moon** `3`, **Emy** `4`, **Al Shati** `5` und das **Panorama** `6`, Menüs 20–60 LE. Einige dieser Restaurants servieren auch Alkohol.

Immer voll – **El Shawesh** `7`: Sh. Saad Zaghloul, im Souq, 11 Uhr–spät. 10–30 LE. Sehr beliebtes einfaches Lokal mit typisch ägyptischen Gerichten, alle mit Salat, Tahin und Suppe serviert. Von Süden in der dritten Gasse hinter der Moschee.

Einkaufen

Authentisch – Assuan hat neben Kairo wohl noch den authentischsten **Basar** des Landes zu bieten. Vom Bahnhofsplatz zieht sich die Sharia as Suq, die zweite Parallelstraße zur Corniche, entlang und geht in südlicher Richtung in die Sharia Saad Zaghloul über. Der nördliche Teil ist eher touristisch mit vielen Souvenirs, im Süden überwiegen Lebensmittel und Gebrauchsgegenstände.

Abends & Nachts

Ton & Licht – Pharaonischer Kitsch vom Feinsten wird bei der **Sound & Light-Show** am Philae-Tempel geboten. Tgl. mindestens zwei Shows, davon eine auf Englisch, ab 18.30 (Winter) oder 19 Uhr (Sommer), sonntags erste Vorstellung auf Deutsch, sonst Deutsch per Audioguide, www.sound andlight.com.eg, 75 LE. Mit dramatischen Licht- und Toneffekten wird die Geschichte der Göttin Isis erzählt, die die Schwester und Gattin des Gottes

Osiris war. Dieser wurde von seinem Bruder Seth ermordet, doch Isis fügte die Körperteile wieder zusammen, hauchte ihm Leben ein und empfing von Osiris ihren Sohn Horus, den sie als Kind vor den Nachstellungen des Seth schützen musste.

Infos

Innerstädtischer Verkehr

Taxen und Pferdekutschen *(kalesh)* sind mit Trinkgeld etwa gleich teuer; man sollte auf eine gute Behandlung der Pferde achten. Entlang der Corniche pendelt eine Armada von **Minibussen** für 1–2 LE pro Strecke. An der Corniche gegenüber von Elephantine befinden sich die Anleger für zwei öffentliche **Fähren nach Elephantine** (1 LE pro Strecke) und für die Privatboote zu den Hotels und Restaurants auf Inseln. Die **Motorfähre auf die andere Nilseite** legt gegenüber der Nordspitze der Insel Elephantine an.

Assuans Umgebung

Der unvollendete Obelisk

Tgl. 7–16 Uhr, 30 LE

Wenige Kilometer südlich vom Zentrum, ein wenig abseits der Straße Richtung Hochdamm, liegen die Steinbrüche, in denen über die Jahrtausende der Rosengranit für die Statuen und Säulen der Tempel gebrochen wurde. Attraktion ist der unvollendete Obelisk, der uns recht deutlich die Arbeitsmethoden der pharaonischen Steinmetze zeigt. Rund um die gigantische Nadel ist der Fels bereits völlig weggeschlagen. Bei dieser Klopftechnik stand Mann neben Mann und ein jeder hämmerte mit schweren Kugeln aus Diorit, einem harten Gestein, auf den Fels ein. Deutlich erkennbar sind die halbrunden Spuren am Boden des

Assuan und Umgebung

umlaufenden Schachtes. Bei einem Feldversuch ließ der Ägyptologe Josef Röder 130 Arbeiter mit diesen harten Diorit-Hämmern den Granit bearbeiten. Seiner Einschätzung nach hätten die Handwerker die Steinnadel in rund sechs Monaten aus ihrem Bett schlagen können. Aus einer Inschrift der Königin Hatschepsut wissen wir, dass innerhalb von sieben Monaten ihr heute noch in Karnak bei Luxor stehender Obelisk gebrochen, beschriftet und aufgestellt wurde – ein Zeichen dafür, dass die Alten Ägypter mit einer solchen Arbeit offensichtlich keinerlei Probleme hatten.

An seiner Basis ist dieser unvollendete Obelisk noch mit dem Fels verwachsen. Mit einer Höhe von mehr als 41 m und einem Gewicht von 1168 t wäre dies die größte je gebrochene Steinnadel gewesen. »Freilich ging«, so schreibt der Archäologe Josef Röder, »was hier der Natur abverlangt wurde, über deren Vermögen erheblich hinaus. Ein Stein dieser Größe war auch in Assuan nicht zu gewinnen. Zahlreiche Stiche laufen in den Obelisken hinein, sie hätten den Stein bei der Loslösung vom Untergrund in mehrere Stücke zerbrechen lassen. Man kann sich nur wundern, dass die Arbeit so weit vorangetrieben wurde, obwohl die tödlichen Gesteinsfehler frühzeitig sichtbar wurden.« War ein Obelisk an den Seiten aus dem Fels gelöst, begannen die Handwerker bereits mit den Verzierungen und Inschriften, während andere ihn an der Basis unterschrotteten und dann vom Fels losrissen. Wenn der tonnenschwere Block endlich aus seinem Bett gelöst war, brachten ihn Hunderte von Arbeitern – vermutlich auf Schlitten oder rollenden Baumstämmen – bis ans Ufer des Nils. Die exakte Technik kennen wir bis heute nicht. Auch wie ihn die Männer dann auf die Barke hievten, bleibt unbekannt. Plinius verdanken wir den Hinweis, dass während der Ptolemäer-Zeit der Koloss quer über einen Nilkanal gelegt wurde, das Lastschiff dann darunter fuhr und entweder Ballast abwarf, um zu steigen, oder auf die Nilflut wartete, um angehoben zu werden.

Qubbet el Huwwa
Oberhalb der Gräberterrasse an Assuans Westufer ragt hoch eine Sanddüne auf und ist gekrönt mit dem Kuppelgrab eines lokalen Heiligen. Für den schweißtreibenden Aufstieg dorthin wird man mit einem phantastischen Blick auf die Skyline von Assuan und die Inseln im Nil – die ja eigentlich zum ersten Katarakt gehören – mehr als entschädigt. Qubbet el Huwwa nennen die Aswanis treffend die Grabstelle, auf Deutsch ›Stern der Lüfte‹.

Der alte Damm
Etwa 5 km südlich von Assuan ragt der 1889 unter der Bauleitung von Sir William Willcocks begonnene alte Damm aus den Fluten des Nils. Die Staumauer wurde aus Granitblöcken errichtet und ist nach zwei Erweiterungen in den Jahren 1912 und 1934 heute 51 m hoch, an der Sohle 35 m und an der Krone 12 m stark; die Länge des Dammes beträgt 2100 m; 180 Tore regulierten einst den Wasserstand.

Westlich des Wehres leitet ein 2 km langer Schleusenkanal kleinere Schiffe flussauf- oder flussabwärts. Die durch den Dammbau erreichte Ertragssteigerung in der Landwirtschaft war, bedingt durch die Bevölkerungsexplosion, allerdings nur kurzzeitig

Assuan-Damm

Der Assuan-Damm bildet mit dem Nasser-See den viertgrößten Stausee der Welt

ausreichend. Zudem war der Regulierungseffekt der Schleusentore unzureichend, sodass nach dem Zweiten Weltkrieg erste Überlegungen zu einem neuen Dammprojekt angestellt wurden.

Assuan-Damm
Sadd al Ali ❗ ▶ H 18

Tgl. 7–16 Uhr, Mautgebühr 30 LE
Rund 7 km südlich des alten Dammes staut heute der Assuan-Staudamm, den Nil. Am Westende der riesigen Barriere ragt das Denkmal der ägyptisch-russischen Freundschaft in Form einer Lotosblume auf. Den Scheitelpunkt des Dammes krönt ein Ehrenbogen.

1955 entwickelten westdeutsche Firmen die ersten Pläne für den Damm, dessen Bau von der Sowjetunion realisiert wurde. Am 9. Januar 1960 begannen die Arbeiten, am 15. Januar 1971 wurden sie abgeschlossen. Während der Bauarbeiten kamen 451 Menschen ums Leben. 60 000 Nubier und Sudanesen wurden aus ihrer Heimat vertrieben und zwangsumgesiedelt. Um die Kulturdenkmäler von Abu Simbel, Kalabsha und Philae vor den Fluten zu retten, fand unter Schirmherrschaft der UNESCO ein einmaliges Rettungsprojekt statt. Die antiken Bauten wurden von ihren Standorten entfernt und an sicherer Stelle wieder aufgebaut.

Der Assuan-Damm besteht aus einer gewaltigen Aufschüttung von Geröll, Schotter und Sand (knapp 43 Mrd. m^3), einem Lehmdichtungskern sowie einer Betonummantelung. Der Hochdamm hat eine Länge von 3830 m, erreicht an der Sohle eine Stärke von 980 m (an der Krone 40 m) und ist 111 m hoch. Die Barriere staut den theoretisch maximal 500 km langen und zwischen 5 und 35 km breiten, bis zu 6000 km^2 großen Nasser-See auf. Durch sechs jeweils 300 m lange Schleusen fließen die

Assuan und Umgebung

Der verlagerte Ramses-Tempel von Gerf Hussein in New Kalabsha

Wassermassen auf die Schaufelräder der zwölf Turbinen, die pro Jahr bis zu 10 Mrd. kW Strom liefern. Unterschiedlichen Angaben zufolge konnte das Nilland seine landwirtschaftliche Nutzfläche durch den Dammbau um 400 000 bis 800 000 ha steigern.

All diese beeindruckenden Angaben aber können nicht darüber hinwegtäuschen, dass der Damm dem Land auch eine ganze Reihe von Nachteilen gebracht hat. Von der Sedimentfracht des Nils blieben vor dem Dammbau bei den jährlichen Überschwemmungen etwa 130 Mio. t fruchtbarer Schlamm auf den Äckern zurück. Anstelle der natürlichen Nährstoffzufuhr muss Ägypten nun Kunstdünger auf den Weltmärkten erstehen und da keine saisonale Schlammablagerung mehr erfolgt, verstärkt sich die Erosion am Nilufer sowie an der Mittelmeerküste.

Die Versalzung der Böden durch die natürlichen Natriumvorkommen sowie durch den Einsatz von Kunstdünger steigt an. Durch den Damm hat sich der Grundwasserspiegel entlang der Niloase um bis zu 1,6 m erhöht. Damit gelangen auch Salze an die Bodenoberfläche, womit eine weitere Bearbeitung der Felder unmöglich wird. Das salzhaltige Grundwasser dringt zudem in die Fundamente der altägyptischen Kulturdenkmäler ein.

Vor dem Dammbau wurden während der saisonalen Überschwemmungen für die Landwirtschaft schädliche Insekten und Kleinnager vernichtet. Heute dagegen müssen teure und ökologisch bedenkliche Pestizide gespritzt werden, um die Schädlinge zu töten.

New Kalabsha ▶ H 18

Tgl. 7–16 Uhr, 35 LE, Boot ca. 50–60 LE
Das Tempelareal von Kalabsha auf einer Insel unweit des Hochdamms lag

vor 1963 etwa 40 km weiter südlich. Durch den Bau des Assuan-Dammes wären die Gebäude dort in den Wassern des Nasser-Stausees versunken, so dass die Tempelanlagen abgetragen und an der neuen, sicheren Stelle wieder aufgebaut wurden.

Der Tempel von Kalabsha, entstanden um die Zeitenwende, war dem Mandulis geweiht, einer nubischen Gottheit. Besonders interessant sind die Reliefs und Inschriften an der Rückwand des ersten Hofes. Links sieht man Taufszenen mit Horus und Thoth, rechter Hand einen Erlass in griechischer Sprache, der die Schweinehirten auffordert, ihre Tiere vom Tempelareal fernzuhalten. Rechts neben dem Erlass ist ebenfalls in griechischer Sprache eine Siegesinschrift des christlichen nubischen Kleinkönigs Silko (5.–6. Jh. n. Chr.) eingeritzt. Vom Dach (Aufstieg gegen Bakschisch) bietet sich ein guter Blick.

Nordwestlich des Kalabsha-Tempels liegt das von Ramses II. erbaute Felsheiligtum **Beit el Wali**; südlich des Kalabsha-Tempels der **Kiosk von Kertassi**, vergleichbar dem des Trajan auf Philae.

Hinter dem Kertassi-Kiosk steht seit 2003 ein Teil des Tempels **Gerf Hussein,** der in der Regierungszeit Ramses II. unter Vizekönig Setau von Nubien teilweise in den Felsen gebaut wurde. Hier in New Kalabsha wurde nur der Innenhof mit einigen markanten Osiris-Pfeilern wieder aufgebaut, der Rest versank in den Fluten.

Philae ▶ H 18

Tgl. 7–16 Uhr, 50 LE, plus 50–60 LE pro Boot (Einzelreisende können manchmal bei Tourgruppen mitfahren)
Auf der Insel Philae, der Perle Ägyptens, standen einst, von Palmen be-

Die Umgebung von Assuan

schattet, Tempelbauten der 30. Dynastie. Bis in die Zeit des römischen Kaisers Hadrian (2. Jh. n. Chr.) wurden weitere Heiligtümer errichtet.

Die Tempelbauten waren für die letzten 800 Jahre des ägyptischen Reiches von zentraler religiöser Bedeutung. Hier wurden Isis, Osiris, Horus sowie Hathor verehrt und selbst zahlreiche Griechen und Rö- ▷ S. 256

Auf Entdeckungstour:
Auf dem Nil von Assuan nach Esna

Unter dem Lateinersegel auf einer mehrtägigen Segeltour mit der Feluke gemächlich den längsten Strom der Erde flussabwärts zu den Tempeln von Kôm Ombo, Esna und Edfu.

Reisekarte: ▶ H 18–G15

Kosten: Als Faustregel gelten die folgenden Preise: Von Assuan nach Kôm Ombo, 2 Tage, 1 Übernachtung: ca. 600 LE; bis Edfu, 3 Tage, 2 Übernachtungen: ca. 750 LE; bis Esna 4 Tage, 3 Übernachtungen: ca. 900 LE pro Person, je nach Personenzahl und Ausstattung. Weiter als bis Esna segeln die Kapitäne nicht, da sie für den langen Rückweg von Luxor stromaufwärts nur selten Passagiere finden.

Ein Segeltörn auf einer Feluke von Assuan den Nil stromabwärts nach Kôm Ombo, Edfu, oder gar bis Esna wird sicherlich als ein unvergessliches Erlebnis des Ägypten-Urlaubs im Gedächtnis bleiben. Leider ist ein Arrangement mit einem der vielen, zumeist nubischen Kapitäne, die zu Hunderten an der Corniche auf Lauer liegen, kein einfaches Unterfangen. Als Erstes sollte man bei der Touristeninformation die aktuellen Preise für eine Tour erfragen, um einen Anhaltspunkt für die Verhandlungen zu haben. Es kann, muss aber keine gute Idee sein, sich dort auch die Namen von zwei oder drei vertrauenswürdigen Skippern nennen zu lassen, u. U. bekommt man dort die Namen von Verwandten oder Freunden, die dem ausländischen Gast warm ans Herz gelegt werden.

Buchungen über das Hotel steigern die Preise je nach Qualität der Herberge teilweise beträchtlich. Eine weitere Alternative sind Empfehlungen in Internet-Foren (natürlich empfehlen sich Anbieter dort auch möglichst unauffällig selbst); dabei lassen sich vielleicht auch Mitfahrer finden, nicht nur um die Kosten zu teilen, sondern auch der Geselligkeit halber.

Schlafen unter freiem Himmel

In der Regel kann eine Feluke sechs Personen aufnehmen. Übernachtet wird bei kleineren Gruppen an Bord auf den Sitzpolstern, diese dienen auch als Matratzenersatz, wenn man unter einer Segeltuchplane oder in einem einfachen Zelt auf einer Nilinsel oder am Ufer die Nacht verbringt. Für einen Schlafsack sowie Hygieneartikel muss man selbst sorgen.

Weiterhin muss der Kapitän sich um die polizeiliche Registrierung kümmern. Für diese Registrierung sollte man den Reisepass nicht aus der Hand geben, da die Kapitäne mit dem Dokument möglicherweise bei anderen Reisenden Vertrauen erwecken wollen, um weitere Kunden zu gewinnen. Entweder kopiert man die Seiten des Reisepasses oder aber man ist bei der polizeilichen Registrierung mit dabei. Auch sollte man dem Kapitän klarmachen, dass man keine weiteren Passagiere erlaubt, ansonsten kann es passieren, dass noch zwei oder drei Verwandte des Skippers preisgünstig den Nil abwärts kommen möchten. Vereinbaren sollte man auch die Besuche der Tempel von Kôm Ombo, Edfu und Esna.

Rund um Kôm Ombo sind die Nubier, die vor dem steigenden Wasserstand des gestauten Nasser-Sees umgesiedelt werden mussten, in neuen Dörfern heimisch geworden. Es kann vorkommen, dass die Passagiere zu einem Kurzbesuch dorthin von ihrem Kapitän eingeladen werden, was die Erlebnisse dieser Tour sicherlich noch steigert. Für diesen Fall sollte man vorher Verpflegung für die erwachsenen Gastgeber und ein paar Süßigkeiten für die Kinder einkaufen.

Ist die Tour im Großen und Ganzen zur Zufriedenheit verlaufen, so ist ein Bakschisch nach Beendigung der Reise obligatorisch.

Es geht los

Sind alle Angelegenheiten besprochen und abgeschlossen, kommt beim Kapitän und den Gästen Entspannung auf und die Fahrt kann endlich losgehen. Da der Wind in der Regel von

Nord nach Süd weht, muss der Kapitän während der gesamten Fahrt auf dem Strom kreuzen. Die Landschaft rechts und links des Flusses ist zunächst einmal sehr eintönig, da die Wüste über weite Teile bis ans Ufer reicht.

Der erste Ort, den man passiert, heißt Daraw und hier findet zwar täglich ein Kamelmarkt statt, sonntags jedoch ist hier besonders viel los. Die Tiere werden in großen Karawanen vom Sudan aus gen Norden nach Abu Simbel getrieben, dort auf Lastwagen verladen und nach Daraw gefahren. Dort feilschen die Händler mit den Beduinen wie die Kesselflicker, begutachten die Tiere, die dann wiederum auf Lkws nach Kairo gebracht werden und in den Schlachthöfen ihr Ende finden.

Je näher man an Kôm Ombo herankommt, um so begrünter werden die Ufer, man sieht die Fellachen auf ihren Feldern mit der *fa'as*, der Hacke, arbeiten, kleine Bewässerungsgräben ziehen oder wie sie mit der Sichel Futterklee für ihren Wasserbüffel schneiden und dann auf den Esel laden. Früh am Morgen und kurz vor Sonnenuntergang hört man die Motorpumpen brummen und das Nilwasser fließt in die kleinen Irrigationskanäle und breitet sich, in der Sonne glitzernd, über die Felder aus.

Die Feluke gleitet langsam an Bananenplantagen vorbei, Fruchtstauden werden abgeschlagen und in einer Menschenkette zu den Eselskarren gebracht. Große Teile des Ufers, manchmal mehrere Kilometer lang, sind mit Zuckerrohr bepflanzt, das industriell geerntet und auf die Waggons einer Schmalspurbahn verladen wird. Kôm Ombo besitzt eine große Zuckerfabrik, in der das Rohr raffiniert wird und deren dichte schwarze Rauchwolken schon von Weitem zu sehen sind. Der

Doppeltempel von Kôm Ombo liegt unmittelbar am Nil, von der Anlegestelle muss man nur noch das Ufer hochsteigen.

Kurz vor Sonnenuntergang findet die Fahrt ihr Ende, es ist auch behördlich verboten, nach 20 Uhr noch auf dem Fluss zu segeln. Im Schein des Feuers und einer starken Petroleumlampe wird das Abendessen zubereitet. Die Lebensmittel für die Segeltour

Nilabwährts: nubischer Skipper auf einer Feluke

muss man natürlich vorher auch auf dem Markt in Assuan einkaufen, hat dann aber die Gewähr, dass man sich nicht mehrere Tage ausschließlich von Ful, gekochten Bohnen ernähren muss. Zubereitet werden die Speisen auf einem kleinen einflammigen Petroleumkocher, dem Babur.

Wenn sich die ersten morgendlichen Strahlen am Horizont zeigen, geht es nach einem schnellen Frühstück weiter. Die Landschaft präsentiert sich wie am Vortag, grüne Felder und Wüstenstreifen wechseln sich ab. Vom Anleger in Edfu ist der am besten erhaltene ägyptische Tempel nur rund einen halben Kilometer entfernt und vom Anleger über die Sharia el Maglis zu erreichen. Auch in Esna, dem Zielort der Tour, ist es nur ein kurzer Fußweg bis zum Tempel inmitten des kleinen Städtchens.

Assuan und Umgebung

mer pilgerten an ihre Ufer. Nach den alten Göttern der Pharaonen übernahmen die frühen Christen die Gebäude, wovon viele christliche Symbole an den Wänden zeugen.

Der Tempelplatz vor dem Pylon wird an beiden Seiten von Kolonnaden eingefasst, wobei die linke eine Länge von 93 m hat und die Decke von 31 Säulen gestützt wird, deren Schäfte, ebenso wie die Rückwand der Kolonnade, Tiberius und Augustus bei Opferungen vor den ägyptischen Göttern zeigen. Die rechte Kolonnade ist kürzer, mit 16 Säulen, von denen nur sechs fertig verziert sind. Der erste Pylon des Isis-Tempels ist knapp 46 m breit und 18 m hoch, zeigt rechts das rituelle Niederschlagen der Feinde durch Ptolemäus XII. und darüber, wie Ptolemäus Horus und Nephtys jeweils die Krone von Ober- und Unterägypten aufs Haupt setzt sowie vor Isis und Harpokrates (= Horus als Kind) ein Räucheropfer darbringt.

Vor dem Torturm ragten einmal zwei Obelisken auf und den Durchgang in den ersten Hof flankierten

Rettung vor dem Hochdamm: Der Tempel von Philae liegt heute auf der Insel Agilkia

Philae

zwei große steinerne Löwen. Der linke Pylonteil besitzt ein Tor, durch das man in das Mammisi gelangt. Der Innenhof besitzt gleich rechts an der hinteren Pylonmauer neben griechischen Graffiti ein großes Relief, auf dem vier Priester die Isis-Barke tragen. Rechts wird der Hof von einer Kolonnade begrenzt und links vom Geburtshaus, das Isis als Mutter des Horus geweiht ist, und eine Vorhalle, zwei weitere Räume und das Sanktuarium enthält. Im zweiten Raum findet man das Bildprogramm der bekannten Geburtsszenen, wie Chnum den Knaben auf der Töpferscheibe formt, dieser auf die Welt kommt und den Göttern zur Anerkennung dargeboten wird, Musikanten dem jungen Horus vorspielen etc. Im hinteren Allerheiligsten erkennt man Darstellungen aus der Kindheit des Gottes, der aus Angst vor seinem Onkel, dem feindlichen Seth, sich als Falke tief im Dickicht der Deltasümpfe verbirgt und wie er von Isis gesäugt wird. Der zweite, kleinere Pylon ist mit Darstellungen von Opferungen bedeckt und führt in einen weiteren Hof, in dem unter Justinian eine christliche Kirche eingesetzt wurde, wovon noch Gebäudereste zeugen; an den Torpfeilern erkennt man deutlich koptische Kreuze. Im nächsten Vorsaal sieht man rechts weit oben an der Wand eine Inschrift aus dem »Jahr 7 der französischen Revolution« (»RF An 7«), also von Napoleons Ägyptenfeldzug. Dahinter geht es ins Allerheiligste, in dem sich noch der Sockel für die Götterbarke befindet. Von der linken Seitenkammer führt eine Treppe auf das Dach zu einem Osiris-Heiligtum.

Östlich vom Isis-Tempel finden sich die Reste des Hathor-Heiligtums, deren Säulen noch eine Reihe von Darstellungen tragen. Daneben ragt zweifellos das schönste Bauwerk von Philae auf, der in der römischen Kaiserzeit errichtete, luftig leichte Trajans-Kiosk, in dem einst die Tempelprozessionen empfangen wurden.

Mit der Errichtung des ersten Staudammes standen die Heiligtümer von Philae die meiste Zeit des Jahres unter Wasser, bis auf den Sommer, wenn durch die Fluttore das Wasser des Sees ins Niltal gelassen wurde und die Insel weitgehend trocken lag. Die Besucher wurden zu ihrem großen Vergnügen auf Booten durch die Tempelanlagen gerudert, und die Schriftstellerin

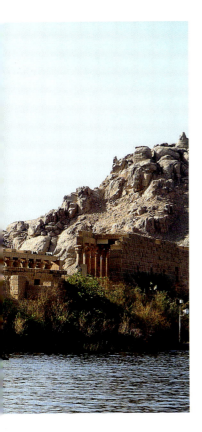

Assuan und Umgebung

Mechthild Lichnowsky (1879–1958) schrieb in ihrem Buch »Götter, Könige und Tiere in Ägypten«, das erstmals 1914 erschien: »Heute spielt ein eigenartiger Spuk von Venedig in den Tempelmauern von Philae. Auf kleinen Booten dringt man in das Heiligtum. Der Widerschein der Nilwogen schimmert an den Mauersteinen entlang bis zur Decke, die in herrlichen Farben ein Flügelpaar zeigt, das Sinnbild der Sonne.« Der Titel erfreute sich großer Beliebtheit und wurde bis 1935 immer wieder nachgedruckt, doch als die Autorin sich weigerte, der Reichsschrifttumskammer der Nazis beizutreten, wurden ihre Bücher verboten.

1964, mit dem Bau des Hochdamms Sadd al Ali, wären die antiken Bauwerke vollends im Stausee versunken, und so rammte man 1972 Spundwände für einen Kofferdamm in den Boden, sägte die Bauwerke auseinander, nummerierte die Blöcke und baute sie auf der benachbarten, höher gelegten Insel Agilkia wieder zusammen. Das Terrain war vorher von Landschaftsarchitekten so umgestaltet worden, dass sie nun von der Form her weitgehend dem versunkenen Philae glich. 1980 konnten die Tempelanlagen wieder eröffnet werden. Die Bundesrepublik beteiligte sich mit 615 Mio. US-$ sowie den Einnahmen der Echnaton-Ausstellung von 1976 an dem Unterfangen. Bei Niedrigwasser kann man einen Steinwurf von Agilkia entfernt das alte Philae durch die Wellen schimmern sehen.

Abu Simbel !

▶ E 22

Tgl. 5–17 Uhr, 95 LE
Der sogenannte Große und der Kleine Tempel von Abu Simbel gehören neben den Pyramiden zu den einzig-artigen Glanzleistungen der altägyptischen Architektur.

Großer Tempel

Die Tempelfassade
Auch wenn jeder Besucher den Felsentempel schon hundertmal auf Fotografien gesehen hat, so zeigt sich die monumentale Tempelfassade mit ihren vier rund 20 m hohen **Kolossalstatuen (B)** dennoch als eines der eindruckvollsten Erscheinungsbilder, die Ägypten zu bieten hat. Eine der Figuren ist schon in der Antike auseinandergebrochen, ihr Oberkörper liegt gefällt am Boden, eine weitere ließ man noch im Neuen Reich (Sethos II.) restaurieren. Am oberen Abschluss der Fassade begrüßt eine Reihe von Pavianen, die Sonnenaffen im Glauben der Ägypter, allmorgendlich die aufgehende Sonne.

Südlich schließt sich an die Tempelterrasse eine kleine Kapelle an, die südliche Wand enthält eine Inschrift, welche die aus Gründen der Staatsräson eingegangene Heirat von Ramses mit der Tochter des Hethiterkönigs vermeldet; oben auf dieser sogenannten **Hochzeitsstele (C)** ist der Hethiterkönig Mutawalli abgebildet, wie er dem einstigen Gegner Ramses seine Tochter entgegenführt. In der Nische dahinter befindet sich das Grab des englischen Majors **Tidwell (D)**, der bei einer Nilexpedition im Jahre 1884 nahebei verstarb.

Im Innern des Tempels
Wenn man aus dem gleißenden afrikanischen Licht ins Innere tritt, dauert es ein paar Sekunden, bis sich die Augen an die Dämmerung gewöhnt haben. Sofort allerdings erkennt man die acht fast 10 m hohen Osiris-Pfeiler mit dem Körper des Königs auf ihrer Vordersei-

Abu Simbel

- **A** Alte Treppe
- **B** Kolossalstatuen von Ramses II.
- **C** Hochzeitsstele
- **D** Grab Tidwells
- **E** Erste Halle
- **F** Seitenkammern
- **G** Vier-Pfeiler-Halle
- **H** Allerheiligstes

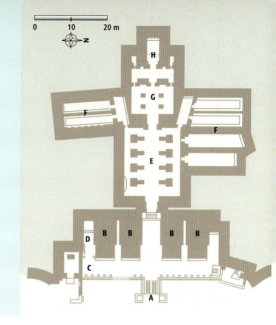

te in der 18 x 17 m messenden **Halle (E)**. Die Decke zeigt fliegende Geier und astronomische Darstellungen, die Wände sind mit teilweise noch farbigen Reliefs geschmückt. Die linke Seitenwand zeigt oben den König in verschiedenen Darstellungen vor den Göttern, darunter drei Kampfszenen. An der rechten Seitenwand erkennt der Betrachter die bekannte Schlacht gegen die Hethiter, die für Ramses ein lebenslanges Trauma gewesen sein muss, da er nur um Haaresbreite einer Niederlage entging und das wacklige Unentschieden für den Rest seines Lebens auf allen Bauwerken als triumphalen Sieg darstellen ließ.

Besucher, die schon andere Tempel des großen Pharaos besucht haben, sind mit dem Geschehen schon vertraut. Unten sieht man von links nach rechts, wie die ägyptischen Truppen in den Kampf ziehen, dann das mit Schilden gesicherte Lager, das Zelt des Königs und Selbigen beim Kriegsrat mit seinen Truppenanführern, darunter werden zwei feindliche Spione ordentlich verprügelt. Links oben ist Ramses von den Streitwagen der Feinde umzingelt, die in einer Biegung des Orontes liegende Festung Qadesh, oben auf den Mauerzinnen die Verteidiger der Stadt, rechts führen Heerführer dem König die Gefangenen vor, die abgeschlagenen Hände und Glieder der Toten werden gezählt.

Auf den Bänken in den **Seitenkammern (F)** wurden einst die Tempelschätze und Steuereinnahmen gelagert. Der **Vier-Pfeiler-Saal (G)** zeigt eine Barkenprozession, im **Sanktuarium (H)** finden wir – 55 m tief in den Felsen gehauen – den Sockel für die heilige Barke und in der hinteren Nische die Statuen von Ptah, Amun, Ramses und Re-Harachte. Alljährlich am 20. Februar und 20. Oktober fielen die Strahlen der aufgehenden Sonne bis tief in das Heiligtum hinein und umschmeichelten diese Figurengruppe. Aufgrund der Umset-

259

Bei Nacht werden die Sitzkolosse von Abu Simbel spektakulär beleuchtet

Assuan und Umgebung

zung des Tempels hat sich dieses grandiose Schauspiel um einen Tag nach hinten verschoben.

Kleiner Tempel

Er liegt einen Steinwurf weiter nördlich und ist der Lieblingsfrau des Ramses, Nefertari, in Gestalt der Hathor geweiht. Die geböschte Fassade ist 28 m lang und 12 m hoch und durch Strebepfeiler in Nischen eingeteilt, in denen sich die 10 m hohen Statuen des Königs und seiner Frau befinden. Die sechs Pfeiler in der großen Halle tragen oben das Bildnis der kuhköpfigen Hathor, an den anderen Seiten das Herrscherpaar zusammen mit den Göttern. Die Reliefs an der Eingangswand zeigen die übliche Niederschlagung der Feinde, womit der Pharao das Chaos der Welt ordnet. Ansonsten sehen wir den Herrscher zusammen mit seiner Gemahlin vor den Göttern. Hinter dem quer zur Tempelachse angeordneten Raum mit zwei Nebenkammern befindet sich das Allerheiligste, in der Nische das Bildnis der Hathor-Kuh, darunter der sie beschützende Ramses.

Mit Beginn des Hochdammes Sadd al Ali wurde auch die Arbeit an der Versetzung der beiden Tempel in Angriff genommen. Die Heiligtümer wurden in Blöcke zersägt, die zwischen 20 und 30 t wogen, und an ihren neuen Standort gebracht, wo sie vor eine riesige Betonkuppel gesetzt wurden, in die hinein die ursprünglich im Fels befindlichen Kammern eingelassen wurden. Hinter der Ziegelmauer am rechten, nördlichen Rand der Terrasse des

Für Nefertari ließ Ramses II. den kleinen, der Göttin Hathor geweihten Tempel bauen

Abu Simbel

großen Tempels befindet sich eine Tür, die in diese Betonkuppel führt (kein Zugang für Besucher).

Die recht empfehlenswerte **Sound & Light Show** in Abu Simbel (75 LE) findet täglich um 18, 19, 20 und 21 Uhr statt (im Sommer jeweils eine Stunde später), mit Audioguide in acht Sprachen.

Infos

Anreise/Besichtigung: Man sollte unbedingt zuerst versuchen, vom Busbahnhof in Assuan aus den täglich um 8 Uhr verkehrenden regulären **Bus** von Assuan nach Abu Simbel zu nehmen. Man kann die Tickets nicht vorher kaufen und sollte deshalb früh am Busbahnhof sein, denn theoretisch ist die Zahl der ausländischen Fahrgäste polizeilich begrenzt. Dieser Bus kommt in Abu Simbel an, wenn die organisierten Touren schon wieder abgefahren sind. Allerdings geht derzeit am Nachmittag kein Bus mehr zurück nach Assuan, man muss also in Abu Simbel übernachten. Eine organisierte Anfahrt kann man in Assuan in allen Reisebüros und an allen Hotelrezeptionen, auch der Billigunterkünfte, buchen.

Unschön ist, dass alle organisierten Touren ausschließlich um 4 Uhr morgens im Konvoi starten, Ankunft ca. 7.30 Uhr, Rückfahrt 10 Uhr. So drängen sich Hunderte von Besuchern in die Tempel, was die Besichtigung für alle wenig komfortabel gestaltet. Deshalb sollte man unbedingt auch bei einer organisierten Tour eine Nacht in Abu Simbel verbringen. Polizeilich nicht erlaubt ist die Fahrt mit einem gemieteten Taxi, selbst wenn dieses im Konvoi mitfährt.

Unser Tipp

Übernachten in Abu Simbel
Der Platz vor den Ramses-Statuen von Abu Simbel ist zwar groß, aber am Vormittag wird es trotzdem eng: Die überwiegende Mehrheit der Touristen trifft im Konvoi aus Assuan gleichzeitig in Abu Simbel ein, bleibt zwei Stunden und verschwindet dann wieder. Deshalb lohnt es sich auf jeden Fall, über Nacht zu bleiben (im Hotel oder noch besser auf dem Schiff). Idealerweise steigt man abends mit der Sound-and-Light-Show ein und geht morgens gleich bei Sonnenaufgang zur Besichtigung (der Tempel öffnet um 5 Uhr): Mit etwas Glück ist man dann allein mit Ramses!

Das Beste auf einen Blick

Hurghada und die Küste am Roten Meer

Highlight!

Tauchparadies Rotes Meer: Das Rote Meer ist eines der artenreichsten Gewässer der Welt und besonders zwischen Quseir und Marsa Alam sowie weiter südlich finden sich noch weite Abschnitte, die man nur mit wenigen anderen Tauch- und Schnorchelenthusiasten teilen muss. S. 266

Auf Entdeckungstour

Archäologie in der Wüste – Mons Claudianus: Eine Wüstensafari zum römischen Steinbruch Mons Claudianus in der Einsamkeit der Östlichen Wüste ist eine kleine private Expedition. S. 274

Aktiv unterwegs

El Gouna zu Wasser und zu Land: Die ›Kleinstadt‹ lässt sich bequem in einem Tagesausflug per Spaziergang und Bootsfahrt durch die Lagunen erkunden. Und dann ist da noch die Qual der Wahl zwischen den zahlreichen Restaurants: italienisch oder marokkanisch? Buffet oder à la carte? S. 273

Genießen & Atmosphäre

Flanieren: Hurghadas neuer Jachthafen macht mit Cafés und Restaurants ein bisschen auf Côte d'Azur. S. 270

Steaks: Das Bulls Steakhouse in Hurghada Beach, wartet mit saftigen Steaks, aber auch internationalen Gerichten, auf. S. 270

Abends & Nachts

Cool: Das Little Buddha in Kora glänzt mit Glasbar und schicken Schnittchen. S. 272

Tauchparadies Rotes Meer !

Rund 500 km südöstlich von Kairo und 350 km nordöstlich von Luxor wurde Hurghada seit den 1980er-Jahren von den ägyptischen Fremdenverkehrsplanern zum internationalen Badeort am Roten Meer ausgebaut und noch immer entstehen neue Hotels. Nirgendwo sonst in Ägypten findet man eine so dichte Konzentration von Hotel- und Feriendörfern. Die Anlagen ziehen sich rund 20 km Richtung Süden an der Küste entlang.

Hurghada ▶ K 11

Der Ortsteil Siqala ist der ursprüngliche Ortskern des ehemaligen Fischerdorfes an einem eher steilen Küsten-

---

Infobox

Touristeninformation
Hurghada-Beach, Tel. 06 53 46 32 21, tgl. 8–20 Uhr.

Anreise und Weiterkommen
Von Kairo, Luxor und Assuan verkehren regelmäßig öffentliche und private Busse nach Hurghada. Mehrere Busbahnhöfe unterschiedlicher Busgesellschaften befinden sich im Ortsteil Ad Dahar an der Hauptdurchgangsstraße Tariq el Nasr. Vom Mahattat Peugeot in Ad-Dahar fahren Peugeot-Sammeltaxis in Richtung Süden nach Safaga. Der Flughafen liegt 1 km südwestlich der Stadt und wird nicht von öffentlichen Bussen bedient. Wer individuell anreist, fährt am besten mit dem Taxi oder läuft den guten Kilometer bis zur Hauptstraße.

---

abschnitt. Von der großen Moschee und dem neuen Jachthafen führt eine breite Hauptstraße, »Sheratun Road«, mit Läden und einigen Restaurants, aber auch (billigeren) Resort-Hotels bis zum Anfang der Kette von Strandhotels hin. Das Verwaltungszentrum für Stadt und Region befindet sich einige Kilometer weiter nördlich im Ortsteil Ad-Dahar. Neben Banken, Post und Basar finden sich hier auch mehrere Busbahnhöfe und Sammeltaxi-Plätze, Reisebüros, eine koptische Kathedrale und auch einige Hotels mit und ohne Strand. Die Bucht mit langem Sandstrand schließt sich dagegen nach Süden an den Ortsteil Siqala an, dieses Viertel wird Kora oder »Village« genannt. Hier reihen sich kilometerweit Hotels aneinander, die dazwischen verlaufende Straße heißt Al-Memsha Boulevard oder Village Road.

Hurghada bietet ein ganzjährig angenehmes Klima sowie eine komplette touristische Infrastruktur: Hotels aller Kategorien, Feriendörfer in allen Preisklassen, Autoverleih, Souvenirläden und Tauchschulen, Diskotheken und Restaurants. Hurghada besitzt einen internationalen Flughafen. Kleine Shuttle-Busse im Privatbesitz halten den öffentlichen Nahverkehr zwischen Hurghada-Beach, Siqala und Ad-Dahar aufrecht.

Sehenswürdigkeiten besitzt Hurghada nicht, sieht man einmal vom **Red Sea Aquarium** **1** an der Corniche von Ad-Dahar ab, das in einigen knapp bemessenen Becken, aber immerhin mit deutscher Beschriftung, die Fische vorstellt, die einem beim Schnorcheln und Tauchen begegnen könnten (tgl. 9–22 Uhr, 15 LE). Die neue **Moschee el-Mina** **2** in der Nähe

Hurghada

des Hafens und der Marina von Siqala ist die größte von Hurghada. Touristen können sie außerhalb der Gebetszeiten besichtigen, dafür werden am Eingang sogar lange Gewänder und Kopftücher für die Frauen bereitgehalten. Wassersport in jeder Variante wird von den Hotels und Feriendörfern angeboten.

Hurghada besitzt zwei Flaniermeilen, einmal die Hauptstraße von Siqala, die zwar offiziell Anwar-as-Sadat heißt, aber nach dem ersten Hotelkomplex gemeinhin Sharia Sheratun genannt wird (auch wenn es das Sheraton gar nicht mehr gibt). Und dann die Village Road genannte, verkehrsberuhigte Straße, die sich vor den Hoteldörfern in Hurghada-Strand hinzieht. Sharia Sheratun ist die eindeutig lebhaftere mit dichtem Verkehr und vielen Besuchern auf den Bürgersteigen. Geschäfte aller Art, Hotels, Restaurants, Pubs, Banken, Reisebüros, Avis Autovermietung und alles, was man sonst noch so benötigt, sind hier vertreten. Die Village Road wird fast ausschließlich von den Gästen der Hoteldörfer bevölkert, auch hier finden sich Geschäfte aller Art, wenngleich nicht in der Dichte wie in Siqala.

Hurghada-Stadt (Ad Dahar) hat nur einen kurzen Strand, an dem sich einige Hotels befinden. In Hurghada-Beach reicht die Wüste bis ans Meer. Vor jeder Ferienanlage gibt es einen langen und breiten Sandstrand, der auch für Kleinkinder ungefährlich ist, da die Wellen sehr seicht anbranden und der Boden flach ins Meer verläuft.

Problematisch ist die Trinkwasserversorgung, da die Stadt nicht auf einer Süßwasserlinse sitzt und über keine Brunnen verfügt. Pipelines schaffen

Die touristische Infrastruktur lässt in Hurghada nichts zu wünschen übrig

Hurghada und die Küste am Roten Meer

das Nass vom Nil heran, viele Hotels besitzen Meerwasserentsalzungsanlagen, aufbereitetes Brauchwasser wird zur Bewässerung verwendet.

Schnorcheln und Tauchen

Wer nicht in den Hoteldörfern wohnt, meldet Schnorchelausflüge bei seiner Rezeption an, wird dann morgens von einem Kleinbus abgeholt, mit einem Boot aufs Meer zu den Riffen gefahren, bekommt Flossen, Taucherbrille sowie Schnorchel und kann dann die bunte Welt in der blauen Tiefe bestaunen. Die Hoteldörfer besitzen eigene Tauchschulen und bieten ebenfalls Schnorchelexkursionen an. Es gibt aber auch freie Tauchschulen in Hurghada, die preisgünstiger sind als die Unternehmen in den 4- oder 5-Sterne-Ferienanlagen und Tauchschüler und Ausflugteilnehmer vom jeweiligen Hotel abholen.

Der Tourismus-Boom in Hurghada, von dem mittlerweile der gesamte Ort lebt, hat eine folgenschwere Kehrseite: Jahrelange Unbekümmertheit und Tausende von Besuchern haben schwere ökologische Schäden besonders am Korallenriff verursacht. Inzwischen werden (schon aus Eigeninteresse, denn die Qualität des Tauchreviers nimmt ab) Maßnahmen dagegen ergriffen. Viele, aber längst nicht alle Veranstalter achten auf umweltfreundliches Verhalten. Abstand nehmen sollte man von den vielerorts angebotenen Delfintouren nach Fanus West, da die vielen Boote bei den Delfinen Stress auslösen und längerfristig zu Verhaltensänderungen führen. Weitere Informationen finden sich unter www.dolphinwatchalliance.org und www.care-for-dolphins.freds-egypt.com.

Das Abbrechen von Korallen, um sie als Souvenirs mitzunehmen, ist offiziell verboten, Gleiches gilt für das Sammeln von Schnecken, Seepferdchen und die Jagd auf Fische. Jede Tierart trägt zur Erhaltung des natürlichen Gleichgewichts im Riff bei. Auch sollte man nicht über das Riff waten – schon zur eigenen Sicherheit, da man auf einen Stein- oder Skorpionfisch treten könnte, dessen Stacheln ein todbringendes Gift injizieren. Zwar ist die Riffplatte größtenteils biologisch tot, an ihren Rändern jedoch gibt es Korallenbewuchs. Durch einen unbedachten Schritt ist rasch eine Korallenformation ausgelöscht, die mehrere Jahrzehnte für ihren Aufbau benötigt hat.

Übernachten

In Hurghada Beach

Luxuriös – **Hilton Long Beach Resort** **1**: Tel. 06 53 46 15 00, www.hiltonworldresorts.com, DZ 160 US-$. 4-Sterne-Hotel mit eigenem Wassersportzentrum: Tauchen, Schnorcheln und Windsurfen; sieben Pools, drei Restaurants, komfortable geräumige Zimmer.

Sonnenseite – **Marriott Beach Resort** **2**: Tel. 06 53 44 69 50, www.marriott.com, DZ 150 US-$. Große Hotelanlage mit beheiztem Pool und eigener Insel, abends Shows und Livemusik. Alle Zimmer im Hotel mit Meerblick. Auch Apartments auf der anderen Straßenseite.

Zuverlässiger Luxus – **Steigenberger Al Dau Beach Hotel** **3**: Yussif Afifi Road, Kora, Tel. 06 53 46 54 00, www.steigenbergeraldaubeach.com, DZ ab 80 €. Andalusisch inspirierte große Hotelanlage mit beheizter weitläufiger Poollandschaft. Alle Zimmer (95% mit Meerblick) verfügen über Wanne und Dusche, die All-inclusive-Angebote gelten 24/7 und beinhalten einen

Hurghada: Adressen

Schnuppertauchkurs. Umweltfreundlich: Die gesamte Anlage ist Green Globe zertifiziert.

Ferienwohnung mit Service – **Sol y Mar Ivory Suites** 4 : El Kawsar District Hurghada, 06 53 46 26 10, res@ivory-suites.com, DZ o. Fr. offiziell ab 116 US-$, aber oft wesentlich günstigere Angebote über die einschlägigen Bookingportale. Zwei-Zimmer Service-Ferienwohnungen mit relativ spärlich eingerichteter Kitchenette, sauber und flughafennah im Ortszentrum von Kora. Kleiner Pool und Fitnesszentrum in der Anlage.

Für jeden etwas – **Sindbad Club** 5 : Corniche, Tel. 06 53 44 96 01, www.sindbad-club.com, DZ ab 70 €. Die Gesamtanlage besteht aus dem Beach Club mit Soft Animation, dem Aqua Hotel ohne Animation und dem Aqua Park mit Spaßbad; alle Einrichtungen können auch aus den anderen Hotels genutzt werden. Vom Beach Club startet das Sindbad U-Boot (s. S. 272).

Orientalisch – **Al Mashrabiya Beach Resort** 6 : Sheraton Rd., Siqala. Tel. 06 53 44 33 32, almashrabiyabeachresort.com, DZ m. Halbpension ca. 60 US-$. Einfache, um Strand und Pool angeordnete Bungalows mit netten orientalischen Details. Ebenerdige Zimmer und Rampen für einen barrierefreien Zugang.

Viele Deutsche – **Giftun Azur Beach Resort** 7 : 14 km vom Zentrum, Tel. 06 53 46 30 40, www.azur.travel, DZ ab 25 €. Eine der ältesten 3-Sterne-Anlagen; vor allem von deutschen Pauschaltouristen und Stammgästen frequentiert. Zimmer in kleinen Minibungalows sowie in einem großen Gebäude mit Meerblick.

... Siqala und Ad-Dahar

Meerblick – **Shedwan Garden Hotel** 8 : Sh. Mustashfa, Tel. 065 35 55 50

Unser Tipp

Tagestrip nach El Gouna

Gleich nördlich des Basars in Ad-Dahar fährt alle 20 Minuten der öffentliche Shuttle-Bus nach El Gouna (5 LE) ab. Nach gut 20 Minuten Fahrt durch Vororte und die Wüste erreicht man den Hauptplatz des künstlichen Ortes, der voller Fußgängerzonen und schnuckeliger Hafenpromenaden ist und in dem sogar die Klimaanlagen dezent hinter geschnitzten Holzgittern versteckt sind. Flanieren, Shoppen, Cafés, eine Rundfahrt mit dem Wassertaxi durch die Lagunenlandschaft – hier kann man auch schon mal schnuppern, ob El Gouna womöglich das Traumziel für den nächsten Urlaub ist (s. a. S. 273).

52, DZ mit HP 486 LE. Orientalisch gestaltetes Hotel mit Meerblick von allen Zimmern, aber weder Pool noch Strand (Shuttle-Bus zum hoteleigenen Strand in Siqala). Das zum Strand hin davor liegende Shedwan Golden Beach Resort – mit All-inclusive-Programm und russischer Animation – gehört nicht dazu.

Mittelklasse – **Triton Empire Hotel** 9 : Hospital St., Tel. 06 53 54 71 86, www.threecorners.com, DZ 50 €. Große Räume in einem leicht sozialistisch wirkenden Hotelturm; die Gäste können den Strand vom Triton Beach Resort nutzen.

Mit Strand – **Triton Empire Beach Resort** 10 : Corniche, Tel. 06 53 54 78 16, www.threecorners.com, DZ 54 €. Ordentliche Zimmer mit Terrasse oder Balkon, gutes Preis-Leistungs-Verhältnis.

In zweiter Reihe – **Luxor Hotel** 11 : Mustashfa St., Tel. 06 53 54 28 77,

Hurghada

Sehenswürdigkeiten
1. Red Sea Aquarium
2. Moschee el-Mina

Übernachten
1. Hilton Long Beach Resort
2. Marriott Beach Resort
3. Steigenberger Al Dau Beach Hotel
4. Sol y Mar Ivory Suites
5. Sindbad Club
6. Al Mashrabiya Beach Resort

7. Giftun Azur Beach Resort
8. Shedwan Garden
9. Triton Empire
10. Triton Empire Beach Resort
11. Luxor
12. White Albatros

Essen & Trinken
1. Chez Pascal
2. Cacao Pub
3. Tower Cafe
4. New Marina

5. Gad
6. Bull's Steakhouse

Aktiv
1. Al Mashrabiya Diving Center
2. Thomas Cook
3. Thomas Cook

Abends & Nachts
1. Hard Rock Café
2. Little Buddha

www.luxorhotel-eg.com. DZ 30 €. Ordentliches kleineres Haus nahe dem Zentrum von Ad-Dahar. Der Eigentümer war lange in Deutschland und spricht Deutsch.

Familiär – **White Albatros** 12 : 162 Sheraton Rd., Tel. 06 53 44 25 19, wal batros53@hotmail.com, DZ 150 LE. Nettes, britisch geführtes Hotel im Zentrum von Siqala. Das White Albatros und das Luxor Hotel (s. o.) sind zwei der wenigen Nicht-Resort-Hotels in Hurghada. Seeblick von den oberen Zimmern und auch von der Frühstücksterrasse.

Essen & Trinken

Alle Resortanlagen verfügen über meist mehrere Restaurants mit Buffet- oder À-la-carte-Optionen.

… in Ad Dahar

Französisch – **Chez Pascal** 1 : Hospital St., Tel. 06 53 54 92 00, tgl. 5–22 Uhr. Gute Küche, Fisch- und Fleischgerichte zwischen 40 und 80 LE.

Urig – **Cacao Pub** 2 : Sh. Mustashfa, durchgehend geöffnet, Gerichte 20–80 LE. Gemütliche Familienkneipe mit Pizza, frischem Saft und Stella-Bier für 15 LE.

Leute gucken – **Tower Cafe** 3 : vor dem Grand Hotel in Hurghada Beach, 9–23 Uhr. Outdoorcafé direkt am Memsha-Boulevard. Frühstück und kleinere Gerichte ab 30 LE, unbedingt einen der interessanten Eis-Smoothies probieren!

… in Siqala

Am Hafen – **New Marina** 4 : Der neue Jachthafen mit der westlich gestalteten Uferpromenade lädt zum Flanieren und Dinieren am Wasser ein. Etliche unterschiedliche Restaurants und Cafés sind auf kleinem Raum konzentriert und auch für den Abend eine gute Ausgeh-Option.

Ägyptische Mittelklasse – **Gad** 5 : Sh. Sheratun, in der Nähe des MacDonalds, durchgehend geöffnet. 10–40 LE. Beliebte Fast-Food-Kette aus Alexandria mit leckeren typisch ägyptischen Gerichten und immer frischen Zutaten. Eine weitere Filiale 6 befindet sich am Memsha-Boulevard.

… in Hurghada Beach

Steaks – **Bull's Steakhouse** 7 : am Anfang der Hotelmeile gegenüber dem Marriott Hotel, Tel. 06 53 44 44 14, 40–90 LE. Beliebtes Steak- und Burger-Restaurant mit Schaukeln im Raum.

Hurghada und die Küste am Roten Meer

Einkaufen

In Ad Dahar findet sich ein bescheidener Touristenbasar, in dem auch Lebensmittel und Alltagsgegenstände aller Art für die Bewohner von Hurghada verkauft werden.

Haupteinkaufsstraße von Siqala ist die Sharia Sheratun mit Geschäften aller Art. Allen großen internationalen Hotels und Feriendörfern sind eine Shoppingmall mit Bekleidungsgeschäften, Juwelieren etc. angeschlossen, außerdem finden sich entlang der Hotelmeile in Kora weitere Geschäfte und Läden.

Aktiv

Trocken unter Wasser – Mit den **Sindbad-Unterseebooten** können jeweils 44 Personen trocken bis in 22 m Tiefe abtauchen – das ist aber nichts für Leute mit Klaustrophobie. Buchungen über die Hotelrezeptionen oder im Sindbad Beach Resort.

Die meisten Feriendörfer bieten ihren Gästen Fahrten mit **Glasbodenbooten** über die Riffe an, um ihnen einen Blick in die farbige und lebendige Unterwasserwelt zu gewähren. Eine ähnliche Tour, bei der Touristen die Fische und Korallen aus dem Bauch des Schiffes heraus, also unter der Wasseroberfläche, betrachten, bietet das Büro Reefking in Siqala an: Tel. 010 22 40 08 88 (25 € für 2 Std. einschließlich Anfahrt und Schnorcheln).

Tauchen – **Al Mashrabiya Diving Center** [1] : Village Road, Tel. 06 53 44 23 75, www.swdf.de. Das deutsche Tauchzentrum der Spiritual World Diving Federation, das dem Mashrabiya Hotel angeschlossen ist, bietet neben regulären Tauchgängen auch kurze Schnupper- und Einsteigerkurse an. Michael Stadermann und sein Team achten auf umweltfreundliches Tauchen und engagieren sich in Delfinschutzprojekten. Die umstrittenen Delfintouren werden hier daher ausdrücklich nicht angeboten (s. S. 95).

Landausflüge – **Thomas Cook:** Ad Dahar [2] , Tariq el Nasr, Tel. 06 53 54 18 07; in Siqala [3] , Sharia Sheratun, nahe am Hafen, Tel. 06 53 44 33 38, organisiert z. B. einen Ausflug nach Mons Claudianus (s. S. 274).

Abends & Nachts

Das Nachtleben spielt sich in den großen 4- und 5-Sterne-Hotels und Ferienanlagen ab.

Rocken – **Hard Rock Café** [1] : im Zentrum von Hurghada Beach, Tel. 06 53 46 51 70, tgl. 12–3 Uhr. Je nach Tageszeit mehr Restaurant, Bar oder Diskothek. Im angeschlossenen Laden gibt es eine erstaunlich gute Auswahl an »Hard Rock Cafe Hurghada«-T-Shirts.

Coole Bar – **Little Buddha** [2] : Village Road (beim Sindbad Club), Tel. 06 53 45 01 20, www.littlebuddha-hurghada.com, tgl. 12 Uhr–spät. Lokaler Ableger der Pariser Buddha Bar mit edler Einrichtung, Sushi und Cocktails (auch viele nicht-alkoholische).

Infos

Touristeninformation: Tgl. 8–20 Uhr. Das Büro mit Auslagen von einigen Ägypten-Werbebroschüren soll von einem großen alten leeren Gebäudeteil in einen Neubau gleich nebenan, Village Road, umziehen. Je nach Besetzung sehr hilfsbereit und auskunftsfreudig, beispielsweise gibt es auf Nachfrage die Buspläne für alle öffentlichen Fernbusse.

Innerstädtischer Verkehr: Zwischen Ad-Dahar, Siqala und Hurghada Beach pendeln Minibusse, die auf Handzeichen anhalten. Preise 0,50–3 LE.

El Gouna ▶ J 10

Etwa 20 km nördlich von Hurghada ist seit 1990 die Kleinstadt El Gouna entstanden. Das Immobilienprojekt des koptischen Unternehmers Samih Sawiris kombiniert Hotelanlagen und Ferienwohnungen für Ausländer und reiche Ägypter mit einer stetig wachsenden Wohnbevölkerung von inzwischen etwa 15 000 Menschen. Die meisten von ihnen arbeiten im Tourismus und damit für die Betreiberfirma Orascom, der 17 der bisher 18 Hotels im Ort gehören. Durch bewusst arbeitsintensive Abläufe (etwa beim Recycling) versucht Orascom, möglichst viele Arbeitsplätze zu schaffen. Neben der guten touristischen Infrastruktur verfügt die Stadt auch über Schulen, Moscheen, Kirchen und ein modernes Krankenhaus. In einer Hotelfachschule und einem erst im Oktober 2012 eröffneten Ableger der TU Berlin sollen einerseits der eigene Bedarf an qualifizierten Arbeitskräften gesichert, andererseits die Ausbildungschancen für Ägypter verbessert werden.

Die Stadt ist um eine (ebenfalls künstliche) Lagunenlandschaft angelegt – die Strände, die vor allem für Wind- und Kitesurfing geeignet sind, erreicht man vom Zentrum per Gratis-Shuttle. Der Golfplatz beim Steigenberger Hotel kann von allen Gästen genutzt werden, und es gibt gute Tauch- und Schnorchelreviere. 2013 soll zudem ein riesiger Cable Park besonders für Wakeboarder eröffnen (www.elgounacable.com). Touristisch punktet El Gouna aber vor allem als saubere Flanierstadt mit Jachthäfen und Promenaden, Läden, Restaurants und Straßencafés in bewusst traditioneller Architektur: Anders als in normalen ägyptischen Städten gibt es strenge Bauvorschriften, die Kabel, Klimaanlagen und sogar Mobilfunkmasten dezent verbergen.

Ob man das nun als hübsch oder steril empfindet, ist sicher Geschmackssache. Typisch ägyptisch ist El Gouna (wie im Übrigen die meisten Orte und Resorts am Roten Meer) sicherlich nicht. Dafür ist die Stadt im Hinblick auf Umweltfreundlichkeit, Nachhaltigkeit und soziales Engagement durchaus vorbildlich. Das Trinkwasser wird per Osmosetechnik vollständig aus Meerwasser gewonnen und dann zur Bewässerung weiterverwendet, und die heimische Uni bietet ausschließlich Nachhaltigkeitsstudiengänge wie Stadtplanung und Wasserversorgungstechnik an.

Spaziergang und Lagunentour durch El Gouna

Dauer ca. 3–4 Std., Tagesticket für das Shuttleboot vom Anleger Club Med 5 LE, gilt für beide Bootslinien, stündliche Abfahrt. ▷ S. 278

Spaziergang und Lagunentour durch El Gouna

Auf Entdeckungstour: Archäologie in der Wüste – Mons Claudianus

Mons Claudianus – eine Wüstensafari zu den in der menschenleeren Einöde gelegenen 2000 Jahre alten Wohnstätten der einstigen Steinbrucharbeiter ist eine kleine private archäologische Exkursion.

Reisekarte: ▶ J 11

Planung: Im Ortszentrum von Ad Dahar befindet sich an der Hauptstraße Tariq el Nasr ein Thomas Cook-Reisebüro (Tel. 06 53 54 18 70, tgl. 9–21 Uhr), das Exkursionen wie die zum Mons Claudianus mit Geländewagen und ortskundigem Fahrer organisieren kann (ca. 900 LE). Alternativ kann man in Hurghada ein normales Auto mieten und selbst fahren (internationaler Führerschein erforderlich), etwa bei Avis (Sheraton Street, Tel. 06 53 44 74 00, tgl. 8–13, 17–22 Uhr). Man sollte sich in jedem Fall über die aktuelle Sicherheitslage informieren und sich bei einer Vertrauensperson ab- und auch wieder zurückmelden.

Nach Mons Claudianus
Man folgt der Küstenstraße von Hurghada für 60 km in Richtung Süden bis Port Safaga, merkt sich im Ortszentrum die Kilometerzahl des Tachos und folgt dann den Ausschilderungen nach Qena Richtung Westen. Bei ca. 42 km (laut Straßenkarte bei

45 km) taucht etwas abseits von der Straße rechter Hand eine Raststätte für Lkw-Fahrer auf (man fährt leicht daran vorbei, wenn keine Lkws davor parken). Unmittelbar dahinter führt eine breite, harte Schotterpiste von der Straße nach rechts in die Wüste Richtung Norden durch das Wadi Umm Digal. Laut Straßenkarte soll diese Piste ordentlich asphaltiert sein, was sie vielleicht mal war, aber nicht mehr ist. Nach weiteren 25 km biegt diese Piste in eine nach Osten verlaufende ein und man erkennt linker Hand einen ca. 6–8 m hohen, aus Bruchsteinen aufgeschichteten Turm. Diese Rundtürme, von denen es in römischer Zeit viele gab, dienten den Transportmannschaften als Orientierung, wenn sie mit Maultierkarren die gebrochenen Steine durch das Wadi Fatira an den Nil brachten. Daneben befindet sich ein Brunnen, dies ist der Bir Abd el Wahab, der von den Engländern ausgemauert wurde, heute aber versandet ist. Lässt man einen Stein hineinfallen, so hört man nach fünf Sekunden den Aufschlag. Erkennbar sind zwei Betonfundamente am Brunnenschacht, auf denen einst Pumpen befestigt waren, die das kostbare Nass in eine Zisterne beförderten.

Das Römerlager

Wer mit einem normalen Pkw unterwegs ist, lässt den Wagen hier stehen, geht ein Stückchen zurück und orientiert sich an Pfaden durch die Hügel hindurch. Oberhalb des Weges findet man an einer Hügelschulter die Ruinen eines Hydreuma. Solche Stationen waren über die gesamte Länge des Weges zum Niltal angelegt, dienten der nächtlichen Unterbringung der Transportarbeiter und enthielten Ställe für die Zugtiere, Schlafräume und Zisternen.

Auch hier ist eine solche Wassersammelstelle noch gut zu erkennen. Die Römer kannten bereits wasserdichten Beton, den sie Opus Caementium nannten, woraus auch diese Zisterne besteht. Deutlich sieht man an einer Stelle die Abdrücke von den beiden Vorderbeinen eines Schafes, das

wohl neugierig die frisch erbaute Zisterne beäugt hat. Die Wände dieses kleinen Lagers sind in Trockenmauerwerk aus Bruchsteinen ohne Bindemittel akkurat aufgeschichtet.

Folgt man der ursprünglichen Richtung weiter, erreicht man schnell das Hauptlager, eine große rechteckige Anlage, deren Trockensteinmauern noch recht gut erhalten bis zu einer Höhe von 2–2,5 m aufragen. Dies war das durch Türme in der Mauer geschützte Hauptlager, mit Unterkünften für die Garnison und die Arbeiter. Auch hier findet man eine Vielzahl von geröll- und steingefüllten Räumen durch Zugänge verbunden, von denen viele noch die Türstürze zeigen. Die Anlage ist auch deshalb so gut konserviert, weil die gesamte Region so gut wie unbewohnt war und die umherstreifenden Beduinen das Lager nicht als Steinbruch nutzten. Unübersehbar liegt an einer Stirnseite eine große Säule, präzise in der Mitte durchgeschnitten, zum Abtransport bereit. Steigt man von hier eine Rampe etwas hügelaufwärts vorbei an bereits gebrochenen Steinen, die deutlich Arbeitsspuren zeigen, gelangt man zu einer weiteren, noch mächtigeren Säule mit einer Länge von 18 m und einem Gewicht von geschätzten 200 t. Überall auf dem Areal findet man zudem runde, bereits polierte Säulenbasen vor, sowie viele weitere gebrochene Steine in unterschiedlichen Stadien der Bearbeitung.

Neben dem großen Hauptlager befindet sich ein weiteres wesentlich kleineres Gebäude. Im Geröllschutt davor erkennt man einen langen beschrifteten Steinblock. Wenn auch der Brunnen an der Piste heute versandet ist, so gibt es hier doch noch immer Wasser, wie im Winterhalbjahr kleine grüne Pflanzen zwischen den Ruinen signalisieren.

Was die Archäologen gefunden haben

Die Bezeichnung Mons Claudianus für die Steinbrüche und das Lager ist schon seit der Antike verbürgt, wie die Inschrift eines Tempelaltars bestätigt, wonach die Anlage unter der Regierungszeit Kaiser Claudius' (41–54 n. Chr.) in Betrieb genommen und in den Folgejahren unter den Herrschern Trajan (98–117) und Hadrian (117–138) am intensivsten genutzt wurde. Säulen und Gestein wurden in Rom an folgenden Gebäuden verbaut: Caesarforum, Palatin, Pantheon, Trajan-Tempel und -Forum, Forum Romanum, Tivoli und Villa Hadriana, später auch bei den Thermen des Caracalla und Diokletian.

Mitte des 3. Jh. n. Chr. kamen die Arbeiten zum Erliegen. Der Steinbruch war wohl der persönliche Besitz des jeweiligen Kaisers, seine Verwaltung unterlag der römischen Armee. Entdeckt wurden die Ruinen von Wüstenreisenden im 19. Jh., erste Untersuchungen nahm der deutsche Afrikaforscher Georg Schweinfurth (1836–1925) in den Jahren 1897 und 1922 vor. In den 1960er-Jahren war der auf antike Steinbearbeitung spezialisierte Archäologe Josef Röder vor Ort und untersuchte die Bruchtechniken der Arbeiter. Röder, der auch den unvollendeten Obelisken in Assuan untersucht hatte, wurde in seiner Zunft respektvoll auch der Stein-Röder genannt. Erste systematische Ausgrabungen fanden erst von 1987–1993 durch Wissenschaftler der Universität Brüssel und durch ein eng-

Seit 2000 Jahren ohne tragende Funktion: bearbeitete Steinsäule in Mons Claudianus

lisch-ägyptisches Team statt. Die deutsche Ägyptologin Rosemarie Klemm und der Geologe Dietrich Klemm untersuchten Anfang der 1990er-Jahre Mons Claudianus unter geologischen Gesichtspunkten.

Bei den Grabungen wurden aufgrund der extremen Trockenheit rund 50 000 Textilfunde gemacht, weiterhin Körbe, Schuhe, Seile, Papyrusreste; am wichtigsten aber waren rund 10 000 beschriftete Tonscherben, sogenannte Ostraka, die den Archäologen ausführliche Informationen zur Verwaltung und den Lebensbedingungen der Arbeiter und der Garnison gaben. So wissen wir, dass es sich bei den Arbeitern nicht um Sklaven handelte, sondern um sehr gut bezahlte Spezialisten. Wie materialverschleißend die Arbeiten waren, zeigt sich bei den schriftlich niedergelegten Warenanforderungen beispielsweise für Wagenachsen. Wie heutzutage auch bei den Arbeitern auf Ölplattformen wurde eine effektive Arbeitsmoral durch gutes Essen aufrechterhalten.

Die Ernährung bestand aus Weizen, Gerste, Datteln Linsen, Oliven, Zwiebeln, Fleisch und Fisch, ja sogar aus Austern, wie die gefundenen Schalen gezeigt haben; weiterhin konnten Kohl, Kohlrüben, Kresse, Chicoree, Minze und Basilikum nachgewiesen werden, außerdem wurde Bier gebraut. Gefundene Amphoren zeigten Reste von Olivenöl, Wein und eingedickten Traubensäften.

Die gebrochenen Steine und Säulen wurden auf mehrachsigen Karren in einer Fünf-Tagesreise bis ins Niltal gebracht, dort auf Flussschiffe und an der Küste auf Segelschiffe verladen und nach Rom gebracht.

277

Hurghada und die Küste am Roten Meer

Ein touristisches Vorzeigeprojekt mit ökologischem Anspruch: El Gouna

Vom Busbahnhof und dem Tamr Henna-Platz führt ein Spaziergang durch das Zentrum, vorbei am Museum und Aquarium, zum Golfplatz des Steigenberger Hotels. Vom Steigenberger Hotel auf einer Halbinsel setzt eine kleine Fähre zum Restaurant Rotisserie über, wo der Aussichtsturm einen guten Blick über die Stadt bietet. Nicht weit davon entfernt hält das stündliche Shuttle-Boot (Anleger Club Med), das durch die Lagunen zum Downtown-Bootsanleger zurückfährt. Hier kann man umsteigen in die Zeytouna-Beach-Bootslinie und bis zur Endstation fahren (dauert insgesamt knapp eine Stunde) und dann durch das nördliche Jachthafenviertel zur Abu Tig Marina mit netten Cafés und Straßenlokalen schlendern. Von hier geht es entweder zu Fuß oder mit dem Shuttle-Bus oder Tuk-Tuk an den Universitätsgebäuden vorbei zurück nach Downtown.

Übernachten

Für Wüstengolfer – **Steigenberger Golf Resort:** Tel. 06 53 58 01 40, www.steigenbergergolfelgouna.com, DZ 200 US-$. Elegantes 5-Sterne-Luxus-Hotel mit 18-Loch-Designer-Golfplatz. Das Haus gewann Preise für die Architektur und sein Umweltengagement: Der Golfplatz wird z. B. nur mit Brauchwasser bewässert.

Sehr ruhig – **Fanadir:** Tel. 06 53 58 00 76, DZ ab 64 €. Umweltfreundliches, familiäres Hotel in sehr ruhiger Wohngegend am nördlichen Jachthafen. Kinder werden nur im Schwesterhotel Mosaique nebenan aufgenommen.

Orientalisch – **Dawar el Omda:** Tel. 06 53 58 00 63, DZ ab 56 €. 4-Sterne Boutique-Hotel mit nubisch inspirierter Architektur – viele Zimmer haben Kuppeln, arabischer Einrichtungsstil. Trotz der zentralen Lage recht ruhig und beschaulich.

Safaga und Soma Bay

Kitesurfer-Treff – **Captain's Inn:** Tel. 06 53 58 01 70, DZ 42 €. Einfache, aber modern designte Zimmer direkt am zentralen Jachthafen, wo montags und freitags die Bühne des Straßenfestes steht.

Infos & Termine

Touristeninformation mit Buchung, Stadtplan und Broschüren am Tamr-Henna-Platz oder unter www.elgouna.com.
Termine: Je zweimal wöchentlich **Straßenfest am Jachthafen** und **orientalische Show** am Tamr Henna-Platz. Im Art Café (www.artcafe-egypt.com, Tel. 06 53 54 97 02) am neuen Jachthafen gibt es wechselnde **Kunstausstellungen**, gleichzeitig ist es eine Kunstschule für Erwachsene mit vielen Schnupperkursen.
Verkehr: Mehrere Buslinien verbinden die Ortsteile und Hotels; ein Shuttle-Bus fährt dreimal stündlich nach Hurghada (5 LE, bis 24 Uhr).

Safaga und Soma Bay ▶ K 12

Der eigentliche Hafenort **Safaga,** gut 50 km südlich von Hurghada gelegen, hat regional eine gewisse Bedeutung für die Verschiffung von Phosphat aus den nahen Minen und als Ausgangspunkt muslimischer Pilger während der Hadsch. Für Touristen hat er allerdings weniger zu bieten; die Unterkünfte, Restaurants und Essensstände im Ort sind sehr einfach, und es gibt keinerlei Sehenswürdigkeiten. Attraktiver sind die umliegenden Strände und Riffs.

Die ersten Hotels entstanden unmittelbar nördlich von Safaga, etwa 3 km vom Ortsausgang entfernt, wo heute um eine Handvoll Drei- bis Vier-Sterne-Hotels eine Art Dorf mit einigen kleinen Läden entstanden ist.

Nach Norden schließen sich inzwischen etliche weitere Urlaubsresorts an, teils allerdings auch erst Parzellen mit Baustellen in verschiedenen Stadien der Fertigstellung. Durch die nach der Revolution eingesetzte Krise werden viele Hotelanlagen hier, wie auch in anderen Gegenden der Rotmeerküste, wohl Bauruinen bleiben. Gerade weil die neuen Anlagen so unter der Krise leiden und Urlaubspakete in Europa und Osteuropa verschleudert werden, kann man hier sowohl Schnäppchen finden als auch Ramsch. Deshalb kurzfristig im Internet nach Rezensionen suchen!

Das neue touristische Schwergewicht der Region ist **Soma Bay,** eine abgeschottete Halbinsel, die sich derzeit fünf Luxushotels mit jeweils unterschiedlichem Charakter, aber

Hurghada und die Küste am Roten Meer

Unser Tipp

Auf Wüstensafari
Shagra Village ist die Basis der **Red Sea Desert Adventures,** Tel. 01 23 99 38 60, www.redseadesertadventures. com, die im Winterhalbjahr **Jeep- und Kamelsafaris** in die östliche Wüste anbieten und die Besucher zu Felszeichnungen und anderen Attraktionen führen. Angeboten werden Tagesausflüge, aber auch 3- bis 6-Tagestouren. Das Unternehmen arbeitet mit den Beduinen des Ababda-Stammes zusammen, die alle Ausflüge kompetent begleiten.

---

gemeinsamem Entwicklungskonzept teilen. Neben Umweltverträglichkeit und Nachhaltigkeit gehören auch regionale Kontingente – es wird überwiegend in den deutschsprachigen Markt verkauft. Um den Jachthafen gibt es zudem einige Privatwohnungen sowie Läden und Restaurants, aber keinen eigentlichen Ort (wie etwa in El Gouna, s. S. 273). Die Wasserversorgung der Wüstenhalbinsel wird durch eine gemeinsam betriebene moderne Osmosetechnik-Anlage aus Meerwasser bestritten; das Brauchwasser kommt bei der Bewässerung nochmals zum Einsatz. Da selbst das für die Grünflächen und Parkanlagen nicht ganz ausreicht, bleiben zwischen den Hotels Wüstenstreifen bestehen.

Die Hotelanlagen bilden in sich abgeschlossene Einheiten, die von regelmäßigen Shuttle-Bussen und einer Strandpromenade für Fußgänger verbunden sind. Ein Dine-Around-System ermöglicht es den Gästen, auch mit Vollpension in den Restaurants der jeweils anderen Hotels oder am Jachthafen zu speisen. Anlagen einzelner Hotels, wie der vom Golfarchitekten Gary Player entworfene Golfplatz des Residence-Hotels sowie dessen Thermalanlage, sind für alle Soma Bay-Gäste zugänglich. Ebenso sind die Einrichtungen und Kurse des Kitehouse (s. u.) von allen nutzbar – die flache Bucht gilt als einer der weltweit besten Plätze zum Kitesurfen, sogar Stars der Szene wie Gisela Pulido oder Toby Bräuer trainieren hier.

Übernachten

Safaga
Abseits des Trubels – **Lotus Bay Beach Resort & Gardens:** Safaga Tourist Center, Tel. 06 53 26 00 03, www.lotusbay. com. Familiäres 4-Sterne-Hotel mit viel Grün, Blumen, Palmenstrand und eigenem Tauchzentrum. DZ mit HP 70 €.

Soma Bay
Luxusrefugium im maurischen Stil – **Kempinski Hotel Soma Bay:** Tel. 06 53 56 15 00, www.kempinski-somabay. com. Geschmackvolle Zimmer mit Spitzbögen, viel Tageslicht und enormen Kuppeldächern in den Suiten, tolle Pool-Landschaft und Top-Service. DZ ab 110 €.
Opulenter Golfpalast – **La Residence des Cascades:** Tel. 06 53 56 26 00, www.residencedescascades.com. Zwei Weltklasse-Golfplätze, Tiefseewasser-Thalasso-Spa, Meerblick und ein halbes Dutzend Live-Cooking-Stationen im Restaurant – von allem nur das Feinste. Überwiegend Golf- und Wellness-Gäste. Strandzugang per Shuttle-Bus. DZ ab 80 €.
Chilled – **The Breakers Lodge:** Tel. 06 53 56 26 44, www.thebreakers-soma bay.com. Kreuzung aus Hostel und Boutique-Hotel, aus Minimalismus und Romantik, wo alles ganz locker ist

und trotzdem stimmt. Direkt am Steg zum Hausriff gelegen. DZ ab 54 €.

Aktiv

Wie fliegen – **Kitehouse:** http://kitehouse-somabay.com. Täglich Schnupperkurse für alle Gäste von Soma Bay. Diverse Kitesurfing-Kurse (2 Tage ab 270 €), Ausleihe, Lagerboxen, sehr erschwingliches Café und Massage.

Infos

Busbahnhof an der Hauptstraße, der Sharia el Gumhurriya im südlichen Teil Safagas, **Busse** bzw. **Minibusse** nach Hurghada und Kairo, Qena und Luxor, Quseir und Marsa Alam. Hier befindet sich auch der »Peugeot«-Sammeltaxi-Stand. Mehrere Banken und Geldautomaten in der Nähe des Hafens.

Zwischen El Quseir und Marsa Alam

Je weiter man nach Süden kommt, desto weniger dicht wird die Bebauung der Küste. Zwischen Quseir und Marsa Alam gibt es noch kilometerlange Abschnitte, in denen die Wüste unverbaut bis ans Meer reicht.

Nur an wenigen Stellen stehen bereits Feriendörfer oder Hotelanlagen, die jeglichen erdenklichen Komfort bieten und sich naturgemäß vor allem auf Wassersportler wie Taucher und Schnorchler spezialisiert haben. Vor den Riffen liegt nicht wie in Hurghada eine ganze Armada von Booten, demzufolge sind die Riffe hier noch nicht übertaucht und die Unterwasserwelt ist noch völlig intakt. Die schönsten Tauchplätze und Hausriffe befinden sich noch südlich von Marsa Alam in der Gegend um Berenice.

El Quseir ▶ L 13

El Quseir liegt 85 km südlich von Safaga und 210 km östlich vom Örtchen Qift am Nil und war schon in den Tagen der Pharaonen ein geschäftiger Hafen, denn von hier liefen die Segler zum sagenumwobenen Punt (heute an der somalischen Küste) aus. Der alte Hafen, der sich 8 km nördlich der heutigen Stadt liegt, ist allerdings schon lange versandet, doch blieb er über die Jahrhunderte ein wichtiger Umschlagplatz zwischen dem Niltal und den Anrainerstaaten des Roten Meeres sowie Ausgangspunkt für die Pilgersegler nach Saudi-Arabien. Dass der Ort von Bedeutung war, erkannten auch die Osmanen, die schnell nach der Eroberung von Ägypten im 16. Jh. eine Zitadelle zum Schutz des strategisch günstig gelegenen Hafens erbauten.

Während Napoleons gescheitertem Ägypten-Abenteuer nahmen die Franzosen die Festung ein, was jedoch sofort die Briten auf den Plan rief. Mit ihren Kriegsschiffen Daedalus und Fox nahmen diese die Garnison unter Beschuss. Mit der Eröffnung des Suezkanals 1869 verlor Quseir vollends an Bedeutung, und dabei ist es bis heute geblieben.

Auch der Massentourismus ist nie richtig angekommen, so dass Quseir als einziger Ort an der Küste eine relativ traditionelle kleinstädtische Atmosphäre aufweist – allerdings während der Recherche im Winter 2012/13 auch Krisenstimmung und Verfall. Die beiden Hauptstraßen, die weitgehend parallel zueinander verlaufen, sind die Sharia el Gumhurriya und die Strandpromenade Sharia Port Said.

Zitadelle

Tgl. 9–17 Uhr, 10 LE
Im Zentrum des Ortes ragt die osmanische Zitadelle auf, die wenigstens

Hurghada und die Küste am Roten Meer

ansatzweise restauriert ist, im Inneren informiert eine kleine Ausstellung über die Geschichte von Quseir, über das beduinische Leben in der östlichen Wüste, über frühe koptische Klöster, die römischen Steinbrüche und die Schiffsbautradition vor Ort.

Gegenüber der Festung befindet sich das Kuppelgrab eines heiligen Mannes, des jemenitischen Scheichs Abdel Ghaffaar el Yemeni, der im 19. Jh. auf dem Rückweg in sein Heimatland in Quseir verstarb und im Örtchen so verehrt wird, dass man eine Straße nahebei nach ihm benannt hat.

Richtung Meer passiert man scheinbar eine weitere Festung, doch handelt es sich um eine einstige Quarantänestation, die auf Geheiß des osmanischen Sultans Selim II. ebenfalls im 16. Jh. errichtet wurde. Die unweit gelegene Faran-Moschee datiert von 1704. Nahe an der Meeresfront ist die heutige Polizeistation von Quseir in einem alten osmanischen Diwan, einem ehemaligen Ratssaal, untergebracht.

Übernachten

Umweltbewusst – **Mövenpick Resort El Quseir:** 7 km nördlich von Quseir, Tel. 06 53 33 21 00, www.moevenpick-hotels.com, DZ 260 US-$, oft wesentlich günstiger. Die im nubischen Stil erbaute 5-Sterne-Anlage wurde unter strengen Umweltauflagen gebaut, fügt sich harmonisch in die umgebende Natur ein und das Management unterstützt lokale Entwicklungsprojekte; mit allen notwendigen Einrichtungen wie Tauchbasis und Fitnessclub etc. ausgestattet.

Orientalischer Stil – **Radisson SAS:** 3 km nördlich von Quseir, Tel. 06 53 35 02 60, www.radisson.com, DZ ab 90 €. Große 4-Sterne-Anlage mit gemütlichen, kuppelüberkrönten Räumen, mehreren Pools, Tauchzentrum, Reitstall und Fitnessclub.

Entspanntes Touristenprogramm: Kamelreiten bei El Quseir

Marsa Alam

Mittelklasse – **Flamenco Beach Resort**: 7,5 km nördlich von Quseir, Tel. 06 53 35 02 00, www.flamencohotels.com, DZ 80 US-$ mit HP. 3-Sterne-Anlage, hauptsächlich in Pink gehalten. Der Komfort auf etwas niedrigerem Niveau als bei den oben genannten Häusern, aber nichtsdestotrotz haben die angenehmen Zimmer ein gutes Preis-Leistungs-Verhältnis.

Infos

Der **Busbahnhof** liegt zentral 1 km westlich der Zitadelle. **Busse** und Minibusse nach Safaga, Hurghada und Kairo, ebenso nach Marsa Alam und über Qift nach Luxor ins Niltal.

Marsa Alam ▶ südl. L 16

138 km südlich von Quseir und 230 km östlich von Edfu am Nil liegt das kleine Marsa Alam, weniger ein Ort, sondern eher ein Sammelbegriff für ca. 200 km wenig besiedelte Küste mit hervorragenden Tauchrevieren und Korallenriffen direkt an der Küste. Der eigentliche Ort besteht nur aus der Kreuzung der Küstenstraße mit der Wüstenstraße nach Edfu, außerdem einem kleinen Basar und einer Parallelstraße mit ein paar Läden und Restaurants. Die oft recht großen Resorthotels liegen alle weit vom Ortskern entfernt an der Küste, der Flughafen Marsa Alam befindet sich 60 km nördlich, also auf halbem Weg nach El Quseir. Abgesehen von der jeweiligen Hotelanlage und einer gut ausgebauten Küstenstraße gibt es keine Infrastruktur, fast alle Touristen kommen pauschal gebucht mit Vollpension zum Tauchen oder Schnorcheln. Für das »Ägypten-Erlebnis« bieten alle Hotels mehrtägige Ausflüge ins Niltal an.

Übernachten

Direkt in Marsa Alam gibt es keine Unterkünfte, die Hotelresorts liegen im Norden und Süden direkt am Meer. *Wanne mit Meerblick* – **Berenice Villas & Spa**: Berenice Road, 115 km südl. von Marsa Alam, www.berenicevilla.com, DZ ab 177 €. 50 stilvoll eingerichtete zweistöckige Villen mit einer Wohnfläche von jeweils 200 m². Mehrere Kilometer Hausriff in der Lahami Bay warten auf Entdecker.
Paradiesisch – **Kahramana**: 24 km nördlich von Marsa Alam, Tel. 01 27 45 41 05/06/07, DZ um 140 €. Riesige Bungalowanlage mit mexikanisch inspirierter Architektur, am langen Sandstrand große Tauchbasis, komfortable Zimmer, gutes italienisches Restaurant.
Drei Ökolodges – **Ecolodge Shagra Village**: 20 km nördlich von Marsa Alam. **Nakara Village**: 18 km südlich von Marsa Alam.
Wadi Lahami Village: 120 km südlich von Marsa Alam.
Buchungsanfragen für alle drei Villages: www.redsea-divingsafari.com. Unter umweltfreundlichen Bedingungen gebaute Ökounterkünfte, die für (fast) alle Geldbeutel erschwinglich sind; Beduinenzelte und einfache Bruchsteinhäuschen mit gemeinsamen sanitären Anlagen. Es gibt aber auch komfortable Bungalows mit Bad und allen anderen Annehmlichkeiten gehobenen Wohnens; jedes der Dörfchen hat ein ausgedehntes hauseigenes Riff. DZ mit Vollpension (ohne alkoholische Getränke) im Zelt 90 US-$, im Häuschen 110 US-$, im Bungalow 130 US-$.

Infos

Busbahnhof im Ortszentrum, **Busse** nach Quseir, Safaga und Hurghada, nach Edfu und weiter nach Assuan.

Sprachführer Arabisch

Die Schwierigkeiten des Arabischen im Einzelnen zu erklären würde zu weit führen. Doch keine Scheu. Wichtig ist, dass man versteht, was Sie wollen. Mit ein paar Floskeln Ägyptisch-Arabisch, das sich vom Hoch-Arabischen stark unterscheidet, können Sie schon einen Pluspunkt verbuchen.

Aussprache

H (z. B. in ahlan) ist ein kräftig gehauchtes h (kein ch!), es dient nicht zur Dehnung des Vokals. Gh wird wie ein Rachen-R gesprochen, R dagegen auf der Zunge gerollt. W changiert nach u wie im englischen water. Kh/ch entspricht dem deutschen ach-Laut, G einem deutschen dj, Z einem s und Th annäherungsweise dem englischen th. Eine Besonderheit ist der Buchstabe Ain (als ' gekennzeichnet): ein kehliger Knacklaut etwa wie in A-a oder Oh-oh!

Grußformeln und Redewendungen

Willkommen	ahlan wa sahlan
(Antwort:)	ahlan bîk
Guten Morgen	sabah el cher
Auf Wiedersehen	ma'asalama
Guten Tag (wörtl.:	assalamu aleikum
Friede sei mit dir)	
So Gott will	insha'alah
bitte (zu Mann)	men fadlak
bitte (zu Frau)	men fadlek
danke	shukran
Entschuldigung	assif
nein	la'
ja	aiwa
Ich heiße ...	esmi ...
Ich möchte ...	ana aues (m) ...
Ich möchte nicht(s)	mish ausa (f)
Wo ist ...?	fên ...?
Gehen Sie!	Emshi!
Einverstanden, OK!	Mashi!
Prost, zum Wohl!	Fi sehettak!
Los, auf geht's!	Yalla!
Ich (m/w) möchte	Ana aues/ana ausa
mit ... sprechen	atkallem ma'a ...

Unterwegs

Können Sie mir helfen?	Momken tesa'edni?
Wo ist die Touristen-information?	Fen maktab el iste'alamat el siahi?
Haben Sie (m/w) einen Stadtplan?	andak/andik chari-tet el madina?
Können Sie mir ein Taxi rufen?	Momken tetlubli taxi?
Was kostet das Taxi für einen Tag/ nach ...?	Ogret el taxi fi yom kamel/ lehad ...?
Wo ist der Weg nach ...?	El tarik le ... essai?
Stadt	el madinah
Dorf	el karyah
Wüstenstraße	el tarik el sahraui
Landstraße	el tarik el zera'i
Straße	el sharia
Platz, Kreisverkehr	el midan
Moschee	el masjid
Museum	el mathaf
Tempel	el maabad
Kirche	el kenisah
rechts	jemin
links	al-isar
geradeaus	alatul
Osten	sharq
Westen	gharb
Süden	ganoub
Norden	shemal
Tankstelle	bensinah
Benzin ...	bensin
... Normal	tamanin
... Super	tesse'in
... Diesel	diesel
Der Reifen ist platt.	El agala naymah.

Unterkunft

Haben Sie ein Zimmer frei?	Fi oda fadia?
... mit Dusche und Toilette?	... be dosh wa tualet?
... mit Frühstück?	... be fetar?
Kann ich das Zimmer sehen?	Momken ashuf el oda?

284

Haben Sie ein anderes Zimmer?	Fi oda tanya?
Ich möchte mein Zimmer wechseln.	Awes aghayar el oda.
Haben Sie (m/f) eine deutsche Zeitung?	Andak/andik garida almaneyah?
Einzelzimmer	oda singel
Doppelzimmer	oda lefarden
ein extra Bett	serir edafi
Die Toilette ist kaputt.	El tualet bayes.
Es gibt kein (warmes) Wasser.	Mafish maya (suchna).
Ich brauche frische Tücher, bitte.	Awes feuat nedifa men fadlak.
Würden Sie mich um … Uhr wecken?	Momken tesahini el sa'a .. men fadlak?

Einkaufen

das Geschäft	el mahall
der Markt	el suk
Haben Sie (Wechselgeld)?	fî andak (fakkah)?
Gibt es …?	Fî …?
Wo ist eine Bank?	Fen hina bank?
Wo kann ich Geld wechseln?	Fen makan letaghyir el felus?
Wo kann ich … telefonieren?/ eine Telefon- karte kaufen?	Fen momken … a'amil telefon?/ ashteri kart te- lefon?
Ich nehme es.	Ana hachud dah.
Geben Sie mir bitte … … 1 kg Bananen/ … 2 kg Orangen	Ed-dini men fadlak/ fadlek kilu muz/ etnen kilu burtua'an
Wo gibt es …?	Alaaih fen…?
Wie viel kostet das?	Be kaam dah?
teuer	ghali
Das ist zu teuer.	Dah ghali aui.
Gibt es das in einer anderen Farbe/Größe?	Alaaih fi lon tani/ ma'as tani dah?

Zeit

Wie spät ist es?	El sa'a kaam?
Wann ist … geöffnet?	… maftuh emta?

heute	elnaharda
morgen	bukra
gestern	embareh
Sonntag	yom el hadd
Montag	yom el etnen
Dienstag	yom el talât
Mittwoch	yom el arba'a
Donnerstag	yom el chamîs
Freitag	yom el goma'a
Samstag	yom el sabt

Notfall

Ich bin krank.	Ana ayan.
Ich habe Durchfall.	Andi es-hal.
… Kopfschmerzen.	Andi sudaa.
… Magenschmerzen.	Andi batni wagani.
… eine Allergie.	Andi hasaseyah.
Es gab einen Unfall!	Kan fi hadsah!
Ich brauche einen Arzt (dringend)!	Aues doktor (halan)!
Zahnarzt	doktor senan
Rufen Sie einen Krankenwagen an!	Etlobli arabeyet esaf!
Wo ist das nächste Krankenhaus?	Fein a'arab mostashfah?

Zahlen (werden wie bei uns von links nach rechts gelesen)

1	wâhed	17	saba'atâshar
2	etnen	18	tamantâshar
3	talâta	19	tessatâshar
4	arbâ'a	20	ashrîn
5	chamsa	21	wâhed wa ishrîn
6	setta	30	talatîn
7	sabâ'a	40	arba'în
8	tamanya	50	chamsîn
9	tessa'a	60	settîn
10	ashara	70	sab'în
11	hidâshar	80	tamanîn
12	itnâshar	90	tesse'în
13	talatâshar	100	meyyah
14	arba'atâshar	200	metîn
15	chamastâshar	300	tultumeyyah
16	settâshar	1000	âlf

Kulinarisches Lexikon

Brot (aish)

aish balladi	Fladenbrot
aish afrangi	Weißbrot
boksomat	Brotstangen

Vorspeisen (mezze)

baba ghanug	Auberginenpüree mit Tahina-Creme
basterma	Trockenfleisch
besara	Bohnenpüree mit Kreuzkümmel
egga	Eier mit Zwiebel, Mehl, Petersilie
filfil mahshi	gefüllte Paprika
ful (medames)	Brei aus Bohnen
ful bil beid	Ful mit Ei
gibna beda bi tamatem	Salat mit Weißkäse und Tomaten
hummus	Kichererbsencreme
kirsha	Kutteln mit Reis
kobeba	Bällchen aus Hackfleisch und Burgul
mechalel	eingelegtes Gemüse
salata baladi	grüner Salat
salatet zabadi	Joghurt-Gurken-Salat
shatta	scharfe Chilisauce
tabulah	Tomaten-Petersilie-Salat
ta'amiya	Gemüsefrikadelle
tahina	ölige Sesamcreme
wara enab	gefüllte Weinblätter

Suppen (shorba)

shorbet ads	Linsensuppe
shorbet ferach	Hühnersuppe
shorbet tamatem	Tomatensuppe

Gemüse (chudar/khudar)

arnabit	Rosenkohl
bamya	Okraschoten
besella	Erbsen mit Möhren in Tomatensauce
bitingan mali	geröstete Auberginen
bitingan mahshi	gefüllte Auberginen
fasolia	grüne Bohnen
kharshuf	Artischocken
khobeza	eine Art Spinat
koromb mahshi	gefüllte Kohlblätter
kosa mahshiya	gefüllte Zucchini
kushari	Reis-Linsen-Nudel-Zwiebel-Gericht
mulukhiya	Suppe aus spinatartigem Gemüse
ruz bil chalta	Reis mit Nüssen
rus mefalfel	Reis, halb gebraten
saneyet batates	Kartoffeln, Paprika, Zwiebeln, Tomaten
tamatem mahshi	gefüllte Tomaten

Fleisch (lahma/lakhma)

bat ma'ali	gebratene Ente
fatta	Lamm/Kalb mit Reis auf Brot im Fleischsud
ferach mashweya	gegrilltes Huhn
hamam mahshi	gefüllte Taube
hamam mashwi	gegrillte Taube
kalauwi	gegrillte Innereien
kebab	gegrillte Fleischspieße
kufta	gegrillte Hackfleischbällchen
makarona esbageti	Spaghetti
makarona fil forn	überbackene Nudeln
masaka'a	Auberginen mit Tomaten, Hackfleisch
mombar	Wurst gefüllt mit Reis, Paprika, evtl. Fleisch
saneyet gulash	Blätterteig mit Hackfleisch
shakshuka	Eier mit Gemüse
sharkaseya	Hähnchenbrust mit Walnusscreme
shawerma	ägyptisches Gyros
shish tawuk	Hühnerfleisch am Spieß
sogok	Würstchen

Fisch (samak)

arus	Nilfisch
bolti	panierter Nilfisch

buri	Meeresche
estakosa	Hummer
gambari	Shrimps
gandufli	große Muscheln
umm el kholul	kleine Muscheln
samak mashwi	gegrillter Fisch
samak makli	panierter Fisch
sayadeya	Fisch in Tomatensauce
sobhet (kalamri)	Calamares
tuna	Thunfisch

Käse (gibna)

gibna beda	weißer Weichkäse
gibna estambuli	gesalzener Weichkäse
gibna rumi	würziger Hartkäse

Nachspeisen (helul)

ara'a assal	Kürbiskern mit Honig
atayef	gefüllte Pfannkuchen
basbusa	Kuchen mit Nüssen
batata mashwiya	gegrillte Süßkartoffeln
petifor	kleines Süßgebäck
gato	kleine Kuchenstücke
ghorayeba	süßes Gebäck
gilati	Eiscreme
halawa	Honig-Mandel-Gebäck
kahk	Gebäck mit Zucker
konafa	Nudel-Honig-Gebäck
mehalabeya	Reispudding
umm Ali	überbackenes Milch-Brot-Gemisch mit Nüssen und Rosinen
sahlab	süße Milch mit Vanille, Nüssen

Obst (fakha)

battich	Wassermelone
barkuk	Pfirsich
bortuan	Orangen
choch	Pfirsiche
enab	Trauben
faraula	Erdbeeren
gauafa	Guave
kometra	Birnen
harankash	Physalis
kantalup	kleine Honigmelone
manga	Mango
mishmish	Aprikosen
muz	Bananen
shamam	Honigmelonen
ruman	Granatäpfel
tin	Feigen
tofah	Äpfel
yustafandi	Mandarinen

Getränke (mashrubat)

ahwa sadah	Kaffee ohne Zucker
ahwa mazbut	mittelsüßer Kaffee
ahwa seyada	sehr süßer Kaffee
bira	Bier
erq sus	Lakritzgetränk
erfa	heißes Zimtgetränk
fakhfakhina	Früchtemix
hummus el sham	Kichererbsensud
karkadeh	Hagebuttentee (kalt)
maya	Wasser
nebit	Wein
laban	Milch
shai	Tee
tamr hendi	Dattelgetränk
shisha	Wasserpfeife

Im Restaurant

Ich möchte einen Tisch reservieren.	Awes ahgez tarabesah.
Sie wünschen?	Talabat hadretak eh?
Ich möchte Frühstück/ Mittagessen/ Abendessen/	Awes aftar/ atghada/ at'asha/

Nicht scharf!	Mesh harrak!
Ich möchte etwas trinken.	Awes ashrab haga.
Mineralwasser	maya ma'dahnija
Guten Appetit!	Belhana wel shefa!
Wo ist die Toilette?	Fen el tualet?
Die Rechnung bitte!	El hesab, men fadlak!

Register

Abbas II. 47
Abdel Ghaffaar el Yemeni 282
Abd el Latif 166
Abu El Abbas 105
Abuleish, Dr. Ibrahim 77
Abu Simbel, Felsentempel 258
Abu Sir 119
Abydos, Tempel 188
Achethotep, Wesir 172
Ad Dahar 270
Ad-Dahar 269
Aga Khan 237
Agami 119
Agami, Strand 115
Ahme 216
Ahmed Ibn Tulun 46, 146
Ahmose 45
Ahmosis I. 224
Aktivurlaub 26
Al Alamein 119
Al Ashmunein 186
Alexander der Große 43, 46, 101, 197
Alexandria 98, 100
– Abul Abbas-Moschee 105
– Alexandria National Museum 106
– Anfushi 102, 118
– Antiquities Museum 114
– Aquarium 104
– Bibliotheca Alexandrina 112
– Center of Arts 122
– City Center Mall 117
– Culturama 114
– Eliyahu Hanavi-Synagoge 123
– Fischmuseum 104
– Fort Qait Bey 103
– Kôm el Dikka 110
– Leuchtturm 103
– Montaza-Park 115
– Museum griechisch-römischer Altertümer 112
– Palast Ras el Tin 102
– Pharos 103
– Röm. Theater 110
– Schmuckmuseum 112
– Serapaion 112
Alexandria International Film Festival 118
Ali ar Rifai, Scheich 152
Alkohol 30
Almasy, Laszlo 119
Amenemhat 184
Amenemhet 179
Amenemhet I. 44
Amenemhet III. 44, 178
Amenophis 218

Amenophis II. 219
Amenophis III. 186, 196, 197, 200, 209, 218, 221, 223
Amenophis IV. 45
Amr Ibn el As 43, 46, 101, 127
Amun 44, 84, 216
Anchmahor 173
Anreise 21
Anubis 84, 217
Apis 84
Apophis I. 44
Apotheken 30
Architektur 81
Ärztliche Versorgung 30
Assarhaddon 45
Assuan 234, 236
– Aga Khan-Mausoleum 237
– Elephantine-Freilichtmuseum 237
– Lord Kitchener Island 237
– Nubisches Museum 240
– Old Cataract Hotel 245
– Qubbet el Huwwa 240, 248
– Simeonskloster 240, 244
– Unvollendeter Obelisk 247
Assuan-Staudamm 231, 249
Assurbanipal 45
Aswani, Alaa el 90, 91
Aton 85
Atum 85, 197
Augustus 256
Aurelian 101
Ausreise 21
Autofahren 30
Ay-Grab 220

Bacchus, Märtyrer 140
Bakschisch 31
Bastet 85
Behinderte 38
Belzoni, Giovanni 131
Beni Hassan, Felsengräber 183
Bettler 31
Bevölkerung 43
Bir Abd el Wahab 275
Birket Qarun 177
Boccaccio 64
Brecht, Bertolt 64
Brinton, Jasper Yeates 119
Burg el Arab 119
Burton, James 223
Bus 22

Carnavon, Lord 130, 223
Carter, Howard 131, 223
Cäsar 65, 66, 101
Champollion, Jean-François 88
Chenti Amentui 188

Chenut 172
Cheops 44
Cheops-Pyramide 163
Chephren 44, 166
Chephren-Pyramide 164
Chnum 85
Chnum-Tempel 229
Chons 85
Churchill, Winston 177
Cicero 66
Claudius, Kaiser 276
Colbert, Claudette 64
Cornelius Gallus 195

Dahshur 173
Daraw 233, 254
Decius 229
Dendera, Tempel 188
Der el Medina 58, 59
Diodor 89
Diokletian 101, 112, 177
Diplomatische Vertretungen 31, 32, 142
Djoser, Pharao 44
Djoser, Stufenpyramide 168
Domitian 229
Drogen 32
Durrell, Lawrence 100, 119

Echnaton 45, 185, 186, 197
Edfu 230
Ehre 51
Eid al Fitr 29
Eid el Adha 29
Einreise 21
Eisenbahn 22
Elektrizität 32
Elephantine 236, 244
El Gouna 273
El Quseir 281
El Zabalin 73
Empereur, Jean-Yves 102
Eos 209
Esna 229, 252
Essen und Trinken 24
Euergetes II., König 233

Fahrräder 26
Faruk, König 47, 102, 152
Fayum, Oase 176
Felafel 24
Fernsehen 36
Feste 28
Festkalender 29
Filmfestival 162
Fotografieren 32
Frauen 32
Fremdenführer 33

288

Register

Fremdenverkehrsämter 18

Gastfreundschaft 33
Geld 34
Geschichte 42, 45
Gesundheitsvorsorge 34
Gezirat al Dahab, Goldinsel 124
Giza, Pyramiden 163
Goddio, Frank 111
Gosh, Amitav 140
Götter 84
Grabräuber 223

Hadrian, Kaiser 141
Handeln 10
Haremhab 45, 185, 197, 219
Harpokrates 256
Hathor 85, 190, 191, 197, 218
Hatshepsut 45, 184, 196, 200,
    202, 211, 218
Hatshepsut, Terrassentem-
    pel 216
Hawara-Pyramide 178
Heißluftballon 26
Herodot 63, 67, 89, 166, 179
Hieroglyphen 88
Homer 194
Horapollon 89
Horemheb 222
Horus 86, 189, 247
Horus-Heiligtum, Edfu 230
Horus-Tempel 82
Hurghada 26, 264, 266
Hussein Ibn Ali, Imam 153
Hyksos 44

Ibn Battuta 51
Ibn Khaldun 51
Ibn Saud 177
Idut 172
Imhotep 44, 167, 218
Imhotep-Museum 167
Informationsquellen 18
Internet 35
Isidora 187
Isis 86, 247
Islam 54
Ismail, Khedive 152

Jakubijân-Bau 90
Jennings-Bramly, Wilfred 119
Jogging 26
Justinian 257
Juvenal 209

Kairo 18, 73, 75, 90, 124, 126
– Ägyptisches Museum 129,
    130

– Al Azhar-Moschee 156
– Al Azhar-Park 157
– Amr Ibn el As-Moschee 145
– Bab el Futuh 153
– Bab Zuweila 152
– Basar Khan el Khalili 153,
    155
– Beit Suheimi 153
– Ben Ezra-Synagoge 140
– Café Fishawi 157
– Cairo International Air-
    port 126
– Cairo Tower 137
– El Moallaqa 141
– Festung Babylon 141
– Fustat 145
– Gayer Anderson-Muse-
    um 150
– Gezira 137
– Gezira Arts Centre 137
– Gezirat al Dahab 142
– Hakim-Moschee 153
– Hussein-Moschee 153
– Ibn Tulun-Moschee 146, 148
– Konvent des hl. Georg 139
– Koptisches Museum 141
– Mahmud Khalil-Muse-
    um 137
– Mar Girgis St. Georg 145
– Metro 161
– Midan Tahrir 128
– Muayyad-Moschee 153
– Muhammad Ali-Mo-
    schee 151
– Museum für Islamische
    Keramik 137
– Museum für Islamische
    Kunst 152
– Museum für moderne ägyp-
    tische Kunst 137
– Oper 161
– Opernhaus 137
– Rifai- Moschee 152
– Sound & Light 161
– St. Barbara 139
– St. Sergius 140
– Sultan Hassan-Moschee 152
– Umm Kalthum-Museum 143
– Zamalek 137
– Zitadelle 151
Kamelmarkt 233, 254
Karanis 178
Karnak, Tempel 198
Karten 35
Khnumhotep 184
Kinder 35, 37
Klemm, Rosemarie 277
Kleopatra VII. 46, 64, 233

Klima 20
Kôm Aushim 178
Kôm el Shukafa 111
Kôm Ombo 231, 252
Kopten 74, 138
Koran 56

Lahun-Pyramide 179
Landsport 26
Leigh, Vivien 64
Lenoir, Alexandre 89
Lesetipps 18
Lichnowsky, Mechthild 258
Louis Philippe, König 151
Luxor 192, 194
– Karnak 198
– Luxor-Museum 198
– Luxor-Tempel 195
– Mumien-Museum 198

Maat 86
Machfus, Nagib 19
Marc Anton 46, 66
Mariette, Auguste 129, 185
Markianos, Kaiser 138
Markus, Evangelist 138
Marsa Alam 283
Maspero, Gaston 130
Mastaba des Ti, Saqqara 172
Medien 36
Méliès, Georges 64
Memphis 166
Menes 190
Mentuhotep 44
Merenptah 45, 219
Mereruka 172
Meri-Teti 173
Minya 180, 182
Mons Claudianus 274, 276
Month 198
Moscheebesuch 33, 37
Mubarak, Hosni 48, 69
Muhammad Ali, Pascha 43, 47,
    101, 102, 104, 127, 139, 151
Muhammad Ali, Prinz 143
Muharram 29
Muhtasib 51, 52
Mulid el Nabi 29
Mumifizierung 63
Mursi, Mohammed 70
Mutawalli 196, 258
Mutemweje 197
Mykerinos 44, 106
Mykerinos-Pyramide 164

Nagib, General 47
Napoleon 47
Nasser, Gamal Abd el 47, 48

289

Register

Nasser-See 249
Nebet 172
Nektanebos I. 202
Nektanebos II. 107
Nephtys 256
Neu-Gurna 226
New Kalabsha 250
Nil 42, 67
Nilfahrt 27
Nilometer 143, 237
Nofretete 106, 186, 221
Nofru-Ptah 178
Notrufnummern 37
Nubier 231, 241
Nut 87

Octavian (Augustus) 66
Öffnungszeiten 38
Old Cataract Hotel 243
Osiris 62, 63, 87, 188, 189, 247

Pachet, Göttin 184
Pahlavi, Reza 152
Pausanias 209
Petosiris 187
Petrie, Sir Flinders 178
Philae, Insel 247, 251
Philippos Arridaios 187
Plinius 82, 179, 237, 248
Plutarch 64
Porrett, Evelyne 177
Psammetich I. 172
Ptah 87
Ptahhotep 172
Ptolemaios 43, 46, 65
Ptolemaios IX 230
Ptolemaios XIII. 46, 65
Ptolemaios XIV. 66
Ptolemäus XII. 256
Pyramide des Unas 171

Qarun-See 177
Qasr Qarun 177
Qurna 213

Ramadan 28, 29, 30, 56
Rami, Ahmed 93
Ramses 258, 259, 262
Ramses I. 45, 219
Ramses II. 45, 58, 166, 189,
    190, 196, 200, 216, 223,
    224, 234, 251
Ramses III. 45, 60, 210, 219,
    223, 224
Ramses IX. 219, 223
Ramses VI. 219
Re 87
Red Sea Aquarium 266

Rehabeam 200
Reisekasse 38
Reisezeit 20
Roda 142
Röder, Josef 248, 276
Rommel, General 47
Rosette 88
Rotes Meer 264

Sadat, Anwar el 48
Safaga 279
Salah el Din (Saladin) 46,
    127, 151
Sammeltaxi 22
Saqqara (Nord) 167
Scheschonk I. 45, 200
Schnorcheln 26, 268
Schweinfurth, Georg 276
Sechemchet, Pyramide (Saq-
    qara) 171
Sechmet 87
Sekem 77
Selim II., Sultan 236, 282
Senenmut 216
Septimius Severus, Kaiser 209
Serapeum, Saqqara 172
Serapis 112
Seschseschet, Prinzessin 172
Sesostris II. 44, 179
Sesostris III. 44
Seth 87, 247, 257
Sethos I. 45, 184, 189, 190,
    200, 219, 223, 224
Sethos II. 258
Shakespeare 64
Shaw, George Bernard 64
Siamun, König 224
Siqala 269, 270
Sit-Hathor 179
Smaika, Marcos 141
Snofru, Pharao 173
Sobek 177
Soma Bay 279
Sonnenbarken-Museum 164
Souvenirs 38
Sphinx 164
Sport 26
Staat 43
Stadt, Islamische 51
Strabon 89, 179, 209, 237
Suezkanal 47

Taharqa, Pharao 200
Tahina 24
Tal der Könige 218
Tauchen 26, 268
Taxi 22
Taylor, Elizabeth 64

Telefonieren 39
Tell el Amarna 185
Teti, Pyramide 173
Theben-West 208
– Deir el Bahari 216
– Deir el Medina 212
– Grab der Hatschepsut 212
– Grab des Ay (Eje) 220
– Hatschepsut-Tempel 225
– Medinat Habu 210
– Memnon-Kolosse 209
– Ramesseum 212
– Tal der Könige 218
– Tal der Königinnen 211
– Theodorus-Kloster 211
Theodosios I., Kaiser 112
Thoth 87, 198, 216
Thutmosis I. 45, 200
Thutmosis II. 218, 224
Thutmosis III. 45, 184, 200,
    202, 211, 216, 219, 224
Tiberius, Kaiser 256
Toiletten 39
Totenglaube 61
Trajan, Kaiser 141, 276
Trinkgeld 31
Tuna el Gebel 186
Tunis 177
Tutanchamun 45, 186, 196,
    218, 221
Tutanchamun, Grabschät-
    ze 130

Übernachten 23
Umm Kalthum 92, 143
Umwelt 39
Unas, Pyramide (Saqqara) 171
Userkaf, Pyramide 173

Veranstaltungen 28
Verkehrsmittel 21
Verwaltung 43
Vespasian 229

Wadi Umm Digal 275
Warsha 52
Wassersport 26
Watetchet-hor 173
Weeks, Kent 223
Wetter 20
Willcox, Sir William 237
Wirtschaft 43
Wüstensafari 26, 274, 280

Zaghloul, Saad 47
Zeit 39
Zeitungen 36
Zollbestimmungen 21

Notizen

Abbildungsnachweis/Impressum

Die Autoren: Natascha Thoma und Isa Ducke, beide Japanologinnen, frönen ihrer Reiseleidenschaft schon seit Jahrzehnten: zunächst neben der wissenschaftlichen Arbeit und seit 2008 hauptberuflich als freie Journalistinnen. Ägypten war das erste arabische Land, das die beiden in den 1990er-Jahren bereisten – und seitdem kehren sie immer wieder zurück zu den pharaonischen Tempelanlagen, der ägyptischen Sonne und den humorvollen Menschen. Hans-Günter Semsek (†) studierte Soziologie an der Universität Bielefeld und forschte zwei Jahre in Kairo.

Abbildungsnachweis

Bilderberg, Hamburg: 192 r., 213 (Francke)
f1-online, Frankfurt a. M.: S. 13 u. re., 40/41, 108/109
DuMont Bildarchiv, Ostfildern: S. 12 u. re., 36/37, 125 li., 150, 167, 174/175, 234 re., 235, 244, 252, 260/261, 262/263 (Emmler)
Holzbachovà/Benet, Paris: S. 216/217
Bildagentur Huber, Garmisch-Partenkirchen: Titelbild (Gräfenhain); S. 178/179 (Huber); 133, 254/255 (PictureFinders); 264 li., 267 (Schmid)
Markus Kirchgessner, Frankfurt a. M.: S. 12 o. re., 33, 53, 61, 76, 92, 124 li., 128/129, 154/155, 156, 162/163
laif, Köln: S. 232 (Body); 99 li., 116/117, 176 (Emmler); 62 (Gamma); 11, 27, 83, 96/97, 98 li., 102/103, 193 li., 207, 225 (hemis.fr); 24, 28, 68, 72, 144 (Krause); 10, 77, 78/79, 90, 136 (Kirchgessner); 142 (Malherbe); 16/17 (Modrow); 94, 264 re. (Reimer); 70 (Redux); 54 (Scagnetti/Reporters); 9 (Sierpinski/Top); 7 (Tophoven); 50, 56/57, 75, 141 (VU); 265 li., 282, Umschlagklappe vorn (Zuder)
Look, München: S. 124 re., 130 (Leue)
Mauritius Images, Mittenwald: S. 80 (AGE); 88 (Dellmont); 249 (Fischer); 58/59, 98 re., 110, 181 li., 188 (imagebroker); 113, 195 (Mattes); 256/257 (Merten); 180 re., 184/185 (Otto); 23, 192 li., 201 (Scott); 180 li., 187 (United Artists)
picture-alliance, Frankfurt a. M.: S. 64/65 (akg); 170/171 (maxppp)
Hans-Günter Semsek, Köln: S. 84-87, 274, 276/277
Thoma/Ducke, Berlin: S. 6, 12 o. li., 12 u. li., 13 o.re., 13 o. li., 13 u. li., 49, 120, 122, 148/149, 204/205, 214/215, 220, 226, 234 li., 238/239, 242/243, 250, 278/279, 292

Kartografie

DuMont Reisekartografie, Fürstenfeldbruck
© DuMont Reiseverlag, Ostfildern

Umschlagfotos: Hotelgarten des Hotels Old Cataract in Assuan mit Blick auf den Nil (Titelbild); Basar Khan el Khalili (Umschlagklappe vorn)

Hinweis: Autoren und Verlag haben alle Informationen mit größtmöglicher Sorgfalt geprüft. Gleichwohl erfolgen alle Angaben ohne Gewähr. Bitte schreiben Sie uns! Über Ihre Rückmeldung und Verbesserungsvorschläge freuen wir uns: **DuMont Reiseverlag,** Postfach 3151, 73751 Ostfildern, info@dumontreise.de, www.dumontreise.de

2., vollständig überarbeitete Auflage 2014
© DuMont Reiseverlag, Ostfildern
Alle Rechte vorbehalten
Redaktion/Lektorat: Winfried Stürzl, Hans E. Latzke
Grafisches Konzept: Groschwitz/Blachnierek, Hamburg
Printed in China